KB264854

교회성장 10가지 원리를 잡아라

오 성 택 지음

좋은 책으로 하나님의 사람을 만들어가는

엘 맨

교회성장 10가지 원리를 잡아라

머 리 말

    오늘날 교회가 현실적인 역사의 현장에 존재하면서 어두워 가는 세상을 밝히고, 병들어 썩어가는 심령을 치유하는 일에 얼마나 힘을 써왔는지 다시 한 번 생각해 보아야 할 것이다.

    누가 교회를 성장케 하는가? 성경은 "나는 심었고 아볼로는 물을 주었으되 오직 하나님은 자라나게 하셨나니"(고전 3:6)라고 하였다. 하나님께서 교회를 성장시키신다. 그러나 하나님은 복음의 씨를 심고 물을 열심히 주는 동역자로 그의 백성들을 부르신다. 예수 그리스도의 피로 값주고 사신 교회를 성장시키는 데 하나님의 부름을 받은 목회자는 영광이요 고난의 길이다.

    목회란 자기 희생이다. 식물이 물과 거름으로 성장하여 열매를 얻듯이 목사도 죽음을 각오하지 않고서는 얻어지는 것이 없다. 100개의 씨를 뿌리고 버려야 하나를 얻을 수 있는 것과 같다. "내가 진실로 진실로 너희에게 이르노니 한 알의 밀이 땅에 떨어져 죽지 아니하면 한 알 그대로 있고 죽으면 많은 열매를 맺느니라"(요 12:24). 한 알의 밀이 땅에 떨어져 죽듯이 하나님을 위하여, 교회를 위하여, 한 영혼을 위하여 "피를 바치련다." 하는 각오가 있어야 하나님께서 역사하신다. 값있는 삶이란 다른 길은 없다. 자기 생명을 잃으면 얻는다. 교회 성장과 부흥은 반드시 목회자에게 달려 있다. 목회자가 변한 만큼 교회는 성장한다.

21세기를 바라보는 요즈음 목회자들은 두 가지 면에서 심한 갈등을 겪게 된다. 그 하나는 어떻게 하면 '묵은 그리스도인'을 변화시킬 수 있을까 하는 문제이고, 다른 하나는 어떻게 하면 세속문화와 이단들의 교회 침투를 방어하면서 교회의 성장을 이룩할 수 있느냐는 것이다.

산업화의 제3의 물결 속에서 사회는 더욱 개인화되고 이기적이며 다원화되고 있다. 여기에 국제통화기금(IMF) 한파까지 겹친 결과 많은 성도들이 바쁘다는 핑계로 기도하지 않고 회개치 않음으로써 마음의 성전이 황폐화되고 있다. 뿐만 아니라 외식화된 섬김과 얼굴 드러내기를 좋아하는 겉보기 봉사는 교회의 내적 분열을 초래한다. 또한 성도들이 찬송을 할 때에는 "내 죄 사함 받고서 예수를 안 뒤 나의 모든 것 다 변했네"라고 힘차게 고백하지만, 실제적인 삶에서는 행함이 없는 믿음이 그대로 드러나고 있다.

"여호와의 말씀이 선지자 학개에게 임하여 가라사대 이 전이 황무하였거늘 너희가 이때에 판벽(板壁)한 집에 거하는 것이 가하냐 그러므로 이제 나 만군의 여호와가 말하노니 너희는 자기의 소위를 살펴볼지니라"(학 1:3-5). 활력을 잃어가는 교회와 성도들이 자신들의 부의 축적을 위해서는 대단한 노력을 기울이지만 여호와를 섬기는 일에는 매우 무성의했음을 하나님께서 책망하신다.

"이 땅에 기괴하고 놀라운 일이 있도다 선지자들은 거짓을 예언하며 제사장들은 자기 권력으로 다스리며 내 백성은 그것을 좋게 여기니 그 결국에는 너희가 어찌 하려느냐”(렘 5:30-31).

여호와 하나님은 지도자의 타락이나 백성의 안일을 “기괴하고 놀라운 일”이라고 말씀하신다. 영적 지도자가 하나님의 말씀을 전하지 아니하고 거짓을 예언할 때 교회에는 혼란이 오기 마련이다. 영적 지도자가 기도의 능력을 잃어버리고 권모술수로만 목회를 할 때, 교회는 영적 생명력을 잃어버린다.

물론 오늘도 수많은 목회자들이 도시와 농어촌에서 교회 부흥을 위하여 새벽부터 밤늦게까지 심방과 전도에 전력 투구하고 있다. 또한 날 새는 줄도 모르고 기도의 땀을 흘리고 있다. 그러나 최근 한국교회는 성장이 둔화되고 오히려 침체 국면에 들어가고 있다는 점에서 위기 상황이라고 할 수 있다.

교회가 지상에 존재하는 의미는 무엇일까? 바울은 하나님의 교회가 “진리의 기둥과 터”(딤전 3:15)라고 했다. 교회는 세상을 유지해 가는 진리를 수호하고 성도를 가르치고 치리하며 온세상에 복음을 전파해야 한다. 성도들이 “세상의 소금과 빛”(마 5:13-14)의 역할을 다해야 한다. 고난과 역동의 역사 속에서 탄생한 한국교회가 눈 앞에 다가온 21세기를 어떻게 대비해야 할까? 테크노피아의 바벨탑에 의해 찌들고 병들지 않도록 예방하고, 역동적으로 살아 움직이려면 먼저 목회자가 변해야 한다고 필자는 주장하고 싶다.

돌이켜 생각하면 피와 눈물과 땀의 목회 13년. 지금 시무하는 서울중앙성결교회의 성전을 건축, 헌당하게 된 것은 하나님과 온 교우들의 노력의 열매이므로 감사할 뿐이다. 제 목숨을 주고도 아깝지 않은 보물단지, 역사에 남을 사람, 내가 잊지 못할 그 사람들, 내가 주님 앞에 가면 제일 먼저 교회 성장과 건축을 위해 함께 고생한 그들의 이름을 부르며 자랑할 것이다.

그 동안 교회성장에 대해 고심과 연구와 실제 경험을 해 오면서 본인은 졸저 『교회성장을 위한 경영전략』을 세상에 내놓은 바 있다. 뜻밖에 많은 분들로부터 호응과 격려가 있었음을 감사 드린다.

이번에는 목회자가 깨어나야 교회부흥이 된다고 믿어 평소에 정리한 원고를 가지고 『교회성장 10가지 원리를 잡아라』라는 제목으로 지상에 내어놓게 되었다. 동역자들에게 조금이라도 도움이 되었으면 한다.

원고 정리 및 교정을 도와주신 기도의 종 황영익 장로님과 나의 사랑하는 아내 임정희, 이 책의 출판을 위해 도와주신 박순심 권사님, 김성범, 홍설화 집사님, 그리고 엘맨출판사의 이규종 사장님과 직원 여러분들께 감사를 드린다.

1999년 3월 어느날에

오 성 택

차 례

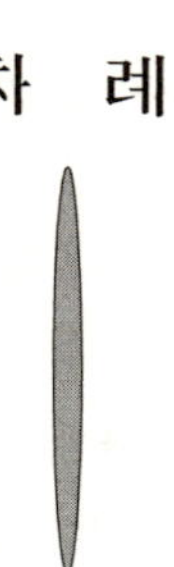

제 1 장
교회 성장은 하나님의 뜻이다

1. 하나님이 일하신다

예수님은 자신의 교회를 세우시고 음부의 권세가 이기지 못한다고 말씀하신다(마 16:18). 교회는 예수 그리스도의 영적 생명체이기 때문에 반드시 성장하게 되어 있다.1) 성장은 생명의 원리이다. 생명체는 반드시 생동하고 성장하는 것이다. 한 마디로 교회 성장은 하나님의 뜻이다.2) 하나님의 뜻이라는 말에는 두 가지 중요한 의미가 있다.

첫째는 하나님께서 교회를 성장시키신다는 것이다. 하나님께서 교회 성장의 주체가 되심을 믿고 더욱 기도해야 할 것이다. 둘째는 우리가 하나님의 뜻을 위해 최선의 노력을 다해야 한다는 점이다. 모든 교회는 계속 성장해서 이 땅에 하나님의 나라를 확장해야 한다. 이같은 역사는 오직 성령의 능력으로만 가능하다.

성경은 "만군의 여호와께서 말씀하시되 이는 힘으로 되지 아니하며 능으로 되지 아니하고 오직 나의 신으로 되느니라"(슥 4:6)고 말씀한다.

하나님께서는 교회 성장을 위해 예정하신 뜻을 이미 성취하고 계신다. 또한 예수님은 그의 재림 때까지 교회가 존재하며 계속 성장하고 확장되어 땅끝까지 복음이 전파될 것이라고 약

---

1) 김연택 「목회와 교회성장」 (서울:기독교문서선교회, 1996), p. 7.
2) 명성훈 「교회성장 반드시 됩니다.」 (서울:국민일보사, 1995), p. 5.

속하신다(마 28:18-20).

그러면 교회가 어떻게 성장하는가? 교회가 성장하는 데에 어떤 원리가 있는가? 원리가 있다면 과연 그 원리에 따라 교회는 성장하는가? 이러한 문제제기는 수많은 목회자들의 관심 있는 문제 중의 하나이다.

한국교회는 지금까지 하나님의 교회 성장의 부름에 효과적으로 응답해 왔다. 그 증거로 한국교회는 가장 크게 성장한 거대교회(Megachurch)를 가지고 있다. 세계 대형교회를 연구하는 교회성장학자 존 반(John N. Vaughan)이 1981-1982년도의 '세계 20대 교회들'의 평균 예배참석수를 조사한 것을 보면 한국교회가 4개나 포함되어 있다.

존 반은 1993년 '세계 12대 교회'의 장년 평균 교인통계를 조사하였는데, 한국교회가 7개나 포함되어 있다.[3] 그리고 세계 10대 교회 중에 7개 교회가 한국교회이다.

어떤 사람은 한국교회 중에는 성경적인 성장원리, 영적인 성장원리를 찾고 추구하기보다는, 성경에서 말씀하고 있지 않는 세속적이고 물량적이며 인간 중심의 교회 성장을 추구하고 있는 교회가 많다고 지적한다.[4] 한 마디로 한국의 많은 교회가 교회 성장을 곧 넓은 공간에 잘 건축된 대형교회 본당 건물, 교육관 시설, 주차장 시설, 넓은 기도원을 갖는 것이라고 생각한다는 것이다. 이것이 현실적으로 필요한 것은 분명하지만 비성경적인 사고라고 아니할 수 없다.

필자는 성경말씀 대로 전하고 성경말씀 대로 실천하는 사도행전 2장에 나타나고 있는 초대교회가 성장하는 교회의 모델이라고 믿는다.

---

3) 이재범 「성장하는 교회는 이렇게 다르다」 (서울:신당애출판사, 1996), p. 25-26.
4) 김연택, op. cit p. 7.

"저희가 사도의 가르침을 받아 서로 교제하며 떡을 떼며 기도하기를 전혀 힘쓰니라 사람마다 두려워 하는데 사도들로 인하여 기사와 표적이 많이 나타나니 믿는 사람이 다 함께 있어 모든 물건을 서로 통용하고… 날마다 마음을 같이하여 성전에 모이기를 힘쓰고 집에서 떡을 떼며 기쁨과 순전한 마음으로 음식을 먹고 하나님을 찬미하며 또 온 백성에게 칭송을 받으니 주께서 구원받는 사람을 날마다 더하게 하시니라"(행 2:42-47).

오늘날 교회의 성장을 주일 출석인원과 헌금으로 평가하는 경향도 있다. 사실 교회 사역에서 주일예배를 드리고 다른 성도들과 함께 교제하는 것은 매우 중요한 일이다. 그러나 문제는 과연 주일예배 후 말씀에서 은혜받고 깨달은 대로, 각자 가정과 직장이나 사업터로 돌아가서 복음을 증거하는 삶을 살아가는가 하는 점이다.

뿐만 아니라 나라 안은 정치적 후진성과 빈부간의 격차, IMF 한파로 경제적으로 매우 어렵다. 여기에 성도들이 성결을 바탕으로 '근검, 검소 및 정직과 공의'를 생활 신조로 하는 청교도 윤리가 삶의 부요를 초래한 가치체계의 기본인데 신자들이 성경을 읽지 않게 되면서부터 나태, 이혼, 가정파탄, 도박, 유흥, 근로기강의 해이 등의 문제에 봉착해 있다. 이른바 '선진국병'에 걸리게 되었으며5), 또한 한국교회 성도들 중 주일 낮 예배만의 신자가 많아져 가고 있다. 진정한 교회성장은 그리스도인들이 주일 예배시간과 같이 매일 매순간 성령의 인도하심을 따라 하나님을 예배하며, 다른 사람들의 삶에 유익을 주면서 세상의 빛이 되는 삶을 살아가는 데 있다. 그러므로 목회자들이 교인들을 말씀으로 교훈하며 양육하는 제자훈련을 강화

---

5) 황영익, 「이데올로기 비판교육론」 (광주:조선대학교 출판국, 1987), p. 1.

하는 일은 매우 중요하다.

사도 바울의 표현대로 교회는 그리스도의 몸이자 신부이다.

"우리는 그의 만드신 바라 그리스도 예수 안에서 선한 일을 위하여 지으심을 받은 자니 이 일은 하나님이 전에 예비하사 우리로 그 가운데서 행하게 하려 하심이니라"(엡 2:10). 따라서 하나님의 자녀들은 오직 하나님께서 예비하신 길을 행할 때에만 선한 일에 종사하는 것이며, 그 외에 어떤 다른 일을 행하는 것은 악한 일을 행하는 것을 말한다.

교회 성장이 하나님의 뜻인 것처럼 새로운 교회를 개척하는 것도 하나님의 뜻이며 성경의 명령이다. 교회성장학자 피터 와그너는 새로운 교회를 개척하여 설비해야 하는 이유를 다섯 가지로 정리하였다.

첫째, 성경이 교회개척을 지지하고 있다.

둘째, 교회개척이 세계복음화에 가장 효과적이다.

셋째, 교회가 감퇴하지 않고 지속적으로 존재하기 위해서 새로운 교회의 설립이 불가피하다.

넷째, 새롭고 건전한 교회의 출현은 잠자는 기존교회에 자극과 도전이 된다.

다섯째, 교회 지도자를 선발하고 개발하는 데에 가장 좋은 길이 된다.[6]

그러나 최근 한국교회의 성장의 추세는 둔화 내지 침체되고 있다. 그리고 개척교회도 성장이 어려워 문을 닫는 교회들이 늘어나고 있다. 안산 신도시에 600여 교회가 있는데 100명 이상 모이는 교회가 10%이고, 90%는 30명 정도 모인다. 평촌 신도시도 주변에 개척한 교회가 200여 개 있는데, 90%가 50명

---

6) 명성훈, op. cit. p.11.

미만이 모인다. 얼마 전 서울 신설동에 3개 교회가 개척되었는데, 2개 교회는 이미 문을 닫았다. 한국교회 성장의 현실은 밝은 것만이 아니다. 어떻게 하면 한국교회가 다시 성장할 수 있는가?

필자는 대부분 성장이 정지된 교회나 침체된 교회가 다시 성장하기 위해서는 먼저 목회자가 변해야 한다고 주장한다.

많은 운동선수들이 각자 대단한 능력들을 지녔지만 훈련이 부족했을 때 결코 최종 승자가 되지 못한다. 교회와 목회자들도 이와 유사한 문제들에 직면한다.

목회자들이 목회에 많은 힘과 정력을 쏟아붓지만 그들의 열정이 곧 식어버리는 경우를 종종 보게 된다. 목표 달성을 위해 혼신의 힘을 쏟는 반면, 자기 훈련이 부족하거나 적절한 휴식을 취하는 방법을 배우지 못하는 경우가 많다. 가끔 반짝하는 경우가 있긴 하지만 결정적인 목회의 계기를 만들지는 못한다. 많은 목회자들이 기술(테크닉)과 자기 확신은 갖고 있지만 자신의 교만 때문에 파멸에 빠지게 된다. 목회자들이 적극적인 공세를 취하는 데는 강한 반면, 올바른 방어에는 약하기 때문에 목회시에 다가오는 작은 유혹들에 굴복해 버리는 경우가 많다. 어떤 이들은 놀라운 은사를 갖고 있지만 인격과 훈련이 부족한 경우가 있다. 그들은 고난 끝에 있게 되는 성공적 목회에 결코 도달할 수 없는 자들이다[7]. 때문에 목회자가 스스로 자신의 건전한 신학관과 영적인 권위를 회복시키면서 교회성장 원리들은 재점검하고 그리고 성장하는 교회들로부터 성장의 이유가 무엇인가를 배워서 자신의 교회에 적용해 보는 노력이 중요하다.

---

7) 배헌석, 김응국 옮김, 제임스 E.민즈, 「21세기에는 목회자가 변해야 교회도 변한다」 (서울:도서출판 나침반사, 1997), p. 10.

필자는 이 세상에서의 교회의 사명은 교회 그 자체를 완성시키는 것이라고 본다.8) 다시 말하면 대부분의 사람들이 이 세상에서의 교회의 사명을 이 세상을 개척하고 개선하며, 세상을 더 잘 살게 하는 것이라고 생각하는데 이것은 성경적 가르침과 동떨어진 사고이다.9) 성경은 교회의 사명을 "성도를 온전케 하며 봉사의 일을 하게 하며 그리스도의 몸을 세우려 하심이라"(엡 4:12)라고 말씀하고 있다.

따라서 지금까지의 교회관, 즉 에밀 브뤼그만의 에클레시아(부름 받은 공동체), 루터의 코이노니아(교제), 칼빈의 선택된 무리, 몰트만의 탈출의 공동체, 바울의 그리스도의 몸, 그리고 교회가 주님을 따라 나눔과 섬김을 본받는 신앙고백의 공동체라는 것을 수용한다.

이런 관점에서 본서는 '교회가 성장하는 것은 하나님의 소원이요, 하나님의 기쁨이요, 하나님의 최대 관심사이며, 교회가 성장하는 것은 예수님의 성육신과 십자가 상의 죽으심과 부활하신 목적이며, 교회가 성장하는 것은 성령님의 오신 목적이며 교회와 성도가 실존하는 가치'10)라는 기초 위에 어떻게 목회자가 변화해야 교회가 역동적으로 살아서 성장·확장하는가에 초점을 맞추었다.

교회는 그리스도를 머리로 성령의 사역에 의해 세워졌다. 그러므로 성도의 가장 중요한 임무는 "먼저 그의 나라와 그의 의를 구하라"(마 6:33)이다. 이는 외적으로는 하나님 나라의 확장과 성취를 구하라는 의미이다. 그것을 위해서 "땅 끝까지 증

---

8) 오성택, 「교회성장은 하나님의 뜻입니다」 (서울:쿰란출판사, 1997), p. 13.
9) 보이스사 편집부 역, William L. Pettingill저, 「성서 문제 해석(*Bible Questions Answered*)」 (Seoul:VOICE, 1992), p. 11.
10) 정사무엘, 「교회성장과 제자들」 (서울:세계교회성장연구원, 1992), p. 11.

인"(행 1:8)이 되는 선교사명을 수행해야 하고, 내적으로는 하나님의 의(義)의 표준과 그것에의 인격적 일치를 구해서 성도를 온전케 하는 일이다. 이것은 봉사의 일을 통해서 이루어갈 수 있다.

희망의 신학으로 세계의 신학적 흐름을 전환시킨 몰트만(Moltmann)은 오늘날 독일 교회의 문제를 '공동체 없는 교회' 회라는 말로 표현하였다. 그것은 회중이 없는 교회, 코이노니아가 깨진 교회를 말한다. 교회에 교인이 없다는 말이 아니다. 참된 교제, 참된 돌봄이 없는 교회 조직을 한탄한 말이다.

유명한 경영학자 드럭커(Peter F. Drucker)는 "기업의 목적은 고객의 창조에 있다"라고 말했다.11)

21세기를 바라보는 한국 교회가 교회 바벨탑을 쌓는 일로부터 다시 한번 스스로 거듭나는 혁신을 통해 하나님의 뜻을 세상 한복판에서 힘있게 선포하고 '건강한 교회, 멋진 교인'으로 중생할 때, 하나님께서 교회의 촛대를 옮기지 않을 것이라고 믿는다. 미국 풀러신학교의 도날드 맥가브란(Donald McGarvran) 박사는 예수께서 제자들을 보내시면서 가장 강조하신 "잃어버린 양을 찾아오라"라고 하신 말씀의 핵심은 그 수에 있다고 강조한다.12)

"그러므로 너희는 가서 모든 족속으로 제자를 삼으라"(마 28:19)는 우리 주님의 지상 명령에 순종하는 우선적인 일은 교회 성장에 참여하는 일이다.

어떤 학자들은 성장이란 말 자체가 인간적인 인본주의라고 배격하고, 자라나는 교회, 성장하는 교회라는 말 자체가 인간

---

11) 황영익, 「성서경영학」 (서울:한국로고스연구원, 1993), P. 6.
12) Donald McGarvan, *Church Growth and Christion Mission*(New York:Harper & Row PUBLISHER, 1965), p. 244.

적인 것을 이루기 위한 수단이라고 한다.13) 물론 교회가 자라고 흥왕케 되는 근본은 하나님의 섭리라고 믿는다(고전 3:6). 그러나 "두드리는 이에게 열릴 것"(마 7:8)이기에 교회는 언제나 꾸준히 개발과 전진을 향한 노력을 해야 한다.

---

13) 강문석, 「교회성장서설」 (서울:도서출판 칼빈서적, 1992), p. 22-23.

2. 변화가 필요하다

"나를 능하게 하신 그리스도 예수 우리 주께 내가 감사함은 나를 충성되이 여겨 내게 직분을 맡기심이니"(딤전 1:12). "내가 이 복음을 위하여 반포자와 사도와 교사로 세우심을 입었노라. 이를 인하여 내가 또 이 고난을 받되 부끄러워하지 아니함은 나의 의뢰한 자를 내가 알고 또한 나의 의탁한 것을 그 날까지 저가 능히 지키실 줄을 확신함이라"(딤후 1:11-12).

하나님께서는 참으로 한국교회를 사랑하신다. 전 국민의 25%가 기독교인이며 가는 곳마다 교회가 빽빽하게 들어차 있으며 또한 그 교회 안에는 교인들이 풍성히 자리잡고 있다.

그런데 요즈음 어느 조사 통계로는 불교 신자와 천주교인 숫자는 증가하는데 개신교인 수는 -0.03% 성장했다는 말도 들린다. 또한 고도성장과 관능적 문화의 발달 및 매스미디어에 의한 사탄문화의 영향이 개척교회의 성장을 힘들게 하고 있다.

다가오는 미래엔 성도가 경쟁력이다. 성도는 교회를 만들고 교회는 세계를 만든다. "기술이나 가격은 경쟁기업이 쉽게 모방할 수 있지만 사람의 의욕과 창의성을 극대화시키는 인력개발 정책은 쉽게 모방할 수 없는 장기적인 경쟁우위의 원천이다"[14] 라는 말과 같은 맥락에서 성도를 온전케 하는 훈련 내지 교육이 중요하다.

---

14) 권인용·한만승, 「新 경영기적은 없다」 (서울:고려원, 1989), 표지 참조.

"챔피언이 된다는 것은 챔피언처럼 생각하는 것을 의미한다"15)라는 말이 있다. 사냥에 나설 때는 사냥에 알맞는 복장을 해야 한다. 어디까지나 교회는 교회다워야 하고, 교인은 교인답게 행함이 있는 믿음의 소유자이어야 한다.

하나님은 기름 부은 주의 종인 목회자 없이는 큰 일을 하시지 않으신다. 목회자가 교회성장형 사람이 될 때 하나님께서는 목회자와 협력해서 선을 이루신다. 그러므로 목회자는 교회성장을 위해 무엇인가 행동을 취해야 한다. 그것은 묵은 그리스도인의 식어진 가슴에 성령의 불을 붙인다든가, 여호와 앞에 정직과 공의와 영권력이 말씀으로 이단들의 세속화의 물결로부터 승리하는 것도 한 방법이다.

요컨대 목회자의 행동 중에 가장 중요한 것은 태도의 변화와 방법의 변화이다. 즉 영과 숙련된 기술 및 노우하우가 달라져야 한다.

교회의 본질과 진리는 영원토록 변함이 없다. 그러나 비본질적인 것들은 시대마다 변해야 한다. 여름에는 여름철의 옷이 있고 겨울에는 겨울의 옷이 있다. 옷을 바꿔 입어야 한다. 목회자의 사역도 마찬가지다.

어떤 교회들은 뛰어난 조직 운영을 할 수 있지만 영적인 면에서는 빈혈증을 가질 수 있다. 어떤 교회들은 통일성을 갖는 데는 성공하지만 다양성을 활용하는 데는 실패할 수 있다. 그러한 교회들은 자기 교파의 교리들을 고집스럽게 수호하는 데는 민감하지만 문화에 대한 대처 감각이나 적응에는 둔감하다. 어떤 교회들은 흥미 위주의 집회 프로그램을 만들어 인원 동원에는 효과적이지만, 영적인 어려움에 빠진 사람들은 치유하

---

15) 데니스 웨이틀리, 정해근 옮김, 「성공의 다이내믹스」 (서울:프레스빌, 1995), 표지말 인용.

는 데는 난맥상을 보인다. 많은 현대 교회들이 음악 분야 등과 연관을 잘 맺는 적응성에 대해서는 긍지를 갖지만, 침체에 빠진 교인들과의 대화나 잘못된 교리에 대한 깨달음을 갖게 하는 데에서는 취약성을 보인다. 이와 같은 교회들은 기술 문명의 여러 가지 도구나 설비를 사용하긴 하지만 그것들을 영적 전쟁의 무기로 사용하는 데는 실패한다.

(1) 목회자가 변해야 한다.

균형잡힌 교리를 가르치지 않으면 많은 교회들이 약화되거나 소멸하게 된다. 여기에 목회자의 태도변화엔 균형성과 일관성이 있는 표준이 필요하다고 본다.

1) 영향력있는 목회 사역은 목회자의 인격과 기량(skill)을 전제로 하지만 그 결과는 하나님의 절대적인 은혜에 좌우된다.

2) 목회자는 반드시 영적인 권위가 있어야 하며, 신학적으로 충실해야 하고, 목회에 대한 열정이 있어야 한다. 이러한 것들의 부재를 지도력의 무능, 운영의 나태, 관계 형성의 서투름 탓으로 돌릴 수 없다.

3) 훌륭한 목회자는 성령님의 역사, 영적 전쟁에 사용되는 영적 무기, 그리고 하나님으로부터 부여된 사안들을 성취하기 위해 기도, 설교, 가르침 등을 포함하는 성경적 지침에 대한 내적인 신뢰를 갖고 있다. 또한 현대의 윤리적인 방법론이나 전문기술 등도 최대한 활용할 수 있어야 한다.

4) 영적인 지도자는 미래에 대한 전략적으로, 그리고 전체적

으로 사고한다. 뿐만 아니라 개인들에 대해 사려깊은 관심을 보여주며, 세심한 면에까지 함께 고통을 나누는 관심을 기울인다.

5) 영향력있는 목회자는 교인들로 하여금 그들의 삶의 현장에 복음을 침투시키도록 인도하며, 교인들을 훈련시키는 일과 사역을 위해 그들을 준비시키는 일에 대한 생각으로 가득 차 있는 사람이다.

6) 영향력있는 목회자는 교회의 선교적 영역, 공동체적 영역, 그리고 유기체적 영역들의 최고 효용성을 위해 일하고 기도하는 사람이다. 그리고 한 사람에 대한 집중적인 관심을 빙자해서 다른 사람을 소홀히 대하는 일이 없다.16)

(2) 교회가 변해야 한다.
1) 모이는 교회에서 흩어지는 교회로 변해야 한다.
소단위, 가정 중심, 직장 중심의 교회로 변화되는 것을 말한다. 지금 한국교회는 주일예배에 모이는 것을 잘한다. 그러나 월요일부터 토요일까지는 신자들을 찾아보기가 어렵다. 왜냐하면 흩어져서 기독교인으로 살아가지 못하고 있기 때문이다. 우리가 모여서 은혜를 받았으므로 이제 흩어져야 한다. 세상으로 가서 빛과 소금이 되어야 한다.

2) 받는 교회에서 주는 교회로 변해야 한다.
교회의 예산부터 목회철학을 가지고 새롭게 계획해야 한다. 살찌고 고혈압에 걸리고, 중풍에 걸리고, 심장마비로 죽는다.

---

16) 제임스 E. 민주, op, cit, p. 11-14.

결국 공룡처럼 되고 만다. 그러므로 교회는 이제 받기만 하는 희생이 없는 기복 신앙에서 벗어나 "주는 것이 받는 것보다 복이 있다"(행 20:35)라고 하신 주님의 말씀을 기억하고 실천하는 교회가 되어야 한다.

3) 권위적인 교회에서 섬기는 교회로 변해야 한다.

목회자 중심의 단세포적이고 권위적인 교회에서 평신도 중심의 민주적 교회, 섬기는 교회로 변해야 한다. 평신도 운동이 교회의 안과 밖에서 적극적으로 일어날 수 있도록 목회자는 평신도 지도자들을 일깨우고 교육시켜야 한다.

에베소서 4:12에 보면 참된 목회철학이 나온다. 먼저 평신도들을 온전하게 하는 것, 다시 말하면 평신도 훈련이 필요하다. 그들이 주님의 손이 되어 섬기는 삶을 살도록 훈련시키는 일이다. 참 목회는 온 교인들이 각자 맡은 일에 충성할 수 있도록 하는 것이지 혼자서 다 하는 것은 아니며 또 그렇게 할 수도 없다.

4) 고백적 신앙에서 생활중심의 신앙으로 변해야 한다.

주일 성도는 많은데 월요일부터 토요일까지의 성도를 찾아볼 생활 중심의 신앙이 아니기 때문이다. 물론 고백이 없는 기독교는 있을 수 없고 성도는 가장 바른 신앙고백을 해야 한다. 그러나 이것만 가지고는 부족하다. 머리로만 믿는 것이 아니고 생활로 고백해야 한다.

5) 기독교문화가 창조되는 교회로 변해야 한다.

문화를 그리스도와 반대되는 것으로 볼 수도 있지만, 그런 흑백논리는 위험하다. 그리스도는 문화 위에 있으며 좀더 정확하게는 서로 긴장관계를 가지고 있다. 칼빈이 말한 대로 교회는 '문화의 개혁가'가 되어야 한다. 한국 교회는 우리 사회에 기독교 문화를 뿌리내릴 역사적, 민족적 책임이 있다.

6) 선교정책이 변해야 한다.

자기 과시적 선교는 죄악이다. 먼저 서양이 추구했던 종교적 제국주의를 버려야 한다. 우리가 원하는 것을 주려고 하지 말고 저들이 참으로 필요한 것을 주어야 한다. 더 중요한 것은 하나님이 원하시는 것을 주어야 한다.

7) 치유목회가 반드시 있어야 한다.

설교목회, 심방목회, 교육목회도 중요하지만 치유목회가 반드시 있어야 한다. 치유목회란 전인(全人)과 그가 처해 있는 환경을 건강하게 해주는 것을 말한다. 구체적으로 말하면 모든 질병에서 회복시키고, 가난의 억압에서 하나님의 풍성함을 같이 나누고, 공동체 안에서 함께 성장하는 것을 말한다. 치유목회를 해야 하는 이유는 그것이 사랑의 표현이요, 기도의 응답이요, 신앙의 응답이요, 말씀의 성취이며, 하나님의 영광이기 때문이다. 치유할 내용은 영적 치유, 정신적 치유, 육체적 치유이다.17)

---

17) 신성종 외, 「이렇게 제자훈련해야 교인들이 성숙하다」(서울:도서출판 하나, 1995), pp. 11-12.

제 2 장
교회 성장, 바로 알아야 가능하다

1. 교회 성장의 개념

교회 성장에 대한 다양한 견해들 중에서 대표적으로 다음 여섯 가지 견해들을 살펴보고자 한다.

(1) 맥가브란(D. McGarvran)의 견해

교회 성장에 대한 이론을 처음으로 주장한 맥가브란은 그의 저서 『교회 성장의 이해(*Understanding Church Growth*)』에서 "교회 성장은 하나님에 대한 충성심(성실성)"이라고 정의한다.

사람은 충성심이 없이는 어떠한 봉사나 노력, 수고도 할 수가 없다. 특히 맥가브란은 충성심에 대하여 이렇게 말한다.

1) 그리스도인들이 잃은 자를 찾는 일에 충성심을 보이는 곳에는 반드시 교회 성장이 따른다(눅 19:1).

2) 잃은 자를 단순히 발견하는 것뿐만 아니라 그 양들을 우리 안에서 완전하도록 가르치고 따르도록 할 때 교회는 성장한다.

3) 교인들이 그 사회에서 진실하게 살뿐만 아니라 세상의 빛된 생활을 통하여 믿음의 본을 드러낼 때, 즉 교회가 세상의 빛과 소금의 역할을 할 때 그 교회는 성장한다.

맥가브란은 인도에서 30년 정도 선교사로 헌신했다. 그는 "어떻게 하면 교회가 성장할까?"하는 문제를 직접 체험하고 느낀 것을 이론으로 정립하였다. 교회 성장에 대한 그의 이론은 크게 세 가지로 구분된다.

첫째, 생물학적 성장이다.

교인들이 아이들을 낳아서 그 아이들이 예수를 믿고 성장하면 자연스럽게 증가한다. 믿는 가정에서 아이들이 태어나서 세례를 받고 성장함으로써 그리스도인이 된다.

둘째, 이주에 의한 성장이다.

이주에는 두 가지가 있다. 하나는 농어촌에서 도회지로 오는 경우이다. 또 하나는 미개발지역에서 개발지역으로 옮겨가는 경우이다.

셋째, 전도해서 회개하고 예수를 믿는 경우이다.

이것이 가장 바람직한 교회 성장의 모습이라고 할 수 있다.

(2) 와그너(C. Peter Wagner)의 견해[1]

맥가브란의 제자인 피터 와그너는 그가 쓴 『교회 성장 원리(*Your Church Can Growth*)』에서 교회 성장 요인을 다음과 같이 말했다.

1) 온 교회가 성장을 위한 활동을 함에 있어서 모든 교인이 납득할 수 있고 능히 감당할 수 있는 적극적 사고와 유능한 지도력을 가진 교역자가 있을 때 교회는 성장할 수 있다.

2) 교회 성장을 위한 적극적 자세와 이에 수반되는 성령의 특별하신 은사와 사명감을 인식한 평신도가 있을 때 교회는 성장한다.

3) 교인들이 생각하는 성장의 기회가 주어지고 그러한 환경을 조성하며, 이를 충족시켜 주는 모든 요건이 이루어질 때 교회 성장은 이루어질 수 있다.

---

1) 강문석, 「교회성장서설」 (서울:도서출판 칼빈서적, 1992), p. 22-23.

4) 예배나 모임 또는 각 기관 사이에 유기적인 관계를 가지고 서로서로 둘 중 하나만 협력하여 공동전선을 펴고 나설 때 교회는 성장한다.

5) 교회의 교인들이 거의 동질성 또는 동등한 사회 의식에서 협력체제가 이루어질 때 교회는 성장한다.

6) 교회가 효과적인 전도 방법을 사용함으로써 이를 적극적으로 활용할 때 교회는 성장한다.

7) 어떠한 행사와 계획보다도 교회 성장을 우선적으로 삼는 교회는 성장한다.

(3) 파커(Ken Parker)의 견해

파커는 안디옥 교회를 중심으로 교회 성장의 요인을 말하고 있다.

1) 예배를 엄숙히 드리며, 철저한 말씀과 복음적인 진행을 통하여 감화, 감동케 하는 교회는 성장한다.

2) 전도를 철두철미하게 실시하여 이를 점검, 개발해 가는 교회는 성장한다.

3) 성도들의 철저한 '그리스도 제자화'를 위해 힘쓰는 교회는 성장한다.

4) 성도들의 생활과 형편을 하나도 빠짐없이 보살피며 돌아보아 잃어버리는 교인이 없도록 심방에 철저한 교회는 성장한다.

5) 그리스도의 복음이 이방에까지 미치도록 하며, 받는 자가 하나님께 갚는다는 의식 아래서 이방 선교를 강력히 추진하는 교회는 성장한다.

6) 성령의 불길로 변화된 심령과 이에 따르는 강력한 전도 의욕과 봉사 의욕의 표출이 나타난 교회는 성장한다.

7) 그리스도의 십자가를 의식하고 주님의 고난에 참여하여

희생과 성실로써 사명을 완수하고자 하는 열성이 나타난 교회는 성장한다.

(4) 챠니와 루이스(Charles L. Chaney & Rons Lewis)의 견해

이 두 사람이 공저한 『교회성장을 위한 디자인(*Design for Church Growth*)』에서 교회 성장의 7가지 요인을 다음과 같이 언급하였다.

1) 성장하는 교회는 가야 할 목표를 확실히 가지며 이를 제시함으로써 교인들에게 의욕과 열심을 불러일으킨다.

2) 성장하는 교회는 동질 집단 원리에 의해서 형성하고, 일원화될 때 일어난다.

3) 성장하는 교회는 평신도를 잘 훈련시켜 마치 기동차와 같이 앞장서 나가도록 잘 가르치고 훈련시킨다.

4) 성장하는 교회는 교인들의 다양한 생각을 각 방면으로 쓰도록 많은 계획을 갖는다.

5) 성장하는 교회는 작은 조직부터 철저하게 관리하며 이를 키우고 활성화시킨다.

6) 성장하는 교회는 적어도 교인 하나하나를 기동성있는 전도요원으로 키워 잘 운용한다.

7) 성장하는 교회는 철저한 내세관과 믿음으로 그리스도를 따르는 사람들이 있다.

(5) 김해철의 견해

기독교 한국 루터회 총회장이며 루터신학교 교수인 김해철 목사가 최근 회갑기념 논문 "교회성장, 그 유형과 사례 연구"를 발표해 관심을 모았다. 김 목사는 교회성장학은 이제 선교학과 선교신학에 지대한 영향을 주는 학문으로 성장했다고 강조하였다.

다음은 김 목사가 제시한 교회가 건강하게 성장하는 10가지 원리이다.

1) 목회자의 지도력이 성장을 좌우한다.

교회성장의 일차적 책임은 결국 목회자에게 있다. 성장하는 교회에는 강력하고 적극적인 목회자가 있다. 이들은 현재 사용 중인 선교 방법이 효과가 없다고 여겨지면 과감하게 새로운 방법을 도입한다.

2) 영적인 자원을 최대한 활용하는 교회가 성장한다.

영적 자원이란 기도와 교육, 성례 등을 말한다. 교회 부흥의 원동력은 기도이다. 그리고 사도의 가르침에 귀를 기울이는 사람이 많아져야 교회가 성장한다.

3) 성서의 가르침에 기초한 교회가 성장한다.

신약은 교회를 성장시킨 사람에 의해 쓰여진 교회 성장 지침서이다. 성경을 교회 성장의 관점에서 공부하면 엄청난 정보와 원리를 얻게 된다. 신·구약 성경이 그리스도 밖에 있는 '잃은 자'에게 관심이 있듯이 교회도 '잃은 자'를 찾아나서야 한다.

4) 평신도 지도자가 적극 참여하는 교회가 성장한다.

성직자들만이 전도해야 한다는 생각은 교회를 병들게 하는 가장 큰 요인이다. 목회자는 평신도 자원을 발굴해 훈련하고 조직을 만들어야 한다.

5) 뚜렷한 목표를 갖는 교회가 성장한다.

성장하는 교회의 필수 조건은 목사가 먼저 성장하기를 원해야 하고 거기에 평신도의 갈망이 더해져야 한다. 피터 와그너는 이것을 '믿음 더하기 운동'이라고 했다. 과감한 모험과 목표 성취를 위한 대가를 지불하지 않고는 교회 성장이 불가능하다. 목표가 없는 곳에는 성과도 없다.

6) 선교 전략을 가진 교회가 성장한다.

선교도 전쟁이다. 마태복음 28:19-20에서 전략을 발견할 수 있다. 농부는 결실의 계절을 바라보고 씨를 뿌린다. 전도도 씨 뿌릴 때와 수확할 때를 잘 파악해야 한다.

7) 좋은 시설을 갖춘 교회가 성장한다.

교회는 누구나 찾기 쉬운 곳에 위치해야 한다. 예배당도 그룹간의 친교를 위해 적합한 공간과 예술미를 갖추어야 한다. 주차장을 갖추는 것이 교회 성장의 필수 요건이다.

8) 계층별 그룹을 잘 조직해야 한다.

교회성장학에 '동질 구성단위의 원리'라는 것이 있다. 직업, 연령, 생활 수준의 비슷한 사람들끼리 친교를 나눌 때 세포가 늘어난다.

9) 사회적 관심을 갖는 교회가 성장한다.

교회는 자신을 위해서가 아니라 세상을 위해 존재한다. 목회자는 지역사회를 잘 파악하고 무엇을 필요로 하는가를 파악해야 한다. 그러면 선교의 문이 자연히 열린다.

10) 선교에 대한 비전이 있는 교회가 성장한다.

교회성장은 하나님의 지상 명령이라는 분명한 비전을 가져야 가능하다. 성장을 멈춘 교회는 비전도 없다.2)

(6) 오성택의 견해

이상에서 여러 학자들의 교회성장론을 살펴보았다. 필자는 교회 성장이란 예수 그리스도와 인격적인 관계를 맺고 있지 않는 모든 사람들로 하여금 주님과 바른 관계를 맺게 하고, 그들을 책임있는 교회의 일원(一員)으로 받아들이는 일에 관계되는 모든 것을 의미한다3)고 생각하면서 교회 성장에 대한 교회론적 현실도 간과할 수는 없다고 본다.

1) 넓이의 성장이다.

이것은 양적 성장을 말한다. "땅 끝까지 이르러 내 증인이 되라"라는 것이다. 따라서 교회의 양적 성장도 지속적으로 이루어져야 한다. 왜냐하면 아직도 전 세계에는 복음이 들어가지 못한 곳과 복음을 받아들이지 못한 사람들이 너무나 많기 때문이다.

2) 깊이의 성장이다.

교육을 통해서 건실한 교인, 독립적인 교인, 창조적 독립을 할 수 있는 교인으로 성장시킨다. 칼 라너(Karl Rahner) 교수는 교인을 노예 의존적 교인과 창조적이며 독립적이고 자립적

---

2) 임한창, "목회자 리더쉽의 결정적 원리", 국민일보, 제2128호(1995. 11. 22.), p. 2.

3) C. Peter Wagner, *Your Church Can Growth*(California:Regal Books, 1976), p. 12.

인 교인으로 구분했다. 스스로 자기의 신앙을 계속 끌고 나아갈 수 있는 교인을 만들어야 한다. 심방을 통해 권면해야 비로소 예배에 참석하는 교인이 되어서는 안 된다. 오히려 신앙의 내용을 확실히 파악하여 자기의 것으로 만들어 자기의 양식을 삼고, 그 누구도 그가 가진 신앙 내용을 빼앗지 못하는 깊이 있는 성장이 있어야 한다.

3) 높이의 성장이다.

성경에 "너희는 세상의 빛이요 세상의 소금"이라고 했다. 이것은 세상에 대한 그리스도인의 사명을 가르쳐 준다. 오늘날 우리 나라는 종교적으로 윤리적으로 도덕적으로 어려운 현실에 놓여 있고 도덕성은 위기에 봉착하고 있다. 일제 초기에 기독교인이 1%밖에 안 되었을 때는 오히려 빛을 확실하게 발하였다. 기독교인이 25%나 넘는 오늘의 한국 교회는 사회에 대해서 얼마나 빛이 되고 소금이 되는가? 우리 목회자들에게 일차적으로 책임이 있다. 그리고 이차적으로는 교인들에게 책임이 있다. 빛과 소금의 역할을 다하여서 바른 길을 가도록 이끌어 갈 수 있어야 한다.

성경적인 교회 성장원리를 보면 교회 성장은 하나님의 계획이요 하나님의 소원이시며 지상 명령이다.

교회 성장이란 "너희는 가서 모든 족속으로 제자를 삼아 아버지와 아들과 성령의 이름으로 세례를 주고 내가 너희에게 분부한 모든 것을 가르쳐 지키게 하라"(마 28:19-20)는 주님의 지상 명령을 성실하게 순종하는 것이라고 말할 수 있다.

이와 같은 지상 명령의 효과적인 이행에 특별히 관련되어 있는 교회의 개척, 증가, 기능 및 번영을 연구하는 학문4)이 교

---

4) 피터 와그너, 이요한 옮김, 「교회성장에 대한 신학적 이해」 (서울:성서연

회성장학이다. 우리는 교회성장 운동에 관한 한 단순히 어떤 전도운동이라기보다 방법론을 강조하는 운동5)으로 이해하여야 한다.

"나는 심었고 아볼로는 물을 주었으되 오직 하나님은 자라나게 하셨나니… 오직 자라나게 하시는 하나님뿐"(고전 3:6-7)이라는 바울의 말씀은 양적인 성장이든 질적인 성장이든 또는 지리적, 인종적, 종족적인 성장이든 간에 하나님께서 하신다는 뜻이다. 사람들은 심고 물을 주는 일을 잘 체계화하고 행함이 있어야 성장할 수 있다는 말이다. 그러기에 어떤 일을 이루시고자 하시는 하나님의 계획은 결국 인간을 통해서 행하시기 때문에 여기에 우리가 노력하고, 연구하며, 나아가야 할 의미가 있다. 따라서 교회 성장 문제도 그대로 놔 두면 저절로 자란다든지 그때가 되면 하나님께서 당연히 이루어 주신다는 방관주의에서 떠나 적극적인 행동을 취해야 할 필요성이 있다.

구사, 1986), p. 108.
5) 장중열, 「교회성장과 선교학」(서울:성광문화사, 1996), pp. 205-230.

2. 교회 성장의 신학적 전제들과 이해

한국교회 성장의 현장에는 앞으로 풀어나가야 할 많은 숙제를 안고 있다. 성장에만 급급한 교회의 현상에 대하여 과연 숫적인 증가만이 과연 하나님이 바라시는 교회의 모습인가? 교회 성장에서 질적인 증가의 필요성은 배제되고 있지 않은가? 한국교회의 성장 현장에는 우리의 재래종교인 무속신앙과 깊은 관련성을 지니고 있지는 않은가? 교회성장학은 신학의 한 분야로서 사회과학과 깊은 연관성을 맺고 있지는 않은가? 현실적으로 한국교회 성장은 물량주의에 의해 너무 많이 영향을 받고 있지는 않은가? 한국교회는 자체의 성장만을 위하여 교회의 대 사회적인 책임을 망각하고 있지는 않은가?[6]

위와 같은 모든 질문이 신학적으로 분명히 대답되어져야 할 과제들이라고 생각한다. 이러한 과제들의 적절한 대답을 얻기 위하여 우리는 두 가지 범하지 말아야 할 사항이 있다. 하나는 신학자들의 학문적 객관성이며, 다른 하나는 목회자들의 목회적 정직성이다. 어떤 신학자들은 목회현장에 대한 전이해도 없이 교회 성장에 대하여 이상한 선입견을 가지고 무조건 부정적으로만 보려는 알레르기 현상을 나타낸다. 교회가 왜 성장해야 하는지, 교회내 숫적인 증가는 왜 필요한가에 대한 깊은 성

---

6) 이요한 옮김, 피터 와그너, op. cit., p. 6.

서적인 고찰도 없이 부정을 위한 부정만 하려는 태도이다. 예를 들면 한국의 기독교가 이 땅에서 성숙되어 가는 과정에 있어서 재래종교인 샤마니즘과 왜 필연적으로 깊은 연관을 맺을 수밖에 없으며, 이를 벗어나기 위한 선교학적이며 미래지향적인, 신학적인 고찰을 하는 대신 현 기독교 내의 샤마니즘적 요소만을 보며 이를 공격하는 것만으로 자기 만족을 삼고 있다.

한편 목회자들은 교회 현장을 밝히 드러내어 신학적인 점검을 받는 데 있어서 두려움을 느끼고 있다. 신학적인 점검과 비판이 자신이 이룩해 놓은 성장의 현장을 무너뜨리며 또한 목회자 자신의 명예심마저 실추시키지 않을까에 대한 이기심에 교회와 자신을 은폐하려고 노력하고 있다. 교회가 없는 곳에 신학이 있을 수 없음도 사실이나 신학이 없는 곳에 진정한 교회의 모습도 존재할 수 없다. 날카로운 신학적 반성이 없을 때 교회는 깊은 잠 속으로 빠져들어가 자기의 생명을 잃어버림이 2천년 교회사가 우리에게 가르쳐주고 있는 교훈이다. 교회의 갱신은 교회의 성장과 보조를 같이 한다.

필자는 앞으로 교회 성장에 대한 신학적인 전제를 다음의 다섯 가지로 이해하고자 한다.

(1) 하나님의 영광이 인간의 으뜸가는 목적이다.

이 점에서 웨스트민스터 신앙고백에 대한 반론을 제기할 수 있는 사람이 누가 있을까? 교회성장론자들은 그들의 신학적 출발점이 천지의 창조자이신 전능하신 아버지 하나님이라는 것을 단호하게 주장하고자 한다.

(2) 예수 그리스도의 주되심이다.

교회성장론자들은 성령에 의해 하나님의 나라가 태어났다고 한다. 예수 그리스도는 주시다. 그들은 그에게 복종하고자 한다. 그리스도인들에게 있어서 그의 계명들은 모두가 필수적으로 따라야 하는 것들이다. 선택적으로 따를 수 있는 것들은 하나도 없다.

(3) 성서의 규범적 권위에 근거한다.

이에 대해 아더 글라서가 다음과 같이 말한 것에 나는 동조한다. "교회성장 신학은 오직 성서만이 신앙과 실천의 유일하고 무류(無謬)한 규준이라는 기본적 원리에 근거하고 있다. 오직 구속사에 대한 성서의 기록과 성서의 해석만이 인간에게 규범이 된다."7)

(4) 죄, 구원 및 영원한 사망의 궁극적이고 종말적인 실재이다.

이것은 사람들이 현생에서 내리는 결정들은 영원한 결과들을 낳는다는 확신이다. "아들이 있는 자에게는 '영원한' 생명이 있고 하나님의 아들이 없는 자에게는 생명이 없느니라"(요일 5:12). 보편구원론, 즉 모든 사람이 다 궁극적으로는 구원을 받게 되리라는 교리는 교회성장론자들의 지지를 받지 못한다. 구원을 받으려면 사람들은 복음을 듣고 받아들여야만 한다.

(5) 성령의 직접적 사역으로 교회가 성장한다.

성령은 친히 모든 문화권의 신앙인들의 삶 속에서 활동하고 계시다. 그는 그들을 채우고, 그들에게 비범한 힘을 부여하고, 은사들을 나누어주고, 그들을 지도해 신학적으로·윤리적으로 발전하게 하고, 그들을 섬김에로 부른다.

---

7) Arthur F, Glasser, "Church Growth Theology", in Church Growth Movement, Proceedings of Eleventh Meeting, Association of Professors of Missiors of Missions(June 12-14, 1972), p. 17.

3. 성경 속에서 보는 교회 성장

교회 성장은 하나님의 뜻이요 요구이다. 성경은 그리스도인 개개인 속에 새생명의 성장에 대해서(히 5:11-6:3)뿐만 아니라 그리스도의 몸된 교회의 성장에 대해서도(엡 4:11-13) 말하고 있다. 그런데 그리스도인 개개인(지체)의 성장은 교회(몸) 전체의 성장과 밀접하게 관련되어 있다.8)

사도 바울은 에베소교회에 편지하면서 이 사실을 분명히 밝히고 있다.

"우리가 다 하나님의 아들을 믿는 것과 아는 일에 하나가 되어 온전한 사람을 이루어 그리스도의 장성한 분량이 충만한 데까지 이르리니 이는 우리가 이제부터 어린 아이가 되지 아니하여 사람의 궤술과 간사한 유혹에 빠져 모든 교훈의 풍조에 밀려 요동치 않게 하려 함이라 오직 사랑 안에서 참된 것을 하여 범사에 그에게까지 자랄찌라 그는 머리니 곧 그리스도라 그에게서 온 몸이 각 마디를 통하여 도움을 입음으로 연락하고 상합하여 각 지체의 분량대로 역사하여 그 몸을 자라게 하며 사랑 안에서 스스로 세우느니라"(엡 4:13-16).

---

8) 황대식, 「좋은 권사되게 하소서」(서울:혜선출판사, 1993), pp. 133-152.

(1) 초대교회의 성장

초대교회의 성장과정을 기록한 사도행전은 교회 성장의 교과서라고 할 수 있다. 우리는 초대교회에서 교회 성장의 모델을 발견하게 된다.

1) 내적이고 질적인 성장

초대교회는 내적으로 성숙해져가는 교회였다. 초대교회 교인들은 믿음 안에서 성숙하여 더 좋은 교인들이 되었다. 새로 믿은 자들이 교회에 참여하기까지 그리스도인으로서의 생활 훈련이 시작되었다.

사도행전을 기록한 누가는 이 훈련 과정을 다음과 같이 기록하고 있다.

① 사도들의 가르침을 받았다.

② 성도의 교제에 참여했다.

③ 기도하는 법을 배워 열심히 기도했다.

④ 사도들이 설교를 하거나 기적을 행하는 것을 지켜보았다.

⑤ 물질적인 면에서 서로 책임을 느끼고 모든 물건을 공동으로 소유했다.

⑥ 예배를 목적으로 매일 성전에 모였다.

⑦ 집에 모여서 함께 음식을 먹었다.

⑧ 하나님께서 자기들을 위해 하신 일에 대해 하나님을 찬미했다.

⑨ 예루살렘에 있는 사람들에게 선한 간증을 보여 칭송을 받았다(행 2:42-47 참조).

초대교회는 이런 훈련 과정을 통해 질적으로 성숙한 교회였다. 사도행전에는 그 증거가 여러 곳에 나타난다. 초대교회는 고난과 핍박에도 불구하고 하나님께 순종하며 복음을 전했다

(행 4:13-21). 그리고 교회 안에 불의를 용납하지 않았다(행 5:1-11). 뿐만 아니라 초대교회는 굳은 마음으로 주님께 붙어 있었으며 믿음이 더 굳어졌다(행 11:23, 16:5). 이와 같이 초대교회는 내적으로 그리고 질적으로 성장하는 교회였다.

2) 외적이고 양적인 성장

초대교회는 또한 숫자적으로 성장하는 교회였다. 그러나 초대교회에서 교인의 숫자가 늘어날 때마다 그 교인의 수는 단순히 교회라는 울타리 안에 들어온 사람을 의미하지 않았다. 그들은 세례를 받은 사람들이며 구원받은 사람들이었다. 곧 그들은 그리스도의 제자들이었다. 그러므로 초대교회에서 양적인 성장을 말할 때에는 꼭 제자의 수가 많아졌다고 했다(행 6:1).

초대교회는 다락방에 모인 120명으로 시작되었다(행 1:5). 오순절에 원래의 120명의 모임에 3천명이 더하여졌다(행 2:41). 주님께서는 날마다 구원받은 사람들의 수효를 더하셨다(행 2:27). 사도들의 설교를 들은 많은 사람들이 믿었으며 남자들의 수효가 5천가량 되었다(행 4:4). 만일 여자들과 아이들의 수까지 합한다면 이제 초대교회는 엄청난 성장을 이루었다. 또 예루살렘의 초대교회에는 '남녀의 무리들'이라고 기록된 많은 신자들이 계속해서 더하여졌다(행 5:14). 하나님의 말씀은 계속해서 전파되었고 제자들의 수효는 계속해서 "더 심히 많아지고 허다한 제사장의 무리도 이에 복종하였다"(행 6:17). 이와같이 초대교회는 양적으로도 날마다 성장하는 교회였음을 알 수 있다.

3) 확장 성장

초대교회는 밖으로도 성장하는 교회였다. 초대교회는 지리적으로도 널리 확장되었다. 그 결과로 여러 지역에 교회가 세워지게 되었다. "성령이 너희에게 임하시면 너희가 권능을 받고 예루살렘과 온 유대와 사마리아와 땅끝까지 이르러 내 증인 되리라"(행 1:8)는 주님의 약속은 성취되었다.

사도행전 8장을 보면 예루살렘에 있는 교회에 큰 핍박이 있어 사도 외에는 다 유대와 사마리아 모든 땅으로 흩어졌다는 사실을 알게 된다. 그 흩어진 사람들이 두루 다니며 복음을 전하였다(행 8:1, 4). 빌립은 사마리아로 가서 그리스도를 전하였는데, 그로 인하여 많은 사람들이 믿고, 남녀가 다 세례를 받았다(행 8:12). 그는 또한 이디오피아 내시에게 복음을 전하였다(행 8:26-42). 이것은 복음이 아프리카에서도 전파되게 된 계기가 되었을 것이다. 사도 바울은 다메섹에서 복음을 전했다(행 9:19-20). 사도행전 9장에서 우리는 유대와 갈릴리와 사마리아 전역에 걸쳐서 교회가 세워지고 교회가 계속해서 증가하였다는 말씀을 대하게 된다.

"그리하여 온 유대와 갈릴리와 사마리아 교회가 평안하여 든든히 서가고 주를 경외함과 성령의 위로로 진행하여 수가 더 많아지니라"(행 9:31).

계속해서 복음은 베니게, 구브로, 안디옥에 전파되었다(행 11:19-26). 안디옥교회는 바나바와 바울을 구브로에 보내어 복음을 전파하게 하였다. 또 복음은 이고니온의 도시지역, 비시디아, 안디옥, 루스드라, 더베로 퍼져 나갔고, 그곳에 교회가 세워졌다(행 14:21, 23). "이에 여러 교회가 믿음이 더 굳어지고 수가 날마다 더하였다"(행 16:5). 이와 같이 초대교회는 교인들의 수만 날마다 증가한 것이 아니라 교회의 수효도 증가하였다. 계속해서 빌립보(행 16;), 베뢰아(행 17:12), 아덴(행 17:34), 고린도(행 18:8), 에베소(행 19:9), 그리고 로마(행 28:30-31)에까지 복음은 전해졌고 교회는 세워졌다.

초대교회는 질적으로, 양적으로 그리고 지리적으로 계속 성숙되고 성장되며 확장되어 나갔다. 이 모든 면에의 성장은 동시에 이루어졌다.

사실 이 세 측면은 나눌 수 없는 것이다. 초대교회의 성장은 계속적인 과정이었다는 점과 모든 신자들이 복음을 전파하는 일에 참여하였다는 점을 우리는 주목해야 한다. 초대교회의 성장 모습은 오늘 우리 교회의 성장에 있어서 실로 귀감이 된다.

(2) 예루살렘교회

예루살렘교회는 가장 먼저 세워진 교회였을 뿐만 아니라 얼마간 다른 교회가 없었으므로 유일한 교회였었다. 나중에 세워지는 교회들은 예루살렘교회를 본땄다. 예루살렘교회는 모교회로서 다른 교회를 지도했다(행 8:14, 11:22). 사도들의 지도아래 예루살렘교회는 성장이 매우 빨랐다. 마가의 다락방에 모였던 120명은 오순절에 3,000명을 넘는 숫자로 자랐다. 그 뒤에 교인의 수는 5,000명 이상으로 늘었고(행 4:4) 그 후에도 계속 성장하였다(행 5:14).

예루살렘교회가 성장하게 된 요인을 우리는 사도행전에서 읽을 수 있다. 그것은 성령충만(행 1:8), 마음을 같이함(행 1:14, 2:46), 전혀 기도에 힘씀(행 1:4, 2:42), 사도의 가르침을 받음(행 2:42), 서로 교제함(행 2:42), 떡을 뗌(행 2:42, 46), 기사와 표적이 많이 나타남(행 2:43, 3:1-10), 믿는 사람들이 유무상통함(행 2:44-45, 4:32-37), 모이기를 힘씀(행 2:47), 하나님을 찬미함(행 2:47), 온 백성에게 칭송을 받음(행 2:47), 날마다 교육과 전도를 쉬지 않음(행 5:42), 사람들의 전도활동(행 8:4) 등이다.

예루살렘교회의 조직은 퍽 간단하다. 초기에는 베드로를 중심으로 사도들의 직접 지도하에 있었다. 그러나 베드로가 전도

여행을 떠난 뒤에는 교회의 지도권이 주님의 형제인 야고보에게 인계되었으며, 교회가 성장됨에 따라 집사직이 생기게 되었다(행 6:1).

(3) 안디옥교회

예루살렘교회에 일어난 핍박으로 흩어진 사람들 중에 구레네와 구브로에 있던 사람들이 안디옥에 이르러 헬라인들에게 복음을 전했다. 많은 사람들이 믿고 주께 돌아와서 여기에 안디옥교회가 세워졌다. 예루살렘교회는 바나바를 보내어 이 일을 조사케 하였다. 바나바는 하나님의 은혜로 큰 일이 이루어졌음을 알고, 그의 힘을 다하여 형제들을 권면하였다(행 11:23). 교회가 성장함에 따라 바나바는 다소에 가서(바울)을 데리고 왔다. 바나바와 사울의 협력으로 교회는 더욱 성장하였다.

안디옥에서 제자들이 처음으로 '그리스도인'이라 칭함을 받게 되었다(행 11:26). 안디옥교회는 곧 예루살렘교회를 능가할 만큼 성장하였다. 무엇이 안디옥교회를 그렇게 만들었을까?

1) 열심히 복음을 전하는 교회였다(행 11:19-21).

복음을 전하지 않는 교회가 어떻게 성장할 수 있겠는가? 활발한 복음전도운동으로 말미암아 수많은 사람이 믿고 주님께 나아왔다. 그리고 나중에는 선교사를 파송하는 교회가 되었다. 안디옥교회의 지도자들에게 성령께서 말씀하셨다. "내가 불러 시키는 일을 위하여 바나바와 사울을 따로 세우라"(행 13:2). 그들은 곧 이 말씀에 순종하였다. "이에 금식하며 기도하고 두 사람에게 안수하여 보내니라"(행 2:42). 드디어 그들은 참된 '그리스도인'이 되었다(행 11:26).

2) 가르치는 교회였다(행 11:25-26).

바나바와 사울은 많은 사람들을 가르쳤다. 이것은 예루살렘 교회에서도 마찬가지였다(행 2:42).

3) 자선을 베푼 교회였다.

안디옥교회는 어려운 사람들에게 주기를 좋아하는 교회였다. 예루살렘 형제들 가운데 어려움 당하는 사람들이 있다는 소식을 듣고, 그들은 곧 도움을 보냈다. "제자들이 각각 그 힘대로 유대에 사는 형제들에게 부조를 보내기로 작정하고 이를 실행하여 바나바와 사울의 손으로 장로들에게 보내니라"(행 11:29-30).

4) 훌륭한 지도자가 있었다.

안디옥교회의 지도자는 바나바였는데, 그는 착한 사람이며 성령과 믿음이 충만한 사람이었다. 그는 또한 관대하여 사울과 잘 협력하였다(행 11:24-26).

이와 같은 특징 때문에 안디옥교회는 계속 성장하여 이방선교의 중심지가 되었다.

(4) 데살로니가교회

데살로니가교회는 바울의 두 번째 전도여행 중 세워진 교회였다. 이 교회 안에는 "경건한 헬라인의 큰 무리와 적지 않은 귀부인"(행 17:4)도 있었다. 바울은 데살로니가교회가 믿음과 소망과 사랑이 충만한 교회라고 칭찬하였다. "너희의 믿음의 역사와 사랑의 수고와 우리 주 예수 그리스도에 대한 소망의 인내를 우리 하나님 아버지 앞에서 쉬지 않고 기억함이니"(살전 1:3, 살후 1:3-4 참고).

1) 믿음의 역사가 있었다.

그들은 믿음으로 일했다. 채찍이 무서워 일하는 사람이 있다. 보수를 목적으로 일하는 사람도 있다. 엄격한 의무감에서 일하는 사람도 있다. 그러나 믿음으로 고취되어 일하는 사람이 있다. 참된 헌신의 표식은 힘든 일을 영광으로 생각하고 하나님을 위하여 믿음으로 일하는 것이다.

2) 사랑의 수고가 있었다.

그들은 사랑하기 때문에 온 힘을 다해 수고했다. 사랑은 희생을 마다하지 않고 수고하게 한다. 사랑의 수고는 언제나 영광을 지니고 있다.

3) 소망의 인내가 있었다.

그들은 소망 가운데서 오래 참았다. 사람은 소망을 가지고 있는 한 모든 것을 인내할 수 있다. 데살로니가교회는 주님의 재림을 대망하고 있었다. 이런 소망 가운데서 그들은 견딜 수 없는 일까지도 참고 인내했다. 특히 여기에서 인내란 마지못해 견뎌내는 것이 아니라 적극적으로 어려움과 싸워 이겨내는 것을 말한다.

데살로니가교회는 믿음의 역사, 사랑의 수고, 그리고 소망의 인내가 있었다. 그 결과로 모든 믿는 자들의 본이 되었으며, 복음이 데살로니가에서 마게도냐와 아가야, 그리고 각처에 퍼지게 되었다(살전 1:7-8).

(5) 로마교회

로마교회는 언제 누구에 의해 세워졌는지 확실히 알 수가 없다. 아무튼 그 당시 세계의 수도라고 할 수 있는 로마에 위치한 이 교회는 모든 교회들 가운데 월등한 위치를 차지하고 있었다. 바울이 로마를 방문하기 훨씬 이전에 교회가 세워져 있었다. 바울이 로마교회의 성장에 크게 기여한 것만은 틀림없다. 바울은 기독교의 교리를 잘 정리하여 로마교회에 보냈다. 또 그가 로마 옥중에 있을 때 로마교회와 밀접한 연락을 취하여 많은 심령들을 주 앞으로 이끌었던 것이다.

바울은 이 로마교회를 크게 칭찬하였다. "첫째는 내가 예수 그리스도로 말미암아 너희 모든 사람을 인하여 내 하나님께 감사함은 너희 믿음이 온 세상에 전파됨이로다"(롬 1:8). "내 형제들아 너희가 스스로 선함이 가득하고 모든 지식이 차서 능히 서로 권하는 자임을 나도 확신하노라"(롬 15:14). 로마교회는 여러 가지 면에서 위대한 교회였다,

이와 같이 초대교회들은 성장하는 교회였다. 그런데 여기서 한 가지 중요한 사실이 있다. 그것은 초대교회에는 끊임없이 일어나는 수많은 핍박이 있었다는 사실이다. 초대교회는 유대인과 이방인 양쪽으로부터 핍박을 받았다. 유대인들이 그리스도인들을 미워한 것은 그리스도인들이 선조들의 신앙을 버리고 변절하였다고 생각했기 때문이다. 유대인들의 핍박은 베드로와 요한을 매질하여 옥에 가둠으로써 시작되었다. 이어 스데반을 돌로 쳐 순교하게 하였다. 사울이 지휘를 하게 되자 핍박은 온 천하에 퍼지게 되었다. 그대신 사울이 그리스도인이 되고 예수 그리스도의 사도가 되었을 때, 그는 유대인으로부터 많은 핍박을 받았다(고후 11:24-27).

또한 로마 제국은 교회를 불법 단체로 간주하였으며, 로마제국의 종교를 받아들이지 않고 가이사(로마황제)를 숭배하지 않는다고 그리스도인들을 핍박하였다. 그리스도인들은 매를 맞고, 사나운 짐승들 앞에 내던짐을 당하기도 했으며, 십자가에

달리기도 했다. 그러나 그러한 핍박에도 불구하고 복음은 자꾸 퍼져만 갔고, 교회는 계속 성장하였다. 초대교회는 같은 믿음으로 한 덩어리가 되어 있었으며, 그 믿음을 위해서라면 언제라도 기꺼이 죽을 수 있었다. 순교자의 피가 교회의 씨앗이란 말이 있다. 진정 초대교회는 순교자들의 피 위에 세워졌고 성장하였다.

오늘날도 교회가 성장하려면 반드시 온 교회의 피와 땀과 눈물이 그 어떤 것보다 먼저 필요함을 알 수 있다. 초대교회를 대표하는 성장하는 교회들의 여러 가지 특징을 배울 뿐 아니라 교회 성장을 위해 희생하겠다는 각오가 목회자와 모든 성도들에게 절실히 요구된다.

4. 교회 성장 원리

오늘날은 교회 성장의 시대라고 할 수 있다. 모든 교회는 계속 성장해서 이 땅에 하나님의 나라를 확장해야 한다. 이같은 역사는 오직 성령의 능력으로만 가능하다. 성경은 말씀하고 있다.

"만군의 여호와(야웨)께서 말씀하시되 이는 힘으로 되지 아니하며 능으로 되지 아니하고 오직 나의 신으로 되느니라"(슥 4:6).

하나님께서는 교회 성장을 위해 예정하신 뜻을 이미 성취하고 계신다. 왜냐하면 하나님께서는 유대인과 이방인의 구별없이 하나님의 부르심을 받은 자들에게 성령을 부어 주실 것을 말씀하셨고, 그 말씀대로 지금 이루고 계시기 때문이다.

"말세에 내가 내 영으로 모든 육체에게 부어 주리니"(행 2:17).

(1) 조용기 목사의 견해

교회가 성장하려면 먼저 든든한 기반이 있어야 한다. 그러면 교회 성장의 기반이 되는 원리는 무엇일까?

1) 교회 성장을 위한 목회자의 태도

교회가 성장하는 데는 목회자의 태도가 매우 중요하다. 만약 목회자가 교회를 성장시킬 수 없다고 생각한다면, 교회 성장을 이룩할 수 없다.

교회를 성장시키기 위해 승리를 확신하는 믿음과 긍정적인 태도는 매우 중요하다. 그러므로 항상 "내게 능력주시는 자 안에서 내가 모든 것을 할 수 있느니라"(빌 4:13) 하는 긍정적인 믿음을 가져야 한다.

"나는 한국에서 가장 큰 교회를 세울 것이다. 그래. 나는 성령의 도우심으로 그렇게 할 수 있어."

다른 사람들은 나의 이러한 꿈을 허황된 망상이라고 생각하고 비웃었다. 성령의 감화를 받지 않은 사람들은 현실적으로는 도무지 불가능해 보이는 내 꿈을 이해할 수 없었을 것이다. 왜냐하면 그들은 그러한 경험을 해본 적이 없기 때문이다. 그러나 나는 마음 속으로 성령님의 역사로 큰 교회를 세우는 것이 가능하다고 믿었으며, 반드시 그 꿈이 이루어질 것이라고 확신했다.

교회를 성장시키려면 무엇보다 먼저 목회자 자신이 교회 성장에 대한 확신있는 태도를 갖는 것이 중요하다. 그 다음에, 목회에 관한 좋은 책을 많이 읽는 일은 목회자에게 상당히 중요하다.

나는 선교사들에게서 받은 오랄 로버츠 목사님의 저서들을 통해 많은 영향을 받았다. 내가 그 책들에 심취하였을 때, 그 내용들은 실제로 나의 사고 속에 용해되어 꿈과 소망을 북돋워 주었다. 그의 저서들의 주된 내용은 '하나님의 기적이 문제의 해결'이라는 것이다. 그리고 또 한 가지 강조한 것은, '우리에게 좋은 일들이 일어날 것을 기대해야 한다.'는 것이다.

성공한 목회자들의 체험담과 그들이 쓴 좋은 책은 목회자에게 큰 용기를 줄 것이다. 나는 오랄 로버츠 목사님의 저서들을 읽음으로써 승리하는 태도, 즉 긍정적이고 적극적인 태도를 갖게 되었다.

이와 같이 성공적인 체험에 관한 양서를 읽는다는 것은 목

회 생활에 긍정적인 영향을 주며, 복음 전도에 대한 뜨거운 열
정을 갖게 할 것이다. 또한 C.G.I.(국제교회성장연구원:Church
Growth International)에 참석하여 그 모임의 여러 활동에 적
극적으로 참여하면, 계속해서 교회 성장에 대한 확신있는 태도를
유지할 수 있다. C.G.I.에서는 매년 한 번씩 세계 각국으로부터
성공한 목회자들이 모여 그 성공의 비결을 서로 나누고 있다.

목회자는 교회 성장에 대해 긍정적인 태도로 일관해야 한다.
37년 동안 나는 교회 성장을 생각해 왔고, 지금도 여전히 계속
적인 교회 성장에 대한 소망으로 불타고 있다. 내가 사역하고
있는 여의도 순복음교회는 성도 수가 70만 명이 된다. 우리 교
회에서는 매주일 일곱 차례 예배를 드리는데 2, 3, 4부 예배
때는 본 성전과 부속 성전들이 꽉 찬다. 그리고 지성전에서도
주일 예배 중 2, 3회는 모교회와 동시에 스크린을 통해 예배를
드리고 있다. 주일 아침에 내가 우리 교회에서 하는 설교는 광
섬유 케이블을 통하여 10개의 지성전으로 보내져 동시에 예배
를 드리는 것이다.

현재 우리 교회는 10개의 지성전이 있는데, 그 지성전의 예
배에 참석하는 성도 수는 약 10만 명 가량 된다. 그 지성전들
근처에는 타교파의 교회들이 많이 자리잡고 있다. 그러나 우리
성도들은 주일 아침에 직접 강단에서 하는 설교를 들을 수 없
음에도 불구하고, 지성전에 나와서 스크린을 통해 모교회의 성
도들과 마음을 합하여 함께 예배를 드린다. 왜냐하면 성령께서
는 시공을 초월하여 동일하게 역사하시기 때문이다. 이러한 사
실은 매우 중요하다. 만약 목회자가 예수 그리스도의 복음을
능력있게 증거한다면 사람들은 조건이나 환경을 초월하여 목
회자의 설교에 귀기울일 것이다.

오늘날도 성령께서 모든 이방인, 믿지 않는 자들의 나라 위에

도 역사하고 계시기 때문에 교회는 계속 부흥될 수 있다. 하나님께서는 예수 그리스도를 믿는 모든 사람들에게 성령을 부어주시고 그들 가운데서 이미 역사하고 계신다. 그런데 목회자가 교회 성장에 대한 확신이 없다면 하나님을 크게 실망시키는 것일 뿐만 아니라, 교회 성장도 할 수 없다. 지금은 성령의 역사로 말미암은 교회 성장의 시대이다. 그러므로 목회자 자신이 어느 나라 어느 곳에서 목회를 하고 있든지 교회가 성장할 것을 기대하고 확신해야 한다. 그래야 교회 성장이 이루어진다.

2) 교회 성장을 위한 목표 설정

많은 사람들이 분명한 목표도 정하지 않은 채 교회 성장을 시도하고 있다.

어떤 이들은 "목표는 하나님께서 정하시는 것이기 때문에, 교인들에게 목표를 정하라고 요구하는 것은 신앙에서 벗어난 일이다."라고 말한다.

그러나 성경은 "믿음은 바라는 것들의 실상이요…"(히 11:1)라고 기록하고 있다.

즉, 믿음은 구체적인 것이다. 목회자가 바라는 바대로 분명하고 구체적인 목표를 갖고 있다면, 그것이 현실 속에 믿음의 실상으로 나타난다. 만약 구체적인 목표가 없다면 믿음도 막연할 것이다. 그러나 목회자에게 분명한 목표가 있다면 믿음도 분명할 것이다. 그러므로 교회 성장에 대하여 믿고 바라는 목표를 설정하는 것은 매우 중요하다.

많은 목회자들이 목회 전선에서 방황하고 고전하는 것은 바로 분명하고 구체적인 목표가 없이 막연한 소원만 가지고 부르짖기 때문이다.

"하나님, 우리 교회를 부흥시켜 주옵소서."

이와 같은 막연한 기도는 힘을 발휘할 수 없다. 성경은 우리가 하나님 앞에 나아갈 때 분명한 믿음과 목표를 가지고 나갈 것을 가르치고 있다.

"믿음이 없이는 하나님을 기쁘시게 못하나니 하나님께 나아가는 자는 반드시 그가 계신 것과 또한 그가 자기를 찾는 자들에게 상 주시는 이심을 믿어야 할지니라"(히 11:6).

나는 언제나 구체적이고 분명한 교회 성장의 목표를 세우고 그것을 우리 교회의 교직원들과 지역장, 구역장, 일반 성도들에게 알린다. 그리고 그 목표를 달성하기 위한 구체적 실천 방안을 수립한 다음, 전교인이 집중적으로 시간과 재원과 힘을 쏟아 부으며 추진해 나간다. 우리는 '목표'와 관계없는 일에는 재원과 시간과 힘을 낭비하지 않는다. 하나님께서는 우리가 기도하고 수고한 그 위에 더 놀라운 기적을 베푸셔서, 항상 차고 넘치게 그 목표를 달성할 수 있도록 도와주셨다. 지금의 목표는 100만 명의 성도들이 함께 예배드리는 것이다.

목회자도 교회 성장을 위한 구체적인 목표를 설정하고, 그 설정된 목표를 교회 구성원들 앞에 제시하라. 그리고 그 목표에 집중하라. 분명한 목표가 있어야 성도들은 자극을 받고 목표를 달성하기 위해 전심 전력으로 기도하고 노력하게 되는 것이다.

등산을 한 예로 들어 보겠다. 만약 우리가 등산을 하기 위해 출발한다면 어느 산, 어느 지점까지 오르겠다는 목표가 정해져 있어야 한다. 그래야만 우리는 산에 오르고자 하는 동기를 가질 수 있다. 그러나 등산할 목표 지점이 구체적으로 정해져 있지 않다면, 어느 산 어느 코스로 올라가야 할지 뚜렷한 대책이 없을 것이다.

교회 성장은 목회자의 구체적인 목표를 통해 이루어진다. 만약 어떤 목표도 설정되어 있지 않다면 우리는 어디로 가는지, 어느 지점에 와 있는지, 언제 어디에 도달할는지 알 수 없을 것이다. 목표가 있다면 우리의 계획의 성공 여부나 그 진척 정도를 측정할 수 있다.

나는 목표를 추진해 가는 과정이 잘 진척되고 있는지 살펴보기 위해 언제나 나의 주변을 돌아본다. 아무런 진척이 없을 때는 진로를 수정하려고 노력한다. 목표 설정은 교회 성장에 있어서 매우 기본적이고 중요한 요소 중의 하나이다.

목회자가 교회 성장의 원리와 방법을 알고 실천해 나가면, 교회를 성장시키는 일은 성령께서 주도해 가실 것이다.

3) 교회 성장을 위한 환상과 꿈

성경은 말세에 하나님께서 모든 사람에게 성령을 부어 주신다고 분명하게 기록하고 있다.

"하나님이 가라사대 말세에 내게 내 영으로 모든 육체에게 부어 주리니 너희의 자녀들은 예언할 것이요 너희의 젊은 이들은 환상을 보고 너희의 늙은 이들은 꿈을 꾸리라"(행 2:17).

성령은 꿈을 주관하신다. 성령께서는 목회자에게 환상과 꿈을 갖게 하시고 일을 시작하신다. 환상과 꿈은 성령의 '언어'이며 성령의 '표현'이다.

어느날 오랄 로버츠 목사님께서 대화하던 중에 나에게 꼭 필요한 성경 구절을 하나 말씀해 주셨다. 그 구절은 사도행전 1:8이었다.

"오직 성령이 너희에게 임하시면 너희가 권능을 받고 예루살렘과 온 유대와 사마리아와 땅끝까지 이르러 내 증인이 되리라."

예수님께서는 제자들에게 성령 강림을 기다리라고 말씀하신

후, 그들이 유대와 사마리아와 땅끝까지 이르러 복음을 전하게 될 것이라는 환상과 꿈을 주셨다. 그리고 나서 오순절 날 성령께서 강림하심으로 제자들이 권능을 받고 땅끝까지 선교할 수 있도록 역사하셨다. 환상과 꿈은 성령께서 역사하시기 위한 전 단계이다.

하나님께서는 아브라함에게 가나안 땅을 주시기 전에 그 꿈을 마음 속에 품고 바라보게 하셨다.

"너는 눈을 들어 너 있는 곳에서 동서남북을 바라 보라 보이는 땅을 내가 너와 네 자손에게 주리니 영원히 이르리라"(창 13:14, 15).

보는 것은 이미 이루어지기 전에 선행된다. 우리 그리스도인이 하나님의 나라에 들어갈 때 영광스런 주님의 형상으로 변화될 꿈도 마찬가지이다.

고린도후서 3:18에 다음과 같이 기록되어 있다.

"우리가 다 수건을 벗은 얼굴로 거울을 보는 것같이 주의 영광을 보매 저와 같은 형상으로 화하여 영광으로 영광에 이르니 곧 주의 영광으로 말미암음이니라."

환상과 꿈의 중요성에 대하여 성경은 이렇게 놀라운 계시를 보여 준다. 만약 목회자가 영광스런 주님의 형상으로 변화되기를 원한다면, 먼저 마음 속으로 주님의 형상을 바라보아야 한다는 것이다.

목회자가 목표 달성에 대한 확신을 얻고자 한다면 거울을 들여다 보는 것처럼 그 목표에 대한 분명한 환상을 가슴에 품고 바라보아야 한다. 꿈과 환상은 믿음을 끌어 가는 견인차의 역할을 하는 것이다.

하나님은 "죽은 자를 살리시며 없는 것을 있는 것같이 부르시는 이"(롬 4:17)이시다.

꿈이 없는 백성은 망한다. 이 부분을 개역 한글 성경은 "묵시가 없으면, 백성이 방자히 행하거니와"(잠 29:18)라고 표현하고 있다. 그러나 흠정 역(K.J.V.)에는 "꿈이 없는 백성은 망한다."라고 번역하고 있다.

목회자의 마음 속에 환상과 꿈이 없다면, 목회자는 아무것도 창조할 수 없을 뿐만 아니라 이미 죽어가고 있는 것이다. 물론, 환상과 꿈은 하나님의 말씀에 근거한 것으로서 성령의 감화에 의한 것이어야만 한다. 목회자는 분명한 목표에 대한 환상과 꿈을 갖게 해 달라고 성령께 기도해야 한다. 일단 성령께서 목회자의 마음에 환상을 보여 주시면 그 환상을 꼭 붙들어야만 한다. 그 환상을 계속 꿈꾸고 그것을 잉태해야만 한다. 그리고 믿음을 가지고 최선을 다할 때 환상과 꿈은 현실로 나타나게 되는 것이다.

나는 교회 성장을 위해 끊임없이 이 원리를 적용했다. 교회 성장 목표에 대한 환상과 꿈을 마음에 품고 불철주야 그 모습을 바라보며 입으로 시인했다. 환상과 꿈을 통해 그 목표는 나의 마음 속에 이미 완성되어 있었다. 그리고 그 환상과 꿈 속에서 살았으며, 환상과 꿈 속에서 먹고 일했다.

하나님께서는 우리의 비전, 꿈, 믿음, 기도를 통하여 일하시기 때문에 구체적인 꿈을 가지고 믿음으로 기도하는 것이 매우 중요하다. 우리가 하나님을 필요로 하는 것처럼 하나님께서도 우리를 필요로 하신다. 하나님께서는 우리를 통하여 역사하시고 하나님의 교회를 성장시키신다.

(2) 맥가브란의 견해

분명한 것은 교회 성장의 원리는 성경만이 절대적 원리이며 변할 수 없는 만고의 진리라는 사실이다. 여기 소개되는 기본

원리는 교회 성장에 있어 보편적으로 적용될 수 있는 원리인 것이다.

1) 과정의 원리

① 교회 성장은 하나의 과정이기 때문에 계획이 필요하다. 장기 계획, 년간 계획, 월별 계획, 일별 계획을 만들어 나가야 한다.

② 교회 성장은 하나의 과정이기 때문에 시간과 프로그램, 인사 문제, 사건 자료 등이 필요하다.

③ 교회 성장은 하나의 과정이기 때문에 목표와 목적이 있어야 하고 그 목적과 목표를 측정하는 특별한 활동이 필요하다.

④ 교회 성장은 하나의 과정이기에 유동적이어야 하고 역동적이어야 한다. 계속해서 변화와 발전을 가져와야 한다.

⑤ 교회 성장은 하나의 과정이기에 문화를 흡수하고 또 계속적으로 문화적인 발전을 가져와야 한다.

⑥ 교회 성장은 과정을 통해 결과를 보는 것이기에 하나의 요술적 행위로 해서는 안된다. 기묘한 방법으로 교인들의 마음을 움직여서 교인수를 증가시키려고 하지 말고 장기간의 결실을 목표로 하고 밀고 나가는 것이다.

⑦ 교회 성장은 하나의 과정이기에 교회 역사를 귀히 여기고 과거와 미래를 이어갈 줄 알아야 하며 정확한 문서 기록을 남겨야 한다.

⑧ 교회 성장은 잠시 있다가 없어지거나 봄에 시작해서 가을에 없어지는 사업이 아니다. 시작해서 주님이 오시는 날까지 멈출 수 없는 영원한 과제이다.

이상의 과정은 교회마다 모두 같이 느끼고 생각하는 원리로서 가장 기본적 원리이다. 모두 공유할 수 있는 원리인 것이다.

2) 피라미드 원리

피라미드란 애굽 왕조의 무덤을 연상하는 방법이다. 요즈음 성장의 모습을 설명할 때에 직사각형, 정사각형, 삼각형 또는 호리병형 등으로 구별하면서 설명하고 있다.

가장 안정적인 형은 어떤 형일까? 최근 상층부를 최대로 줄이고 중간형을 양성하는 모습을 많이 보이고 있으며 사회도 중산층 형성이 많아질수록 안정된 사회, 보장된 사회라고 말한다.

여기 소개하는 피라미드형 원리는 종전의 모습과는 조금 다른 성장형 원리를 소개하고 있다. 피라밋은 그 기초의 넓이가 어느 정도냐에 따라서 규모가 결정된다. 교회도 그 밑추를 결정하는 것은 곧 실질적으로 교회를 받쳐주고 있는 질적 교인들의 수가 어떠하느냐에 따라서 결정된다.

워낙은 피라미드 원리를 설명할 때에 이 원리를 사용하고자 한다면 두 배의 시간을 투자해야 한다고 말하고 있다.

중단없이 성장하는 건강한 교회를 만들어 가려면 2년에서 4년 정도는 차분히 준비를 하고 조직관리를 한 뒤에 적용시키라고 말한다. 이때 조직과 관리는 철저히 양적 성장을 가져올 수 있도록 그 기초를 든든히 하고 어떤 사람을 수용하더라도 가능하도록 짜여져 있어야 한다는 것이다. 가령, 능력있는 사람이 교회에 들어왔을 적에 기존 질서가 무너지는 경우가 생긴다면 기초에서 문제가 생긴 것이고 큰 행사를 주관할 적에 경비 효과를 감당치 못한다면 힘이 없는 약한 교회가 되는 것이다. 모든 성도가 힘을 모아 교회를 지킬 힘을 길러주고 그 위에 양적 성장을 촉진시킬 때 성장은 계속 유지될 수 있다. 피라미드는 매미의 피라미드와 힘의 피라미드가 있다.

① 매미의 피라미드

그 규모가 크다 할지라도 기초 공사가 잘못되 무너지는 피라미드를 말한다.

② 힘의 피라미드

아무리 많이 쌓아 그 높이가 높아져 갈수록 그 힘과 규모가 더욱 튼튼해 지는 피라미드를 말하고 있다.

가끔씩 큰 교회가 하루 아침에 사소한 사건으로 무너져 버리는 경우를 본다. 이것은 매미의 피라미드이다.

교회는 어느 교회나 마찬가지로 고민을 안고 있다. 그런 문제를 풀어갈 수 있는 잠재력있는 교회가 성장한다.

그리고 교회는 계속 훈련하고 교육해서 목회자를 중심으로 뭉쳐있어야 한다. 세계 어느 교회나 목회자의 강력한 지도력이 있는 교회는 성장하지만 그렇지 못한 교회는 그 힘이 약하다. 목회자 당대에 개척하여 성장시킨 교회가 큰 교회가 되고 성장하는 교회가 되는 경우가 많다.

만약 교회가 훈련을 게을리하면 성장하지 않는다. 그 교회는 성장하더라도 매미의 피라미드가 되고 말 것이다.

바르게 성장하려면, 양과 질을 잘 조화시켜 성장해 나가야 할 것이다.

3) 수용성의 원리

누가 가장 전도를 많이 할 수 있을까?

맥가브란 박사는 전도를 받고 있는 사람이 전도를 가장 많이 할 수 있는 사람이라고 설명한다.

죠지 헌터는 "교회 성장 운동에 가장 많은 공을 쌓은 사람은 새신자들이다."라고 하였다. 그들 주변에는 아직 복음을 접해 보지 않은 사람이 많이 있다는 말이 된다. 여기에 교회의 수용성이 필요하다.

교회 성장에는 전도가 우선이다. 전도는 전도받고 그리스도인이 될 사람이 우선이다. 복음을 배척하는 사람보다 복음을 듣고 받아들일 여건이 되어 있는 사람이 우선이다. 여기에 복음을 전하는 데 순위가 있다. 가난한 사람, 병든 사람, 억눌린 사람 그리고 사회에서 버림받은 사람, 고난에 빠진 사람, 환경이 바뀌어진 사람, 변화되기를 바라는 사람 등이 그 우선의 대상이다.

물론 복음은 모든 사람에게 골고루 전해져야 하고 사람들이 누가 복음을 더 잘 받아들일 것이라고 말하는 것 그 자체가 모순일 수 있다. 그러나 주님도 병든 자, 가난한 자, 눌린 자를 찾으셔서 복음을 전하셨다.

복음에 민감하게 반응하도록 하는 사건을 구별하면 최우선 순위가 배우자 사망을 꼽는다. 그리고 맨 마지막으로 법률 위반자로 되어 있다. 이혼, 별거, 투옥, 병, 상해 등이 많은 영향을 미치는 것이다. 이런 상황 속에서 뭔가를 의지하고 찾으려는 욕구가 강해지며, 복음도 그들이 기댈 수 있는 가장 좋은 매개체가 될 수 있다. 사람은 불안과 초조를 느낄 때 주님을 의지하려는 것이다.

4) 동질성의 원리

예수님이 부르신 제자들을 분석하면 제자들에게서 동질성의 원리를 발견할 수 있다. 같은 벳세다 사람들, 같은 고기 잡는 어부들, 같은 서민들 그리고 같은 유대교를 배경에 두고 사는 사람들 즉, '같은 것'이다.

이런 모습은 같은 무엇을 가지고 사는 사람들끼리 접근이 쉽고 대화의 장르가 같기 때문에 접촉점이 많다고 볼 수 있을 것이다.

맥가브란은 사람들을 평가할 때에 사람들을 몇몇 집단끼리 서로 사회적, 직업적, 계급적, 동질성을 가지고 산다고 보았다. 교육, 인종, 출생, 재산, 언어, 성격, 취미 등 다양한 그 무엇이 우리로 하여금 관계를 가지게 만들고 그 단위 속에서 전도자는 자기와 맞는 무엇을 피전도자로 하여금 발견해 보자는 것이다. 전도자가 되기 위해서는 자기의 취미도, 오락도, 성격도 전도에 맞추어 줄 필요가 있다. 그런 면에서 동질성이 있는 사람들이 교회를 정할 때에 그 동질성 때문에 불편을 느끼지 않게 되며 소속감을 가질 수 있다.

여기서 알 수 있는 것은 모든 사람들은 각자 독립된 개인으로 생각지 아니하고 어떤 집단에 속한 한 사람으로 보는 것이다. 나이, 성, 친척같은 생물학적 동질성을 발견할 수 있고 거주지, 출생지, 이웃, 학교, 사업같은 지역 동질 집단을 볼 수 있다. 또한 언어, 사회, 계급, 국적, 종족 등 문화적인 동질 집단이 있으며, 직업 전문성 등 경제적 동질 집단을 볼 수 있고, 취미, 운동, 관심 등 사회적 동질성을 발견할 수 있다. 이러한 모든 동질성이 복음을 전하는 좋은 역할을 할 수 있다는 것이다.

우리가 사는 구조를 보면 이러한 모습을 쉽게 발견하게 되는데 아파트를 구입할 때도 비슷한 연령층의 사람들이 모여 사는 아파트가 있으며, 생활의 정도가 비슷한 사람끼리 거주하기도 한다. 요즘은 원룸을 만들어 독신자들끼리만 사는 문화적 동질을 원하기도 한다.

어느 지역에서는 같은 출신학교 동문들만이 거주하는 아파트가 있다고 하며, 집단생활을 위하여 같은 교우들끼리 아파트를 짓고 산다는 것이다. 물론 사람의 영혼을 구하고 전도하는 것은 개인 영혼을 구하는 행위이다. 그러나 이런 동질적인 요소가 경우에 따라서는 집단 개종을 만들어 내기도 하고 전도의 정보를 빠르게 전해주어 효과적인 전도가 될 수 있다. 지금까지 모든 교회들이 이 요소를 통하여 교회 성장을 가져왔다.

5) 지도자를 통한 성장 원리

교회 성장의 가장 중요한 문제는 어느 사람이 일을 하고 있느냐 하는 문제다. 바른 지도자가 교회 안에 있으면 교회는 성장할 수 있고, 지도자가 성장에 대한 애착이 없으면 교회는 절대로 성장할 수 없다.

교회 지도자는 두 종류이다. 한 부류는 교회 사역자 집단이요, 또 한 집단은 평신도로 구성된 집단이다. 교회 성장은 사역자들에 의하여 조직되고 목표가 정해진다. 그러나 그 일의 실행자는 평신도 그룹에서 이루어진다는 사실이다. 목회자는 한 교회에서 오랫동안 시무하는 것이 바람직하다. 성장하는 교회를 보면 시무한 지 10년 이상된 교회들이며, 자기가 일하는 목회지가 평생 목회지라고 인정하는 교회만이 성장을 가져왔다.

담임 목사만이 아니라 모든 교회 사역자들도 자기 교회로 인정하지 않는 사역자들이 시무하는 교회는 부흥하지 않는다.

론 레이스는 성장하는 교회의 지도자의 11가지 특징을 말한다.

① 본인 스스로 성장하는 사람이 교회를 성장시킨다.

② 성장하는 교회의 지도자는 성장에 대한 전문 지식을 가지고 있다.

③ 성장하는 교회의 지도자는 긍정적 삶을 가지고 있다. 부정적인 사람들의 생각도 긍정적으로 바꾸어 가는 방법을 알고 있다.

④ 성장하는 교회의 지도자는 자기의 교회에 대한 깊은 애착을 가지고 있다.

⑤ 성장하는 교회의 지도자는 미래를 보는 눈을 가지고 있

다. 좋은 지도자일수록 넓은 안목으로 미래를 내다보는 것이다.

⑥ 성장하는 교회의 지도자는 위험 부담을 무서워하지 않는다.

⑦ 성장하는 교회의 지도자는 그 첫걸음이 어렵고 힘든 것을 알고 시작한다.

⑧ 성장하는 교회의 지도자는 지구력이 뛰어나 어떤 일에도 망설임이 없다.

⑨ 성장하는 교회의 지도자는 세계를 보는 눈이 있다.

⑩ 성장하는 교회의 지도자는 반대에 굴하지 아니하고 시기 적절한 때는 분명한 대답으로 사건을 결정하는 사람이다.

⑪ 성장하는 교회의 지도자는 사람을 볼 줄 아는 눈이 있어 적합한 곳에 적임자를 등용하여 일을 처리할 줄 아는 지혜가 있다.

5. 성장하는 교회들의 원인 분석

(1) 교회 성장의 공통된 6가지 요소

미국 서부 지역의 성장하는 6교회를 택하여 어떻게 교회가 성장하였는가를 살펴보니까 6가지 공통된 원리를 발견할 수가 있었다.

1) 확고한 성서적 기초 위에 서 있는 교회가 부흥되었다.

2) 그리스도의 몸된 교회가 유기체적인 구조로 조직되고 운영되는 교회였다.

교회는 좋은 조직을 가지고 있어야 한다. 조직들이 활성화되어 열심히 일할 때 그 교회는 성장한다.

3) 성령에 의하여 인도되는 교회였다.

인간들이 좌지우지하고 인간의 주장이 큰 소리치는 곳이 아니라 성령께서 주장하고 인도하는 교회였다.

4) 청지기 훈련이 잘 되어 있는 교회였다.

5) 교육기능이 확립된 교회였다.

교육기관들이 훈련이 잘되어 열심히 가르치는 교회였다.

6) 교회의 특수한 조건

위치가 좋다, 목사님이 훌륭하다, 교인들이 좋다.

(2) 성장의 외적 요소

교회당의 시설과 위치 문제, 교회당은 어디에 신축하는 것이 가장 좋을까?

1) 큰 도로가 인접한 곳이다.

여기에 교회당이 있으면 차량 진입이 유리하고 선전하지 않아도 널리 선전되며 성도들의 출입이 편하게 된다.

2) 좋은 주차장이 있다.

차는 계속적으로 늘어나고 있는 반면 교회 주차시설이 미비함으로 오는 불편함이 적지 않다. 그러므로 주차시설을 잘 갖추는 것도 성도들의 편의를 위한 좋은 방법이다.

3) 교회당 신축이다.

교회도 눈에 들어오는 시각적 효과가 매우 중요하다.

지나치게 화려한 건물은 장래를 두고 볼 때 교회당의 건물로써는 좋지 못하다.

지역사회에 맞는 아름다움을 지닌 대형화된 성전을 건축하면 성장에 많은 유익이 될 것이다.

4) 다양한 은사들을 활용한다.

교회 안에는 다양한 은사들이 있다. 그 은사들 중 여기서 말하는 것은 방언이나 기타 이상한 형태의 은사운동을 말한다. 은사운동이 교회에 유익을 주는 경우는 많지 않다. 그러나 현실적으로 교회마다 은사를 가지고 있다고 자부하는 성도들이 있다. 이들을 지혜롭게 교회 안으로 끌어들이지 아니하면 교회는 항상 불란의 소지가 있다.

교회는 영적 문제로 늘 갈등이 있을 수 있으며 은사문제도 마찬가지이다. 그러나 목회자는 이러한 여러 부류의 성도들도 독특한 리더십을 발휘해 교회의 유익이 되도록 이끌어 주어야 할 사명이 있다. 결론적으로 말하자면 목회자가 성도들의 영적 분량보다 훨씬 커야 그들을 감당할 수 있으므로 무엇보다 영성은 곧 필수 요소라 볼 수 있다.

5) 순종의 원리이다.

교회는 한 줄로 서야 한다고 말한다. 담임목사를 핵으로 해서 모든 사역자들이 맨 앞에 그 뒤에 장로, 집사, 평신도 순으로 줄이 언제나 일직선으로 서 있어야 한다는 것이다. 담임 목사의 목회 운영 방침이 사역자들에게 바로 전달되지 못하면 성장하지 않는다. 그리고 당회원은 사역자의 보필임을 깨달아야 한다.

여기서 보필이란 5가지를 말한다.

① 정치적 보필

언제나 담임목사를 정치적으로 내외간 모든 면에서 보호하고 누구에게도 해를 받게 해서는 안된다.

② 경제적 보필

목사의 교회활동 영역을 넓혀 갈 때에 따르는 문제가 경제적인 것이다. 이때 장로는 지혜롭게 모든 경제적 문제를 해결해 목사를 도와야 한다.

③ 신분적 보필

목사도 사람이다. 목사의 고통과 어려움을 정신적으로 늘 격려하고 위로할 줄 알아야 한다. 하나님과의 만남으로 이루어지는 목회 사역이지만 인간적 고뇌와 갈등이 수없이 따른다. 이

때 장로 그룹은 목회자를 신분적으로 보필해야 하고 위로해야 할 책임이 있다.

④ 가정적 보필

목회자의 가정은 어려움을 많이 겪는다. 교회의 사업이 일어나면 성도는 헌금하고 기도하고 힘껏 도우면 된다. 그러나 교회 내부의 어려운 경제 문제는 목회자 가정에도 이어지기 마련이다. 이런 문제에 대해 장로 그룹에서는 물질적인 궁핍으로 인해 목회자의 영적 충족이 떨어지지 않도록 해결하고 같이 고민하고 앞장서 주어야 한다.

⑤ 사회적 보필

목사를 비난하거나 욕을 해서는 안된다. 언제나 인격적으로 보필해야 한다. 목사의 성공은 곧 교회의 성공이다. 목사와 교회를 따로 구별하지 말라. 목사는 하나님께서 위임하신 사역자이므로 최선을 다해 보필해 주어야 한다.

열심있는 목사가 있고 순종하는 성도가 있고 거기에 리더십 있는 협력 사역자들이 있을 때만이 교회는 성장하는 것이다. 교회 성장은 교회 스스로 해결해 나갈 과제이다. 이웃 교회나 외부 인사가 할 수 있는 최대의 일은 조언하고 기도해 주는 것이요, 목사의 피와 땀, 그리고 성도의 눈물이 만들어내는 가장 아름다운 천국 예술품이 교회 성장인 것이다.

절대적으로 교회는 성장해야 한다. 더구나 한국교회는 성장해야 한다. 세계 교회를 향하여 복음을 전하고 전세계 인류를 복음화시킬 사명이 한국에 있음을 깨달아야 한다.

(3) 성장하는 교회의 특징

하나님께서는 개개인으로서의 우리가 교회 성장을 원하는 것 이상으로 교회가 성장하기를 원하신다. 그리고 결국 교회를 성장하게 하시는 이는 하나님이시다. 사도 바울은 "나는 심었고 아볼로는 물을 주었으되 오직 하나님은 자라게 하셨나니"(고전 3:6)라고 했다. 바울은 심었다. 아볼로는 물을 주었다. 하나님은 자라게 하셨다. 교회는 하나님이 자라게 하시고 우리는 다만 하나님의 동역자(고전 3:9)로서 일하는 것이다.

그런데 성장하는 교회에는 공통적으로 몇 가지 특징들이 있다. 이러한 특징은 성장하기를 원하는 교회가 주의깊게 평가하고 적용해 볼 수 있다. 각 교회가 하나님의 말씀과 그 원리들을 신뢰하고 또 그 원리들을 적용하기만 하면 어떤 교회라도 성장할 수 있다. 하나님께서는 그의 말씀 가운데서 성장의 열쇠가 되는 것으로 여겨지는 많은 사실들을 이미 제시하셨다. 그러나 주의할 것은 모든 교회에 맞는 만병통치약과 같은 성장 비결은 없다는 것이다. 각 교회는 자기 교회에 알맞는 성장 방안을 찾아야 할 것이다. 학킹(D.C.Hocking)은 교회 성장의 공통되는 특징들을 다음과 같이 제시하고 있다.

1) 올바른 목표와 목적들

성장하는 교회들은 분명한 목표들을 가지고 있다. 만일 교회가 전혀 아무 것도 목표로 삼지 않는다면 그 교회는 성장할 수 없다. 우리는 "우리가 무엇을 하고자 시도해야 하는가?"라는 물음을 던져야 한다. 그리고 다음에는 "왜 우리가 그것을 행해야 하는가?" 하는 질문을 해야 한다. 그리고 우리가 들어야 할 최종적인 질문은 "우리가 그것을 어떻게 해야 하는가?" 하는 것이다.

2) 경건한 지도력

만일 성장이 양적, 질적 모두에 있어서 성경적인 성장이 되려면 경건한 지도력이 있어야 한다. 하나님께서는 거듭하여 사람의 재능보다는 그 사람의 삶의 질을 강조하신다. 모든 방면에서 성장하는 교회들은 경건한 지도력을 강조하는 교회들이다. 지도자가 주님과 동행하지 않을 때 교회 성장은 방해를 받을 것이다. 진정한 지도자는 따를 만한 모범이 되어야 한다(히 13:7, 17).

3) 제자됨과 훈련

성장하는 모든 교회들은 교인들로 하여금 사역을 하도록 훈련시켜야 한다는 것을 인식하고 있다. 교인들은 개발되고 훈련되어야만 한다. 만일 교회가 성장하려면 교인들도 생산능력을 갖게 하는 가르침과 훈련의 프로그램이 있어야만 한다.

4) 성경적 가르침과 설교

교회 성장의 참된 중심에는 성경적 가르침과 설교가 있어야 한다. 숫적으로 뿐만 아니라 영적으로도 성장하고 또한 성경적인 교회 성장을 원하는 교회들은 성경적 설교와 가르침이라는 기본적인 요소를 결코 소홀히 해서는 안된다.

5) 사역하는 교인

성장하는 교회는 단지 목회자만이 아니라 교인들도 일하는 교회이다. 모든 신자가 사역자가 되도록 해야 한다. 몸된 교회의 모든 지체는 각기 해야 할 일이 있다.

6) 성장하려는 욕망

목회자와 교인들의 마음에는 질적으로 양적으로 모두 성장하려는 강한 욕망이 있어야만 한다. 자기 교회가 처한 특별한 상황에서도 성장은 이루어질 수 있다는 믿음을 하나님께 두어야만 한다. 만일 교인들이 비전을 갖지 않고 교회가 성장할 수 있다는 믿음을 갖지 않는다면 성장은 좀처럼 어려울 것이다.

7) 사랑의 정신

성장하는 대부분의 교회들은 교인들 가운데 강력한 돌봄의 정신과 현저한 사랑의 증거가 있다. 사람들이 성장하는 교회에 들어오게 되면 그들은 그 교회 구성원 가운데 교류되는 따뜻함과 사랑을 느낀다. 분열과 시기만 있고 사랑의 증거가 별로 없는 교회는 성장하기 어렵다.

8) 가족에 대한 강력한 지원

성장하는 교회들은 가족 성원들을 서로 갈라 놓는 프로그램과 사역들을 강조하지 않는다. 성장하는 교회들은 가족에 대한 사역을 한다. 교회는 가정 생활에 대해 끊임없이 가르쳐야 한다. 교회가 만일 큰 성장을 경험하려면 강력한 유대가 이루어진 가정을 세우는 데 전념해야 한다.

9) 변화에 대한 수용자세

성장하는 교회에서는 변화가 일상적인 것이어야 한다. 우리는 변화하는 것을 배워야만 한다. 형식들은 거룩하지 않다. 방법들은 항구적일 수 없다. 우리는 흔히 진정한 것이 아닌 것들을 합리화하려고 애쓴다. 흔히 전통이 진리를 대신한다. 만일 교회가 크게 성장하려면 교인들의 변화를 요구하기 위하여 변화해야만 할 것이다.

10) 신앙과 비전

비전은 성장을 위해 필요하다. 목회자들과 교회의 지도자들은 계속해서 앞을 내다 보아야 한다. 그들은 자신들이 현재 있는 지점에서 5년 내지 10년을 내다보고 계획을 세워야만 한다. 또한 하나님에 대한 완전한 신앙을 소유해야 한다. 오직 하나님만이 그 일을 행하실 수 있다는 신앙이 필요하다. 신앙과 비전이 적용될 때는 언제나 모험의 요소가 있다. 우리는 환상적이고 비현실적인 자세가 되어서는 안되지만 또한 '항상 해오던 식'으로 해서도 안된다.

11) 기쁘게 주는 정신

성장하는 교회에서 교인들은 주는 일과 하나님의 사업을 지원하는 일에 주저하지 않는다. 그들은 주님의 사업을 지원하는 데에서 큰 기쁨을 발견한다. 사람들은 적절한 동기가 있다면 주는 일을 좋아한다.

12) 하나님의 찬양에 대한 강조

성장하는 교회에서는 하나님을 찬양하고 그에게 영광을 돌리는 일이 끊임없이 강조된다. 이러한 교회 가운데는 기도, 간증, 설교, 가르침, 찬양을 통한 기쁨이 있다. 이런 교회에는 하나님이 누구시며, 또 그가 무슨 일을 행하셨는가에 대한 계속적인 찬양이 있다. 반대로 성장하지 않는 교회에는 부정적인 정신이 만연되어 있다.

13) 사람들과 접촉을 가지려는 강렬한 욕망

성장하는 교회들은 가능한 한 예수 그리스도의 복음을 가지고 많은 사람들과 접촉하려는 욕망으로 가득 차 있다. 그런 교회들은 주님의 재림의 임박성을 느끼며 주님이 친히 다시 오시기 전에 할 수 있는 대로 많은 사람들에게 예수 그리스도를 전하기를 열망한다. 성장하지 않는 교회들은 우리가 돌볼 수 있을 만큼 많은 교인들을 확보하고 있다고 생각한다. 그들은 하나님을 제한하고 자신들을 제한시킨다. 그들은 원하기만 한다면 접근할 수 있는 사람들에게 그들의 문을 닫아 놓는다.

14) 하나님에 대한 계속적인 의존

성장하는 교회들은 말씀 연구와 기도를 통해서 하나님께 전적으로 의존할 것을 강조한다. 성장하는 교회들은 하나님과 그의 능력을 전적으로 의지한다. 그들은 "하나님 없이는 아무것도 할 수 없다"고 고백한다.

15) 교회의 일체성에 대한 강력한 강조

성장하는 교회들은 그리스도의 몸으로서의 연합에 힘쓴다. 그들의 몸의 일치와 친교를 강조한다. 사람들은 사랑으로 하나 되고 친교하는 모습을 보기 때문에 그 교회에 계속 출석하기를 원한다.

16) 조직의 단순성

성장하는 교회들은 그 기구와 조직이 더욱 단순해야만 한다. 성장하는 교회들은 수많은 조직 도표들, 더 많은 위원회와 부서들에 의하여 그들의 성장을 저해시키지 않는다. 성장하는 교회들 대부분은 간단한 조직을 가지고 있다. 성장하는 교회가 되려면 결단을 내리는 사람의 수효가 될 수 있는 대로 적어야만 하고 결정을 내리는 과정에는 보다 적은 위원들이 결부되어야만 한다. 많은 사람들이 이러한 말은 좋아하지 않을 수도 있다. 그러나 이것이 성장하는 교회들의 공통적인 요소이다.

17) 성장을 제약하는 장애들을 극복하는 능력

성장하는 교회들은 그 교회의 성장을 방해하고 제한하는 장애들을 조정하고 극복하는 능력을 가지고 있다. 이같이 할 수 있다는 것은 건강하고 힘찬 교회의 특징 가운데 하나이다.

18) 계속적인 배움의 정신

성장하는 교회들은 계속해서 배우고자 하는 열망을 가진 교회이다. 이런 교회 지도자들은 교회 성장에 대한 새로운 통찰력과 일을 처리하는 새로운 방법들을 배우려고 애쓴다. 이들은 계속해서 연구하고 다른 모든 교회들로부터 배운다. 성장하지 않는 교회들은 자신들은 올 만큼 왔다고 느낀다. 자기들은 다른 아무것도 배울 것이 없다고 느낀다.

19) 죄에 대한 저항

성장하는 교회들은 교회 가운데서 죄를 용납하지 않는다. 영적으로 성장하는 교회들은 죄와 세속적인 관습들과 타협하지 않는다. 교회가 크게 성장할수록 지도자가 경건한 생활을 영위하고 모든 사람들이 따를만한 본을 보인다는 것이 더욱 중요하게 된다.

20) 필요에 대응하려는 욕망

성장하는 교회들은 필요 지향적이다. 그 교회 지도자들은 필요를 발견할 때 즉각적으로 그것에 대처하는 방법을 찾아낸다. 이런 교회 지도자들은 교인들의 필요가 모든 영역에 있어서 충족되도록 연구하고 계획하고 프로그램을 세운다. 그들은 지역교회에 있어서 성장이 계속될 수 있도록 온갖 종류의 교인들의 필요를 충족시킬 수 있는 다양한 프로그램이 있어야만 한다는 사실을 안다.

우리는 지금까지 성장하는 교회들의 공통되는 특징들을 찾아 보았다. 그러나 중요한 것은 우리의 믿음과 마음이 교회성장을 향하여 도전적이어야 한다는 사실이다. 모든 지역교회가 성경적 성장 모습을 따른다면, 그 교회는 틀림없이 성장할 것이다.

제 3 장
한국교회, 이렇게 성장했다

1. 한국교회의 성장 요인

한국교회는 1960년대 이후 세계교회에서 그 유래를 찾아볼 수 없을 정도로 급성장하였다. 놀라운 성장을 한 마디로 말한다면 하나님의 섭리이다.

최근 미국의 종교 전문잡지인 <크리스찬 월드>가 조사 발표한 "세계 50대 교회"중 23개가 한국에 있는 것으로 나타난 점은 한국교회의 급성장을 단적으로 보여주고 있다. 뿐만 아니라 급성장한 한국교회는 한국 사회에서 크고 무서운 저력을 발휘할 수 있는 단체가 되고 있다.

이 같은 한국교회 성장의 원인은 다음과 같다.

(1) 모든 인간은 종교적 본능이 있다는 말이 한국인에게도 예외가 아니다. 칼빈은 인간에게 종교의 씨(종교 의식)가 있음을 지적했다.

"실낙원을 회복하려는 인간의 본능이 구원에 대한 갈망으로 나타난다."

한국인의 종교는 다원적 종교라 할 정도로 많은 것이 특징이다. 특히 샤머니즘이 성행한다. 때문에 기독교를 쉽게 받아들였다고 본다.

(2) 부흥운동이 교회성장의 가장 혁신적인 요소였다. 서명원은 그의 저서 『한국 교회의 성장사(Shearer, Wildfie:*Church growth in*

Korea, Grand Rapids, Michigan: Eerdmans, 1966)』에서 1906년 부흥운동은 한국교회에 영적 생명을 제공했다고 말한다.

(3) 평신도 성경공부인 사경회가 한국교회 성장의 원동력이 되었다.

(4) 구역제도가 성경공부와 교제와 친교를 넓혀 신도의 참여를 적극화시켰다.

(5) 한국교회는 뜨거운 신앙적 정열이 있다.
한국교회는 새벽기도, 전도, 섬김, 헌물, 모임, 성경연구, 기도가 특출하다.

(6) 초기 한국교회 선교사들이 네비어스 전략으로 한국의 문화와 습관에 세심한 주의를 기울여 토착화에 민감한 복음을 전했다. 또한 샤머니즘의 '하늘님 사상'이 기독교와 접촉점이 되었다.

(7) 사회적 불안, 한국전쟁, 정치불안 등을 겪으면서 위로와 안정을 바라는 심리가 교회 성장의 요인이 되었다.

2. 한국교회의 성장 방법들

한국교회가 성장하는 데 현재에 끊임없이 사용되고 있는 방법은 다음과 같다. 구체적으로 다음 세 가지 주요 요인들을 통해서 한국교회 성장의 과거를 분석해 보기로 한다.

(1) 제도상의 요인들

제도상의 요인들은 한국교회가 성장과 비성장의 요인을 가지고 있다는 것을 의미한다. 한국교회 성장의 제도적인 요인들은 무엇인가.

1) 사명감이 투철한 목회자

한국교회 성장은 잘 훈련된 목회자들이 있기 때문에 가능했다. 1980년대까지만 해도 인가된 신학대학이나 교단 신학교에는 사명감이 불타는 신학생이 입학하여 사명감이 투철한 교수들로부터 영성훈련과 학문훈련 그리고 교직훈련을 받았다. 물론 학문훈련이 부족한 학교도 있으나 기본적인 학문훈련을 받음으로써 교회를 섬기는 사명감이 계속적인 연구를 하게 하여 무리없이 목회를 할 수 있었고 따라서 교회가 성장하였다. 한국교회 목회자들은 사명감이 투철하여 열심히 목회를 하여 교회가 성장하는 데 최선을 다했다. 그러나 최근에는 사명감과 헌신도가 약화되고 있다.

2) 헌신적인 평신도

한국교회 성장은 목회자의 헌신과 평신도의 헌신에 의해 이루어졌다. 한국교회 평신도들은 교회를 위해서는 개인과 가정을 희생하면서까지 헌신하였다. 그리고 목회자의 목회방침에 순종하는 것을 미덕으로 삼아왔고 목회자를 중심으로 온 교회가 하나 되어 성장해 왔다. 그러나 최근에는 민족화라는 이름으로 평신도들의 소리가 점점 높아져서 위험 수위에 이르고 있을 뿐만 아니라, 헌신적인 그리스도인들이 감소하고 있다.

3) 선교전략

한국교회는 선교 초기에 자립(Self-supporting), 자전(Self-propagation), 자치(Self-governing)의 삼자원리는 한국교회 성장에 큰 공헌을 하였다. 알렌 클라크박사는 네비우스전략이 한국교회 성장에 결정적인 역할을 했다고 말한다. 물론 이 네비우스 전략이 한국교회에 부정적인 영향을 미치게 되어 개교회 중심주의를 유발하였다고 지적한다. 그러나 이 원리는 경제적인 자립으로 교회당을 건축하고, 교회 지도자를 양성하고, 열심히 전도하는 교회가 되게 하여 교회를 성장케 하였다.

4) 제자화 훈련

주님의 제자화는 초대교회 이후부터 가장 바람직한 일이었다.

'제자(disciple)'란 그리스도인과 동의어이다. 제자의 헬라어 '마세테스'라는 말은 예수의 신봉자, 또는 예수를 그리스도로 고백하는 사람들을 지칭하는 말로 가장 널리 사용되었다. 세속적인 세상을 향해 교회를 떠나는 많은 교인을 재무장 또는 무장시키기 위해서 연구, 실시되는 것이 제자화 훈련이다.

이 훈련은 한 주에 정해진 시간과 장소에서 일정한 교육훈련을 일정한 기간 받음으로써 신앙의 확신과 사명감을 가지게 한다. 또 일정한 기간 봉사하게 함으로써 단결하고 노력하여 교회가 성장하도록 돕는다.

5) 성경 · 공과공부

기독교의 근본은 그리스도에게 있으며, 이 그리스도를 통한 구원을 확신하게 하는 것이 성경이다. 따라서 성경을 배우는 것이 그리스도인에게는 당연한 일이지만 실상은 그렇지 못하다. 그러기에 교회가 교회다운 교회로 성장하기 위한 방법으로, 교회의 핵심인 성경을 모르기 때문에 믿음의 확신과 은혜와 봉사와 본분을 지키지 못하는 교인들에게 성경을 가르치는 운동이 1970년대 이후 한국교회에 붐을 이루었다. 그리고 구역장들의 공과공부는 "가서 제자를 삼으라"라는 말씀에 충성하여 지식의 말씀을 제공하였다.

6) 구역 활성화

1970년대 이후, 한국교회 성장의 주요 요인은 구역 활성화이다. 감리교회가 처음 시작한 이 구역조직은 한국교회 전체가 실시하여 예배와 친교와 교육과 전도의 전초지로서의 역할을 하고 있다. 특히 개인적인 친교의 장소로서, 공적인 교회에 배가 할 수 없는 친밀한 공동체로서의 역할을 다하고 소속감과 그리스도의 사랑을 체험하게 함으로써 교회생활의 만족도를 높이게 하였다.

구역을 활성화하는 데는 두 가지 길이 있다. 하나는 전도요원을 통한 활성화이고, 또 하나는 성경공부를 통한 활성화이다. 즉, 다락방이나 사랑방 성경공부의 방식으로 할 수 있다.

숫적인 성장이 구역 관리와 철저한 훈련이라면, 질적인 성장은 성경공부라고 할 수 있다. 이들은 같은 맥락에서 봐야 한다.

우리 나라에서 실시하는 구역예배는 사실 영국의 요한 웨슬레가 1947년 감리교를 창설하면서 흩어져 있는 교인들에게 말씀과 신앙을 권고하고 말씀을 가르쳐 믿음을 공고히 하기 위해서 사용한 방법이다. 우리 나라에서는 일찍부터 이 방법을 택하여 실시함으로써 많은 효과를 얻었다. 구역예배를 통한 교회 성장은 그 구역운영의 묘에 달려 있다. 한국의 모 교회는 이 구역예배를 통하여 새로 믿는 교인들의 신앙과 훈련에 철저를 기함으로써 성장한 교회가 되었다. 여기에서 가장 중요한 핵심은 구역장과 권찰의 훈련이다.

7) 대심방

이것은 1년 동안 소원했던 교인과의 대화를 시도하고 그 가정의 신앙생활을 점검하는 가장 유익한 방법이다. 특별히 해야 할 일은 그 가정의 세밀한 부분까지 파악하여 자료를 모아서 그 가정을 위한 충분한 말씀과 위로를 주는 것이다. 그리고 연약한 자는 신앙을 함양케 하고, 낙심하는 자는 힘을 얻게 하며, 문제 있는 자는 그 문제 해결을 위해 기도해 주고, 잃은 자를 다시 찾을 수 있게 하는 기회를 제공한다

8) 개인전도

사도행전 1:8의 말씀은 이 땅에 기독교가 존재하는 한에 있어서 반드시 수행해야 하는 주님의 지상 명령이다. 한국 교회가 복음전파를 위한 개인전도를 열심히 해온 것은 사실이다.

9) 전도대회

교회 부흥을 생각하는 많은 성직자들에 의해서 고안된 현대

식 교회 성장의 한 유형이다. 이것은 어떤 교회에서 일정한 기간 치밀한 계획에 의해서 온 교인들이 전력을 다하여 전도를 하고 그 목표한 날에 새로 전도한 새신자들을 초청하여 말씀과 사랑과 교제의 선물로 그들에게 주님을 믿도록 권고하는 하나의 행사이다.

한국교회는 대형 전도집회를 통해서 열심히 전도함으로써 성장하였다. 1973년의 여의도광장에서 가진 빌리 그레이엄 전도집회는 온 국민에게 개신교의 성장과 힘을 나타냈고, 1년 후에 한국대학생 선교회 총재인 김준곤 목사의 주도로 '엑스플로 74 대회'를 개최하여 민족복음화를 강조하였다. '엑스플로 74'의 민족복음화 정신을 계승하여 1977년 '77 민족복음화 대성회'가 신현균 목사에 의해 여의도에서 열려 첫날에는 1백만 명이, 마지막날에는 1백70만 명이 모여 한국 초유의 대규모 집회가 되었다.

1988년에는 신현균 목사가 대표 대회장을 맡아 '88 세계복음화 대성회'를 여의도에서 개최하여 한국교회의 세계선교 사명을 다짐하였다.

대형의 전도집회는 요즈음도 끊임없이 열리고 있다. 이것은 하나님께서 기뻐하실 일이라고 믿는다.

10) 우리말 성경

한국에 언더우드와 아펜젤러 선교사가 상륙할 때 한국어로 인쇄된 마가복음과 누가복음을 가지고 왔다. 인쇄된 복음서를 가지고 와서 설교와 교육에 큰 유익이 되었다. 아직도 자기 나라 언어로 된 성경이 없는 종족들이 많은데 한국교회는 이 언어적인 장애물이 없이 교회 역사가 시작되어 성장에 큰 도움이 되었다. 그래서 한국 교인들은 성경을 사랑하고 성경을 애

독하는 사람들이 되었다.

11) 선교의 비전

한국교회는 초기부터 선교의 비전을 가지고 선교사를 파송하였다. 인천 내리감리교회는 1902년에 홍성하 전도사를 하와이에 파송하였고, 평양 신학교 1회 졸업생 7명은 일찍부터 선교의 비전을 가지고 제주도로, 일본으로, 중국으로, 만주로 복음들고 갔다. 이 선교의 비전이 오늘 한국교회가 밖을 볼 수 있는 창문이 되어 선교하는 교회가 되게 하였다.

(2) 상황적인 요인들

한국교회를 둘러싼 상황적인 요소들이 교회 성장에 영향을 미치는 요인들이 된다.

1) 단일민족

사람들은 자신의 인종과 언어와 문화의 경계를 넘지 않고 그리스도인이 되기를 원한다. 그런데 한국인들은 같은 언어를 사용하고 같은 문화를 공유하는 단일민족이다. 물론 하위문화의 차이점이 있다. 그럼에도 불구하고 어느 지역에서도 언어가 통하고 문화를 이해할 수 있다. 의사소통이 잘 되므로 복음전도가 효과적이다. 한국교회는 이런 좋은 상황요인들에 의해 급성장하게 되었다.

2) 정령숭배적 토양

도날드 A. 맥가브란 박사가 정령숭배적인 종교 배경의 문화에서 교회 성장이 엄청나게 있게 될 것이라고 지적했듯이 한국교회는 정령숭배적 토양에서 급성장하게 되었다. 정령숭배적인 문화에서 살던 한국인들에게 복음을 쉽게 받아들일 수 있도록 하였다. 물론 이 과정에서 무속적인 신앙으로 가는 위험은 있으나 이런 종교적인 토양은 한국인의 심성에 복음을 쉽게 수용할 수 있게 하였다.

3) 도시화 현상

한국사회는 1960년대 이후 산업화를 추진하면서 급속히 도시화 현상이 일어났다. 이 급속한 도시화 현상으로 인한 전통과 정체성의 상실은 사람들에게 큰 변화를 일으키게 했다. 자신의 전통적인 종교나 관습의 굴레에서 벗어나 도시로 모여든 사람들에게 교회가 큰 힘이 되었다. 예수 그리스도를 중심으로 함께 모이고 도와주고 위로하고 정체성을 찾아주는 교회가 성장한 것은 당연한 일이었다.

4) 경제적 성장

1960년대 이후 경제적인 성장이 한국교회 성장에 좋은 분위기를 제공하였다. 복음을 받아들인 교인들이 열심히 일하여 생활이 향상되었고, 현재적인 복지를 강조하는 교회에 사람들이 더 몰리게 되었다. 물론 이런 분위기는 현실지향적인 세속 가치관과 결합하게 되어 부정적인 문제를 낳게 되었다.

5) 정치적인 불안

정치적인 불안이 계속되어 왔다. 특히 군사정권이 시작된 이래 계속해서 장기집권화, 독재화는 국민들을 불안하게 하였다. 이런 불안한 상황에서 사람들은 종교에 의존하게 되었다. 여러 종교들 가운데서 기독교가 가장 심리적인 안정을 제공하리라고 믿어 교회가 성장할 수 있었다.

(3) 영적인 요소들

한국교회 성장에는 이상의 제도적인 요소들과 상황적인 요소들만 있는 것이 아니라, 그보다 더 중요한 영적인 요소들이 있다.

1) 신앙적인 요소

한국교회의 성장은 결코 뜨거운 기도와 성경공부, 교제, 전도를 빼놓고는 설명할 수 없다. 한국교회는 기도하는 교회가 되어 새벽기도, 철야기도, 심야기도, 그리고 기도원 기도를 열심히 하여 믿음의 열심을 잃지 않음으로써 계속하여 뜨겁게 모이고, 사랑하고, 전도하여 성장하였다.

2) 신학적인 요인

한국교회가 성장한 것은 선교사들의 보수적인 신학의 영향이다. 건전한 보수신학에 기초하여 성경을 하나님의 말씀으로 믿고 가르치는 선교사들과 목회자들의 영향으로 한국교회는 성경의 사람들이 되었다. 이로 인하여 한국교회는 문화적인 관심보다 복음적인 관심을 더 갖게 되었다. 물론 여기에도 약점이 없는 것은 아니다. 한국교회가 사회에 더욱 관심을 갖지 못하여 사회로부터 지탄을 받는 경우도 있으나 사람이 변해야 문화도 변한다는 복음전도의 우선순위를 양보할 수 없었다.

3) 부흥운동

1907년 장대현교회에서 일어난 부흥운동은 고난받는 한국교회를 지탱해 왔고 오늘의 성장을 가져왔다. 부흥운동은 한국 그리스도인의 영적 공백을 메워 열심있는 그리스도인으로 살게 하였고, 이웃을 그리스도에게 인도하는 데 열심을 내게 하여 교회 성장을 가져오게 되었다.

교회 성장에 있어서 구체적인 방법은 부흥회이다. 부흥사들의 뜨거운 열정이 오늘의 한국교회 성장을 가져왔다고 말할 수 있다. 교회의 성장에 있어서 노방전도도 좋은 방법이었다. 이는 우리 나라가 8·15해방을 맞아 민심이 소란할 때 많이 사용한 방법이다.

4) 성령운동

한국교회는 성령운동을 통해서 크게 성장해 왔다. 1907년에 장대현교회에서 일어난 성령운동을 은사운동이라고 한다. 이 은사운동은 길선주 목사와 김익두 목사를 통해 1950년대까지 일어나다가 그 후에는 부흥운동을 통해서 계속되고 있다. 김익두 목사가 1920년 5월 부산진교회에서 9세된 지체 장애자를 기도로 즉시 일으키자 그의 부흥회를 '기사의 부흥회'라고 하였다. 1953년 이후 오순절 교단과 여의도 순복음교회를 통해서 오순절 운동이 크게 확산돼 가고 있고 오순절 교회들이 크게 성장하였다.

1980년대 이후에 제3의 성령의 물결이 한국교회에 밀려오기 시작하였다. 이 운동은 복음주의자들 가운데서 시작되었다. 특히 복음주의 신학자들 가운데서 성령에 대한 새로운 이해와 주장으로 신학적인 분위기를 형성하면서 존 윔버의 저서가 소개되고 목회자들이 미국과 캐나다에 있는 빈야드 교회들을 직접 방문하여 예배 체험과 은사 사역을 보면서 한국교회에 적용하기 시작하였다. 비판적인 목소리도 일고 있지만, 이제 성령의 제3의 물결은 예배갱신과 교회 성장에 큰 영향을 미치게 될 것이다.

5) 교회성장운동

맥가브란에 의해 주도된 현대 교회성장운동은 세계교회와 한국교회 성장에 큰 영향을 미쳤다. 특히 대형교회로 성장할 수 있었던 자극제가 되었다. 교회성장 이론에 큰 영향을 받게 된 목사들은 그들의 교회가 대형교회로 성장하는 데 최선을 다했던 것이다.

6) 성례식

초대교회 때의 세례는 믿음을 보고 실시하였다. 근간에 한국의 예배 모범에 보면 입교한 지 6개월이면 학습을 주고, 학습 이후 6개월이 지나면 세례를 줄 수 있다고 했다.

그러나 실제로 성례식은 하나님과의 약속이며 하나님 백성의 증표이다. 사도행전 1:5에서 예수님은 "요한은 물로 세례를 베풀었으나 너희는 몇 날이 못되어 성령으로 세례를 받으리라"라고 하셨다. 한국교회는 연간 계절마다 성례식을 실시함으로써 많은 교인이 자리를 굳히게 되었고 따라서 교회 성장에 공헌했다.

7) 기도원 훈련

새신자를 집단적으로 기도원에 초청하여 철저한 기도와 영교를 통하여 하나님과의 만남을 시도한다. 이러한 신령적 관계를 확립함으로써 새신자가 하나님과의 관계를 확립하는 과정을 만드는 기도원 교육은 교회 성장의 한 방법이다.

8) 영성훈련

1990년대 들어오면서 '영성'이라는 말이 많이 사용되었다. 인간은 본래 하나님이 주신 '생령'(창 2:7)을 받은 영적 존재인데도 불구하고 스스로 가지고 있는 거룩함을 상실하였다. 하나님이 주신 영성을 망각한 인간을 깨우는 운동, 이것을 영성훈련이라고 한다.

그러면 이 영성훈련은 무엇에 의해서 일깨워지는가? 그것은 말씀이다. 인간이 근본적으로 가지고 있는 이러한 영적 성품이 죄라는 세력에 의해서 가리워진 것을 하나님의 말씀으로 깨닫게 하는 방법을 일컬어 영성훈련이라고 한다.

3. 성장하는 교회의 숨은 비결

현대교회의 유형을 학자들은 7개의 유형으로 구분한다.

(1) 전통에 의하여 움직여 가는 교회

이것은 과거 전통을 자랑하는 교회를 말한다.

(2) 지도자에 의하여 움직이는 교회

이것은 지도력의 영향권 아래 있는 교회를 말한다.

(3) 교회 재정에 의하여 움직이는 교회

이것은 재정 자립도에 의해 움직이는 교회를 말한다.

(4) 프로그램에 의하여 움직이는 교회

이것은 계획의 틀에 의한 교회를 말한다.

(5) 행사 중심의 교회

이것은 연중 행사를 만들고 그대로 지키는 교회를 말한다.

(6) 건물 중심으로 움직이는 교회

이것은 건물을 자랑하는 유형의 교회를 말한다.

(7) 구도자 중심으로 사역하는 교회

이것은 구원사역에 중심을 둔 교회를 말한다.

필자가 개척하여 성장케 된 서울중앙성결교회는 모든 어려움을 목적을 위하여 희생하고 추진하는 구도자 중심의 교회로서 5대 목회 목표를 정하였는데 다음과 같다.

① 예배:하나님을 온 마음을 다하여 사랑하도록 하는 것이다.

② 봉사:이웃을 자신과 같이 사랑하도록 지도한다.

③ 전도:나가서 모든 이에게 모든 성도가 전도하고 복음을 전하여 자신의 교회로 강권하여 데려다 놓는 것이다.

④ 교제:교회 안에서 뿐 아니라 교회 밖에서도 성도끼리 협력하고 돕도록 만들어 가는 것이다.

⑤ 청지기 대학:청지제도와 제자훈련을 통하여 자기가 남을 전도하면 전도받은 사람도 남에게 바로 제자 삼는 일에 뛰어들도록 일대일 교육을 전개하는 것이다.

5대 목회 사역 목표 성취를 위한 방법은 다음과 같다.
① 전도 간증 초청집회 등을 주기적으로 실시
② 주님을 체험도록 부흥회, 기도 찬양특별 성회를 자주 개최
③ 헤어져 사는 친척과 형제를 교회에서 만날 수 있도록 장소 제공
④ 성경반을 만들어 목회자들이 교육을 실시
⑤ 사회에 적극 참여하여 교회 이름을 홍보

성장하는 교회의 비결을 몇 개의 교회별로 요약하면 다음과 같다.
① 영적 지도력을 통해 성장한다. — 창신교회
② 강해설교와 제자훈련으로 바람직하게 성장한다. — 은평교회
③ 지역사회 쇠퇴증을 극복하고 성장한다. — 장석교회
④ 준비된 지도자를 통해 성장한다. — 동산교회
⑤ 소신있는 목회로 성장한다. — 동안교회
⑥ 매력있게 성장한다. — 정읍성광교회
⑦ 좋은 이미지에 지속적으로 성장한다. — 광주중앙교회
⑧ 지도자와 함께 대형교회로 성장한다. — 만나교회
⑨ 거목 부흥사와 함께 성장한다. — 성민교회

⑩ 전통과 변화, 그 양면의 가치로 성장한다. ― 충신교회

⑪ 이슬비전도와 함께 사랑의 공동체로 성장한다. ― 성북교회

⑫ 전원교회의 비전을 가지고 성장한다. ― 웅포교회

⑬ 이미지 좋은 교회로 성장한다. ― 분당매일교회

⑭ 성령충만한 교회로 성장한다. ― 봉천교회

⑮ 일천번제 내실있는 교회로 성장한다. ― 광주 한일교회

4. 한국교회 성장의 둔화와 문제점

한국교회는 지금 성장이 둔화되거나 정지 상태에 있다. 매력 있게 성장하는 교회는 20%밖에 되지 않는다. 그리고 성장이 되지 않고 정체된 중립적인 교회가 55%이고, 감소되고 있는 교회가 25%이다. 이와 같이 한국교회가 점점 매력없는 교회로 성장이 둔화되거나 감소되는 원인은 무엇인가? 그리고 한국교회 성장의 문제점은 무엇인가?

(1) 한국교회 성장의 둔화 원인

1) 목회자의 안일함

교회가 계속 성장하리라는 목회자의 안일한 생각이 잘못되었다. 노력없이 인구 이동으로 교회에 사람이 유입되므로 가만히 서서 기다려도 아파트만 지어도 성도는 터질 듯이 몰려드는 것이다.

2) 양 도적질

새신자 육성을 게을리하고 기존 신자들에게 욕심을 내고 유입하려는 데서 오는 문제이다.

3) 영혼 구원에 대한 진정한 사랑의 결핍

사랑하는 마음도 없이 영혼을 바라보고, 정성없이 교회를 직업화시키면서 한 상가 건물에 몇 개씩 개척 교회 간판을 붙여 대는 일이 사람들의 마음 속에 교회를 떠나게 하고 있다.

4) 신학교의 난립

인력은 필요에 의하여 생성되어져야 한다. 일터 없는 한국땅에 년간 수천 명에 목회자를 생성해 내니 밥먹고 살기도 어려워 별별 수단을 다하여 성도를 유혹하여 목양 원리에 어긋난 비정상적 교회가 되어져 가고 있는 것이다.

5) 세속화된 세계관

서양교회를 병들게 한 주요 요인이 세속화였듯이 한국교회 성장둔화의 요인도 세속화이다. 서양인들은 보이는 것만을 믿도록 배워왔고 보이지 않는 것을 믿을 때는 과학적 증명이 있는 경우에만 믿는다. 한국인들도 이러한 세속화된 서양 세계관을 견지함으로써 초자연적인 실재를 믿으려 하지 않는 방향으로 가고 있다. 이러한 경향은 그리스도인들에게도 영향을 미치게 되어 교회도 세속화되고 있다.

한국교회는 물질주의와 합리주의의 영향으로 하나님의 사랑과 권능의 역사를 무시해 버리고 교회의 역동성을 잃게 됨으로써 교회 성장의 침체를 가져오게 된 것이다.

6) 영성의 결핍

세속화된 세계관을 가진 그리스도인들은 과학적 물질세계를 하나님보다 더 믿게 되어 기도하는 것과 말씀 묵상하는 것을 소홀히 하여 신령한 그리스도인의 삶을 살지 못하고 있다. 그리스도의 정신을 가진 그리스도인들이 줄어들어 불신자와 신자를 구별할 수 없게 되었다. 그 결과로 그리스도인들이 불신자로부터 존경의 대상이 되기보다 비판의 대상이 되어 교회의 신뢰성을 잃게 되었다.

7) 전도의 어려움

세속화된 세계관의 영향으로 영성이 결핍된 그리스도인들은 전도의 비전을 보지 못하고 효과적인 전도를 하지 못하게 되었다. 교회 성장은 앞문으로 많이 들어와야 하는데 한국교회의 앞문이 활짝 열리지 못했다. 회심성장을 통해 교회의 앞문으로 많이 들어오지 못한 결과로 한국교회는 성장이 둔화되고 있다.

8) 대형화

한국인은 '큰 것이 좋다'는 정신으로 대기업, 대형 백화점을 선호한다. 이런 한국인은 대형교회를 선호한다. 개척교회나 소형교회의 교인들도 어떤 기회가 오면, 대형교회로 옮기는 경향이 두드러지게 나타나고 있다. 그래서 소형교회의 교인은 현상 유지 또는 감소를 경험하게 된다. 하나님의 관점에서 볼 때 이것은 교회 성장이 아니다.

9) 다원화

현대는 다원화된 사회로 선택이 다양해졌다. 이런 현상은 종교 다원주의의 출현을 가능케 하였다. 종교 다원주의는 어느 특정 종교 하나가 구원을 줄 수 없다고 주장함으로써 기독교의 절대성에 도전하고 있다. 이런 다원화 시대에는 더욱 전도가 어려워진다.

10) 이동화

도시화 현상과 신도시 건설의 결과로 교인들의 이동성은 한 교회에 정착하지 않는 경향이 되었고 그 결과 모교회 개념이 희박하게 되었다. 신앙과 교회보다 아파트를 우선 순위에 놓고 결정한다. 그래서 교회마다 헌신적인 교인이 줄어들게 되어 교회 성장이 둔화되고 있다.

11) 변화에 대처하지 못함

성경은 변치 않으나 문화는 변한다. 교회가 만일 이 변화에 잘 대처하지 못하면 점진적으로 침체할 수밖에 없다. 그런데 대부분의 한국교회가 이 변화하는 문화에 잘 대처하지 못함으로써 죽어가고 있다. 한국교회는 하나님의 말씀을 깊이 이해하고 변화하는 세계에 민감하게 대처할 때 다시 한 번 교회 성장을 이룰 수 있을 것이다.

(2) 한국교회의 문제점

한국교회가 성장하는 과정에서 일어난 문제점이 무엇인가

1) 기복신앙

한국교회 성장에서 부정적인 면으로 나타난 현상은 그리스도의 복음을 한국인의 잠재적인 무속신앙의 요청에 대한 무비판적인 적용으로 나타난 기복신앙이다. 그리스도의 복음이 물질의 복과 병 고치는 복으로 이해되어 십자가와 헌신의 면이 약화되었다. 그리스도의 복음은 그리스도와 그의 교회를 위해 자신을 희생하는 것인데, 이 면이 약화되어 세속적인 복의 개념으로 전락하고 있다.

2) 탈사회화

기복신앙은 이웃과 사회에 대한 무관심으로 이어지고 이것은 개인주의 신앙이 된다. 특히 한국교회가 개인 구원만을 강조하여 사회에 대한 관심이 결여됨으로써 개인의 축복에만 머물고 사회 변혁을 가져오지 못하고 있다. 그 결과・전체인구의 20%나 되는 그리스도인이 한국에 있음에도 한국사회를 변화시키지 못하고 있다.

3) 물량주의

한국교회가 세속적인 물량주의 가치를 그대로 수용하여 재정의 액수와 사람의 숫자에 관심의 초점을 두어 왔다. 그래서 교회의 질적인 성장보다 양적인 성장에 더 관심을 가짐으로써 '교인도둑질'이라는 공개적인 죄를 범하고 약한 교회에 치명적인 상처를 입히게 되었다.

4) 개교회주의

물량주의는 개교회만능주의가 될 수밖에 없다. 그래서 이웃이란 개념이 없어지게 되었고 경쟁만이 남게 되었다. '내 교회만 잘 되면 된다'는 편협한 사고가 목회자와 교인에게 팽배하여 하나님의 교회라는 연대감을 상실하게 되었다.

5) 교회의 대형화

개교회 성장만을 강조하는 개교회주의는 교회의 대형화를 가져왔다. 교회의 대형화가 나쁜 것이 아니라 교회의 대형화로 인한 병리현상이 문제이다. 대형교회를 지향할 때 나타나는 문제점은 크게 세 가지로 분류할 수 있다.

첫째는 교회적으로 나타는 병리현상으로 교세 인플레이션증, 양도둑질증, 친교 과소증, 과소비증이다.

둘째는 목회자와 관계하여 나타나는 병리현상으로 목회자 신격화증, 슈퍼스타증, 엘리야증이다.

셋째는 교인들에게 나타나는 병리현상으로 명목상의 교인병, 값싼 은혜병, 소돔 고모라병 등이다.

6) 승리주의

교회의 대형화는 승리주의로 이끈다. 승리주의에 빠져있는 교회는 최대 건물, 최대 재정, 최대 교인수의 교만에 빠져 개척교회, 소형교회를 무시하고 무가치하게 생각하는 경향이 있다.

대형교회가 된 이유가 무엇인가? 여러 가지가 있으나, 그 중에 중요한 요인이 개척교회와 소형교회와 농·어촌 교회의 교인들이 전입해 왔기 때문에 성장한 것이다. 대형교회는 승리주의에 도취되어 있을 것이 아니라 고통당하는 교회들을 위해 관심을 가지고 협력해야 한다.

7) 지도력의 약화

한국의 민주화 과정에서 한국교회도 변하고 있다. 그러나 이 민주화 과정에서 전문적인 지도력이 약화되고 있다. 이 지도력의 약화는 결국 교회 성장에 치명적인 병을 유발하여 교회 성장을 가져올 수 없게 하였다.

8) 정치적이다.

정교 분리의 원칙하에 교회가 세워지지 아니하고 대통령 친위가 되어 과거 누가 권좌에 앉든지 아부하고 친위대 역할을 하던 그 사람들이 지금 교회의 지도자라고 그 자리를 지키고 있어 사람들이 교회를 등지고 있다.

과거 일제의 잔재를 완전히 해결 못한 한국 교회가 4분 5열 되어 오늘 수많은 교단으로 치부를 들어내 놓았는데, 지금 잘못된 권력에 아부하던 저들을 교회가 자랑하고 앞세우니 교회는 멍들어 버리고 말았다.

지금이라도 바른 성장으로 교회가 서지 않는다면 다음 세대의 교회 문제는 영원히 미지수일 수밖에 없을 것이다.

제 4 장
교회 성장의 방해요소를 제거하라

1. 신학적인 방해요소

교회 성장을 방해하는 첫째 요소는 신학적인 문제이다. 신학적인 입장에서 교회가 성장하지 않는 것은 교회 안에 죄가 있기 때문이고, 교회 성장을 계획하고 기대하는 것은 신학적인 것으로 영적인 것이 되지 못한다고 생각하는 것이다. 그리고 교회 성장은 하나님의 주권과 인간의 책임의 균형 문제에 달려 있다고 생각하는 것이고, 평신도의 신학 이해 문제에 있다.

(1) 교회 내의 죄

1) 교회 안에 차별대우가 있으면 교회는 성장하지 않는다.

예를 들면, 사람을 외모로 취하는 죄가 교회 성장을 저해시킨다. 야고보는 분명히 차별대우하는 것이 죄라고 말하고 있다. "내 형제들아 영광의 주 곧 우리 주 예수 그리스도를 믿는 믿음을 너희가 받았으니 사람을 외모로 취하지 말라 만일 너희 회당에 금가락지를 끼고 아름다운 옷을 입은 사람이 들어오고 또 더러운 옷을 입은 가난한 사람이 들어올 때에 너희가 아름다운 옷을 입은 자를 돌아보아 가로되 여기 좋은 자리에 앉으소서 하고 또 가난한 자에게 이르되 너는 거기 섰든지 내 발등상 아래 앉으라 하여 너희끼리 서로 구별하며 악한 생각으로 판단하는 자가 되는 것이 아니냐?"(약 2:1-4).

2) 교회 안에 분파와 당파가 있으면 교회가 성장하지 못한다.

바울도 교회 안의 분파와 당파 싸움이 교회 성장을 저해하는 일이라고 분명히 말하고 있다. 고린도교회는 네 파로 분열되어 있었다. 즉 아볼로, 게바, 바울, 그리고 그리스도파가 있었다. 바울은 이렇게 질문한다. "그리스도께서 어찌 나뉘었느뇨 바울이 너희를 위하여 십자가에 못박혔느뇨 바울의 이름으로 너희가 세례를 받았느뇨"(고전 1:13).

바울은 결론적으로 "그런즉 아볼로는 무엇이며 바울은 무엇이뇨 저희는 주께서 각각 주신 대로 너희로 하여금 믿게 한 사역자들이니라 나는 심었고 아볼로는 물을 주었으되 오직 하나님은 자라나게 하셨나니 그런즉 심은 이나 물주는 이는 아무것도 아니로되 오직 자라나게 하시는 하나님뿐이니라 심는 이와 물 주는 이가 일반이나 각각 자기의 일하는 대로 자기의 상을 받으리라 우리는 하나님의 동역자들이요 너희는 하나님의 밭이요 하나님의 집이니라"(고전 3:5-9)고 말씀하고 있다.

3) 교회 안의 윤리, 도덕적인 문제를 간과할 때 교회는 성장하지 못한다.

예를 들면, 고린도교회 안에는 음행하는 일들이 있었지만 교회에서 분명히 처리하지 않았다. 고린도전서 5:1-2에 "너희 중에 심지어 음행이 있다 함을 들으니 이런 음행은 이방인 중에라도 없는 것이라 누가 그 아비의 아내를 취하였다 하는도다 그리하고도 너희가 오히려 교만하여져서 어찌하여 통한히 여기지 아니하고 그 일 행한 자를 너희 중에서 물리치지 아니하였느냐"라고 말하고 있다. 하나님을 기쁘시게 하고 교회가 성장하기 위해서는 교회 안에 있는 개인적인 죄이든 사회적인 죄이든 신중하게 다루어 처리해야 한다. 하나님은 거룩하시고 공의로우신 분이기 때문에 그의 백성들도 거룩하고 의롭기를 원하신다.

(2) 비영적인 교회 성장

어떤 교회에서는 장기 계획을 어디까지 세워야 할지 잘 모르는 경우들이 있다. 예수님이 곧 재림하신다고 하면서 교회 성장의 장기 계획이 아무런 의미가 없다고 생각한다. 이러한 교회의 문제는 계획이 무엇인지 잘 이해하지 못하거나, 계획 후에 어떤 일이 있는지 모르고 있는 것이다. 에드워드 데이톤은 계획을 세우는 것은 우리가 흔히 생각하는 그런 것이 아니라고 말하면서 "계획을 세우는 일은 미리 우리가 취해야 할 단계를 결정하고 그 정해진 단계를 충실하게 따라가는 것이 아니다. 계획을 세우는 일은 하나님이 하시려고 하는 일을 우리가 하나님을 위해 결정하려고 시도하는 것이 아니다. 계획을 세우는 일은 한 사람의 생각을 다른 사람에게 심으려고 하는 것이 아니다"라고 하였다.

오히려 계획을 세우는 일은 교회의 목표 방향에 조준하여 활을 쏘는 것과 비슷하다. 계획을 세우는 일은 미래의 역사를 기록하려고 시도하는 것과 같다. 우리가 계획하는 일은 하나님의 뜻 아래에서 하는 것이다. 어떤 의미에서 현재는 결코 존재하지 않는다. 현재는 단순히 과거에 일어날 사실과 미래에 일어날 사실들에 대해 선을 나누는 것에 불과하다. 계획의 과정으로 들어갈 때, 과거의 역사를 기초로 하여 미래의 상황을 보려고 노력해야 한다. 이렇게 함으로 우리를 놀라게 하는 일들을 줄일 수 있고, 하나님이 우리에게 주신 것에 대해 효율적인 청지기가 되고, 목표에 대한 우리의 발전을 측정할 수 있다. 그러므로 교회 성장을 위해 계획을 세우는 것이 인간 중심의 비영적인 것이 아니라, 오히려 하나님께서 주신 은사를 가지고 미래를 계획하고 준비함으로써 하나의 교회에 충성하는 것이다.

(3) 하나님의 주권과 인간 책임의 균형

지나친 하나님의 절대주권은 이중적 예정론과 전인구원론으로 나타날 수 있다. 이중적 예정론은 이미 구원받을 자와 구원받지 못할 자를 하나님께서 예정하셨기 때문에 자신이 구원에 대해 어찌 할 수 없다고 하는 것이다. 전인구원론은 죄를 신중하게 고려하지 않는다. 전인구원론에서는 이 세상에서 그리스도와의 응답관계 없이 모든 사람들이 궁극적으로 구원을 받기 때문에 이 일에 관심을 가질 필요가 없다는 신앙이다. 그러므로 전인구원론은 전도를 할 필요가 없다고 주장한다. 이중적인 예정론과 전인구원론이 교회 성장에 커다란 장애가 될 수 있다. 이 교리는 특정한 사람과 교파에만 국한되어 있는 것이 아니라 모든 교파 안에 파급되어 있다. 그리고 교회가 내세적인 신앙만을 가지고 현세의 그리스도인의 책임있는 신앙의 삶에 전혀 무관심하고 있는 것이다. 그리스도인의 내적인 성숙을 통해 하나님의 나라를 확장하는 사회적인 책임을 모르고 오직, 천국에 대한 소망만을 가지고 살아가려고 하는 것이다.

찰스 피니는 후천년설의 입장을 취하였지만, 그는 "인류의 개혁"을 교회의 특유사역이라고 보았다. 그는 교회를 개개의 그리스도인으로 보지 않고, 하나의 몸으로 보면서 노예제도의 폐지, 창녀의 금지와 근절 등의 도덕적인 개혁에 적극 참여해야 하는 것으로 보았다. 그는 복음전도자이지만 교회의 사회개혁 적극 참여를 강력히 주장하였다. 그는 "교회의 위대한 사업은 세계를 개혁하는 일이다. 즉 모든 죄들을 버리게 하는 것이다. 그리스도의 교회는 개혁자들의 몸으로 조직되었다."고 말하였다.

하나님의 주권사상과 인간의 책임의 신비적인 모순을 그대로 받아들이면서도 전도하는 책임이 인간에게 있고, 하나님은 인간을 통해서 그의 구원계획을 성취해 나간다는 마음 자세를 가질 때 교회가 성장할 수 있는 것이다.

(4) 평신도 신학

과거에는 영국이 교회부흥 운동의 중심이었으나 이제는 미국이 중심이 되고 있다. 어떤 사람들은 20세기 말에는 아프리카나 아시아로 옮겨질 것으로 보기도 한다. 영국과 서구 유럽 교회는 지금 죽어가고 있다. 현재 교회 출석률은 전체인구의 5%가 되지 못한다. 유럽의 교회가 성장하지 못하는 이유를 파리의 신학교 교수인 데이빗 하니(David Haney)는 "성직자들의 지배"라고 말하고 있다. 종교개혁에서 만인제사장 교리가 개신교를 새롭게 하였지만 성지자들만 이 제사장직을 감당할 수 있다는 사제 사상이 개신교 안에 들어와 있다. 왜 교회들이 만인제사장직에서 사제 사상으로 옮겨갔는가라는 질문에 하니 교수는 "평신도의 포기"라고 대답하고 있다.

1965년 맥가브란 박사는 "전도가 목회자의 독점이라는 전통적인 사상이 모든 교인들이 전도자라는 사상으로 바뀌어져야 한다"고 기록하고 있다. 1970년 하나님의 교회의 멜빈 핫지(Melvin Hodges)목사는 교회성장의 7가지 방해요소를 열거하였는데 그 중의 하나가 "모든 것을 목사가 한다"는 사상이라고 하였다. 목회자 독점적으로 전도하는 일은 삼가해야 한다. 모든 것을 목사 혼자서 하려는 생각을 버려야 한다. 목사가 시작은 할 수 있어도 모든 일을 교회 평신도들이 하도록 기회를 주어야 한다. 우리는 1세기의 바울과 베드로, 바나바 그리고 실라에게서 교회를 성장시키는 방법을 배워야 한다.

존 시맨즈(John Seamands)는 사도행전에 나타나고 있는 평신도 전도에 우리의 관심을 집중시키고 있다. 스데반은 집사로 회당에서 유대인과 논쟁하였고, 그리스도의 교회에 첫 순교자가 되었다. 빌립은 또 다른 집사로, 초대교회의 주도적인 평신도 전도자가 되었다. 루디아라는 자주장사 빌립보 교회의 주도적인 교인이 되었다. 아굴라와 브리스길라는 천막을 만드는 사람인데 그리스도의 도를 잘 배워서 말씀을 전하는 웅변적인 설교가가 되었다. 누가는 의사 선교사로서 그리스도의 생애와 초대교회의 역사를 우리에게 소개하고 있다. 그러나 우리는 여기에 이름없이 그리스도를 따라갔던 수많은 평신도를 추가해야 한다. 그들은 핍박 중에서도 가는 곳마다 복음을 전한 자들이다(행 8:1-4).

2. 교회적인 방해요소

교회적으로 성장을 방해하는 요소들이 있다. 목회자의 사역의 기간이 짧을 때, 목회자의 지도력이 부족할 때, 교회 내의 병적인 요소들이 있을 때 교회는 성장하지 않는다.

(1) 목회자의 사역의 기간

라일 샬러(Lyle Shaller)는 목회자가 한 교회에서 장기간 사역한다고 교회가 자동적으로 성장하는 것이 아니다. 그러나 2년 또는 3년마다 목회자가 바뀌는 교회는 성장하기 어렵다고 말하고 있다. 목회자가 잠시 지나가면서 목회하는 교회는 교회 성장을 기대해서는 안된다. 교인들은 장기간 목회를 하는 목회자의 지도력에 따르기를 원한다. 교인들과 함께 삶을 나누며, 문제와 어려움 속에서 함께 공감대를 형성할 수 있는 흔들리지 않는 목회자를 따르기 원한다. 또한 목회자가 목회현장에서 목회하지 않는 경우에는 교회 성장이 거의 되지 않는다. 미국의 교회가 성장하지 않는 이유가 바로 여기에 있다. 미국의 목회자들은 교인들과 삶을 함께 나누지 못하고 있다.

한국교회가 성장하는 이유 중의 하나는 한 목회자가 한 교회에서 평생을 바쳐 사역하기 때문에 흔들리지 않고 깊이 뿌리를 내리고 역사를 이루어 든든한 교회 성장을 이루는 것이다. 이민 교회가 성장하지 않는 이유중의 하나가 개척교회 목회자들의 사역의 기간이 너무 짧기 때문이다. 교인들도 이민의 삶이라는 특성 때문에 경제적으로 사회, 심리적으로 안정되지 못한 상태여서, 교회의 목회자가 안정된 목회를 하지 못할 때 교인들은 쉽게 교회를 떠나게 되고 목회자와 평신도 간의 깊은 목양적인 관계를 가질 수 없는 것이다.

(2) 목회자의 지도력

목자의 모델이 전통적인 목사와 교인의 모델이다. 이러한 모델은 교인의 수가 70에서 80 정도일 때 가능하며, 숫자가 더 넘어갈 때는 교회가 더 이상 성장하지 않는다. 다시 말하면, 교인의 수가 150명 200명이 될 때는 목자모델이 아니라, 이제는 목장감독 모델로 교인들을 돌보는 것이 필요하다. 예를 들면, 성공회 교단에서 교구의 감독(bishop)이 하는 일이 목장감독의 모델이 될 것이다. 새로운 선교지에는 목자가 필요하다. 그러나 교회가 성장함에 따라 목자는 반드시 목장감독으로 목회방법을 변경해야 한다.

이러한 변화에는 혼란과 교회 성장의 중단이 있을 수 있다. 그러나 성장하는 교회의 목회자가 대리자를 두어 목회자의 역할을 하도록 하지 않으면 교회 성장이 둔화되든지 아니면 자신이 다른 목회지로 옮겨야 하는 경우가 생길 수 있다. 교인들도 목회자가 목자형에서 목장감독형으로 변화되기를 기대해야 한다. 그렇지 않으면 교회 성장이 중단되고, 목회자도 목회를 중단하게 된다.

교회가 성장함에 따라 충분한 교회사역자들을 준비시키지 않으면 교회는 더 이상 성장하지 않는다. 라일 샬러에 의하면, 주일 출석인원 200명에 1명, 300명에 2명, 400명에 3명, 500명에 4명의 전담 목회자를 증가하는 것이 바람직하고, 역사가 오래된 교회일수록 더 많은 사역자들이 필요하다고 말하고 있다. 예를 들어 300명 주일 출석에, 담임목사와 교회 정비서 한 사람만 일하는 경우 이 교회는 교인이 줄어들게 되고, 담임목사와 전담 사역자 한 명과 비서 한 명이 일하는 경우 교회는 성장없이 안정될 수 있고, 담임목사와 한 명의 전담사역자, 한 명의 파트타임 사역자, 그리고 전담 비서 한 명이 일하는 경우에는 교회가 성장될 수 있다고 하였다.

그런데 교회나 교단이 여러 가지 이유 때문에 목회자들과 선교사들, 그리고 교회 안의 사역자들을 그만 두게 하는 것은 교회성장에 큰 장애요소가 된다. 교회가 사역자들을 사임시키는 이유는 여러 가지가 있다. 어떤 교회는 교회 재정과 에너지 문제 때문에 사역자들의 수를 감소시킨다. 주일 낮 2부로 드리는 예배를 1부로 드릴 때 교인의 수가 1부와 2부의 수를 합친 교인수가 되지 않는다는 것이다. 라일 샬러는 200명 교인 예배와 100명 교인 예배를 합하면 300명 교인의 예배가 되지 않는다는 것이다. 그러나 목회자들 가운데는 이러한 허위의 논리를 믿다가 희생되는 경우가 많이 있는 것이다.

(3) 교회의 질병

교회는 살아있는 유기체이다. 교회성장학에서는 교회를 하나의 유기체로 보고 다른 유기체와 마찬가지로 교회도 병들 수 있고 죽어갈 수 있다고 말한다. 그러므로 교회는 정기적인 검사가 필요하고 건강한 교회가 될 수 있도록 관심을 가져야 한다. 건강한 교회는 성장하지만 병든 교회는 성장하지 못한다. 교회의 머리되신 주님께는 문제가 없지만 교회 안에는 죄인들인 교인들이 모여 있기 때문에 여러 가지 문제가 많이 있다. 여기에서 교회의 질병이 발생하는 것이다(골 1:18). 그리고 교회의 외부적인 상황과 건물의 규모, 사회적인 분위기 등이 교회의 건강에 영향을 주게 된다. 또한 교단의 정책과 신학도 교회의 문제를 야기시킬 수 있다. 라일 샬러는 현재 미국과 카나다에는 하루에 8개의 교회가 죽어가고 있다고 말하고 있다. 성장하는 것이 건강한 교회의 표시이다. 피터 와그너는 건강한 교회는 일곱 가지 기세로 나타난다고 하였다.

① 교회 성장을 원하는 지도력과 교회 성장을 위해 아끼지 않는 희생이 있다.

② 평신도들이 교회 성장을 원하고 희생을 아끼지 않는다.

③ 사회를 위해서 많은 사역과 봉사를 하는 교회이다.

④ 교회에서 교제그룹과 소그룹의 균형을 이루고 있다.

⑤ 교인들이 비슷한 사람들이다.

⑥ 제자를 삼기 위한 전도의 방법론을 사용한다.

⑦ 성경적인 원리를 따르고 있다.

그리고 교회의 건강상태는 내적으로 세 가지 차원으로 이루어져 있다. 즉 축제적인 예배와 교회의 기관과 구역이 있다.

첫째, 건강한 교회는 제일 먼저 예배로 나타난다. 예배가 은혜와 기쁨이 충만하고 축제적인 분위기로 나타난다(계 4:1).

둘째, 교회 기관들이 각각 맡은 사역을 가지고 봉사한다. 성가대, 남·여전도회, 청년회 등등이 있다. 이러한 기관의 목적은 우선적으로 봉사와 교제에 있지만 또한 성경공부 하는 것을 목적으로 하고 있다.

셋째, 구역이 있다. 구역에서는 서로 위로하며 영적인 필요와 관심들을 나누고 기도와 성경공부, 그리고 전도의 전초기지 역할을 한다. 대형교회들은 이 구역조직이 잘 되어 있는 것이 특징이다.

교회의 병리학적인 문제, 혹은 교회의 병이 교회 성장의 방해요소가 된다. 피터 와그너는 이 교회의 병에 대한 전문가라고 할 수 있다. 그는 교회에 8가지 질병이 있는데, 그 중의 2가지는 불치병이라고 말하고 있다. 나머지 6개의 질병은 치유가 가능하다고 하였다.

1) 고립교회 단절 또는 유령의 도시병

이것은 치명적인 질병으로, 이웃의 변화와 함께 변화하고 있는 교회가 가지고 있는 질병이다. 즉 "교회가 위치하고 있는 주위의 사람들과 전혀 다른 한 부류의 사람들로 이루어져서 이웃과 전혀 교통이 없고 고립된 교회의 질병"이라고 피터 와그너 박사는 말하고 있다. 미국에는 이러한 질병으로 죽어가는 교회들이 많이 있다.

2) 교회의 노년기

이것도 거의 불치병이라고 한다. 이미 교회가 오래 되어서 죽어가고 있기 때문에 교회 성장은 거의 불가능한 것이다. 고립교회 단절층은 도시에서 일어나는 현상이라고 하면, 이 교회의 노년층은 보통 농촌지역에서 일어나는 현상이다. 이러한 교회의 병이 생기는 이유는 인구의 변동 때문이다. 교회 안에 출생 성장을 통한 어린이들이 없고, 새로 이동해 오는 교인도 없기 때문에 고정 교인들만으로 목회하는 교회로 교회는 점차 노년층으로 어려움을 겪게 되는 것이다.

3) 소경

이것은 치유할 수 있는 교회의 병이다. 어떤 사람은 이 병을 가리켜, "사회 심리적 조직 거부증"이라고 말하기도 한다. 맹목의 병이란 같은 문화배경을 가진 사람들에게 복음을 전하는 것과, 다른 문화권 안에 있는 사람에게 복음을 전하는 일 등에 관해 잘 분간하지 못하고 거기에 따른 전도전략을 세우지 못하고 있는 교회의 질병을 말한다. 전도대상에 대한 분별의식과 전도전략이 없기 때문에 교회가 성장하지 못하는 것이다.

4) 과잉협력

와그너 박사는 말하기를 "이것은 다른 교단이 더 많은 교회들과 서로 협력하게 될 때에 집단적으로 더 좋은 전도효과를 올릴 수 있다는 허위의 전제에 기초하고 있다."고 했다. 이러한 질병이 복음주의 교회에도 있고 교회연합운동을 주장하는 교회에도 많이 있다. 와그너 박사는 초교파적인 전도 프로그램을 가지고 협력 전도하는 경우에 그 결과는 오히려 노력에 비해 결실이 적게 된다고 말하고 있다. 그러므로 교회 성장을 위한 전도는 개체교회에서 시작해서 개체 교회에서 끝나야 한다.

5) 과잉 교제

이것은 친교를 선동하는 것이다. 교회의 뒷문이 넓게 열려져 있고, 교인들이 들어와서는 쉽게 빠져나가는 것을 발견한 다음 그들의 그룹 교제를 지나치게 선동하는 것이다. 이것을 가리켜 핫지는 "가족의 심성"(Family clan mentality)이라고 부르고 있다. 이러한 과잉 친교중심의 교회에는 새로운 교인이 들어오기가 어렵다. 이러한 교회는 대개 외부적 전도에 대한 관심이 없고 내부적으로 자신들의 교제에만 관심을 가지고 있다. 교회가 지나친 내부적인 신앙성장에 관한 프로그램만을 개발하면 외부 사람들과의 영적인 차이를 느끼며, 점차 교회 내의 신자들만의 교제에만 중점을 두게 된다.

6) 사회적 질식(Sociological stangulation)

이 질병은 교회 시설이 수용할 수 없을 정도로 많은 교인이 찾아올 때 생기는 질병이다. 1979년 가든그로부의 수정교회가 이 사회적 질식증에 걸린 적이 있다. 그래서 2,000석이 넘는 교회 본당을 신축하게 된 것이다.

7) 영적 발육부진

이것은 교인들이 내적으로, 영적으로 성장하지 못하는 병이다. 교인들 전체가 그리스도 안에서 여전히 어린아이로 남아 있는 병이다. 교인들이 말씀을 사모하지만 내적으로, 영적으로 성장하지 못해서 외부적인 전도를 하지 못하는 것이다.

이 질병의 치료를 위해서는 평신도 사역을 개발시켜 나가야 하고 성경을 가르치는 프로그램을 개발해야 한다(엡 4:13).

이 질병은 에베소교회를 향하여 첫사랑을 잃어버렸다고 책망하였던 요한의 이름을 따라 '사도 요한증'이라고 한다. 와그너 박사는 에베소교회의 첫사랑은 전도에 대한 열정이라고 말하고 있다. 에베소교회는 부유한 교회였다.

요한계시록 2:1-7에 이 '사도 요한증'이 무엇인가를 잘 설명하고 있다. 교회가 회개하지 않으면 사도 요한증에 걸리고 만다. 또 어떤 사람은 교회 성장에 두 가지 질병이 더 있는데, 하나는 라오디아교회와 같이 차지도 않고 더웁지도 않은 질병이고, 하나님을 사랑하고 세상 사람들을 사랑하는 일보다 교리를 더 중요시하고 교리를 선도하는 질병이 그 나머지라고 했다.

그리고 교회는 세 단계의 순환이 거듭된다.

첫째는 교회가 목회중심의 전략과 계획을 세우는 단계이다.

둘째는 교회가 사역중심으로 여러 가지 사역을 통해서 교회가 확장하는 단계이다.

그리고 마지막 단계는 통제중심으로 교회가 변화를 원하지 않고 무사안일하게 나아가기를 원하는 노년기와 같은 단계로 들어간다. 이것이 교회 일대기의 순환 단계이다.

3. 자세적인 방해요소

자세적인 방해요소는 교인들이 이미 교회에 대한 이해와 성장에 대한 고정관념을 가지고 있는 것이다. 책임을 자신들에게 두지 않고 불신자들과 지역 주민들에게 돌리며, 숫자를 중요시하지 않는다. 또한 전통을 고수하기 원하고 작은 것이 좋고 아름답다고 생각하고 교단과 분위기를 중요시하는 것이다.

(1) 불신자 주민들의 문제

이 태도는 교회 성장이 교회에 달려 있는 것이 아니라, 교회 밖의 사람들에게 달려 있다는 것이다. 이러한 생각을 가지고 있는 사람들은 교회 밖에 있는 사람들에게 문제가 있다고 하여, 왜 그들이 교회에 나오지 않는가? 라는 질문을 한다. 이것은 매우 수동적인 자세이다. 이와 같은 수동적인 마음의 자세를 가진 교회는 성장하지 않는다. 이러한 교회는 주일에 몇 시간 문을 열고 사람들의 교회에 찾아오기를 바라고 교회가 부흥하기를 막연히 기대하는 것이다. 교회가 주일에 교회 문을 여는 것으로 사람들이 올 것을 기대해서는 안된다.

(2) 교인수의 문제

이 태도는 교회에 있어서 교회안의 교인수가 몇 명인가가 중요하지 않고, 충성된 교인이 몇 명인가가 중요하다고 생각하는 자세이다. 이러한 마음 자세를 가진 사람들은 교회는 양적 성장보다 질적 성장이 먼저이고, 어떤 결실보다는 우선 충성을 다하는 것이 중요하다고 믿는다. 1965년 맥가브란 박사는 "구속받는 자의 숫자가 단순히 숫자에 불과한 것이 아니라 그들 자신이 매우 중요하다. 그들은 신약성경에서 중요한 자들로 취급되고 있다"고 하였다.

루터교회 목사 에릭 후링거(Erich Voehringer)는 맥가브란의 견해를 확대하여 "그리스도인이 적을수록, 가능한 증인들이 적어진다. 우리는 통계가 우리 자신들과 같이 불완전하고 믿을 만한 것이 되지 못한다는 사실을 알고 있지만, 우리가 육신에 속해 있는 한 교회 안에는 숫자가 필요하다"고 말하고 있다. 교회성장학에서 숫자 계산은 교회 성장이 되지 않고 있는 이유와 교회 성장할 수 있는 가능성의 문제들을 해결하는 데 도움을 준다. 그러므로 숫자는 질적인 문제와 충성의 문제와 연관되어 있는 것이다.

(3) 작은 교회

"작은 것이 아름답다"는 생각은 큰 것은 좋지 못하다는 말로 이해할 수 있다. 1978년 피터 만크레스(Peter Mankres)는 슈마거(E. F. Schumacher)의 책 『작은 것이 아름답다:사람들의 경제학(*Small is Beautiful:Economics As If People Mattered*)』의 이론을 교회성장학에 적용한 것이다. 만크레스는 "그리스도의 사역은 통계학의 폭군에서 우리를 해방시킨다. 문제는 교회 성장이 아니다. 교회가 성장하면 좋지만 만일 성장하지 않아도 동일하게 좋다. 그러나 문제는 교회가 복음에 진실하고 있는가 하는 것이다."라고 주장하였다.

작은 것이면 다 아름다운 것이고, 큰 것이면 다 좋지 않다는 생각은 버려야 할 것이다. 진정한 아름다움은 주님께서 명하신 대로, 모든 족속으로 제자를 삼는 진실한 교회가 되는가에 달려 있다. 작은 교회만을 주장하고 큰 교회를 배척하는 태도가 교회 성장에 방해가 되는 것이다.

(4) 변화의 두려움

전통이 중요하기 때문에 과거의 방식을 보수해야 한다고 교회가 변화해야 한다는 것에 대한 부정적인 태도가 늘 있게 되면 교회 성장은 방해받는다. 모든 교회 성장에는 반드시 변화가 따르게 마련이다. 변화 없이는 교회 성장도 불가능하다. 변화를 저지하는 것은 교회 성장을 막는 것이다. 변화에 대해 원망하고 강경한 태도를 가지는 교회는 변화가 교회 성장을 가져오는 축복이 아니라, 위협과 저주가 될 수 있다.

(5) 교회의 수

한국의 경우 약 5만 5백여 개의 교회가 있는 것으로 추정되고 있다. 그리고 개신교의 교인수를 합하면 대략 1천 2백만의 신자가 있는 것으로 알려져 아직도 전체 인구중 약 3천 3백만명이나 되는 사람들이 비기독교인으로 교회에 나가지 않고 있다. 그런데 최근 많은 개척교회들이 미자립교회로서 정체상태에 있고, 인구증가율과 버금하는 성장상태에 있다. 특히 농촌교회에서의 교인감소현상과 더불어 도시교회의 폭발적 증가는 교회와 목회자의 권위에도 많은 문제점과 연구의 과제로 남는다.

(6) 교회의 분위기

이것은 말과 글로 표현하기 어려운 것으로, 무엇인가는 정확히 몰라도 보여지고 느껴지는 것이다. 그러한 분위기 중의 하나가 교회에 나가던 사람들끼리만 모이는 교회라는 인상을 주는 것이다. 새로운 교인이 올 곳으로 전혀 기대하지 않고 새로운 방문자를 안내하거나 환영하는 사람도 없다. 또 하나의 분위기는 교인들이 자신들은 새로운 교인들을 받아아들이는 것이 적성에 맞지 않는다고 생각하는 것이다. 새신자들이 접근하면 마지 못해서 환영하는 것과 같은 분위기이다. 이러한 교회는 새로운 사람들을 정식으로 환영하는 시간이나 어떤 프로그램이 전혀 없다. 이렇게 무엇인가 정확하게는 말할 수 없지만, 교회 분위기가 교회 성장을 저해하고 있다고 하는 것이다. 어떤 목회자들은 이런 교회 분위기를 다른 어떤 문제들보다 더 심각한 문제라고 생각한다.

제 5 장
성장을 위한 자기 진단이 필요하다

1. 자기 진단의 필요성

산업화에 따른 인구의 이동 현상, 그 결과 도시 대형교회의 탄생과 농촌교회의 몰락, 해외선교의 절실성, 교인들의 욕구 및 가치관의 변화, 종파와 교단의 이해집단간의 대립 등 일찍이 볼 수 없었던 교회 환경의 변화는 교회행정이나 교회경영에 있어서 새로운 시련과 도전을 필요로 하고 있다. 교회사 (church history)를 통해서 볼 때 어느 시대이든 격동하는 세상이었던 것만은 틀림없지만 오늘날처럼 "우리를 그리스도의 사랑에서 끊으려는 환난이나 곤고나 핍박이나 기근이나 적신이나 위험이나 칼"(롬 8:35)의 난무시대는 없을 것이다. 때문에 항상 근신하여 돌다리도 두들겨 보면서 건너가는 신중한 교회 운영이 요청된다.

인간의 경우 건강상태를 알기 위해서는 건강진단을 해야 한다. 기업에 있어서도 기업의 건강상태, 즉, 경영상태를 판단하기 위해서는 기업의 건강진단, 즉 경영분석을 적시에 하지 않으면 안된다. 본래 경영학에서 말하는 경영분석은 기업과 관련이 있는 이해 관계자가 경제적인 의사결정을 합리적으로 하기 위하여 어느 특정 기업의 대차대조표나 손익계산서 등의 재무제표나 자료(원가보고서)를 분석, 검토하여 기업의 재무상태와 경영성과의 적부상황을 과학적으로 판단하는 수단과 방법이다.

교회 성장은 하나님의 은혜와 노력의 결과이다. 하나님의 하강하시는 은혜와 인간의 상승하는 노력이 만날 때에 교회 성장이 가능하다. 그런데 교회 성장을 위한 인간적 노력에는 두 가지 측면이 있다. 첫째는 성장을 향한 목회자가 교회 성장을 사모해야 성장할 수 있다. 그리고 둘째는 과학적 방법이다. 열망은 있으나 방법이 잘못되어 있다면 성장할 수 없다. 과거에는 산업화 과정에서 발생한 사회적 소외감과 정신적인 공허감이 사람들의 발길을 교회로 옮기게 했고, 그 때문에 교회는 차고 넘쳤다. 그러나 오늘날 다원화된 사회는 과거와는 다르다. 이제는 더 이상 과거의 밀어붙이기 식의 방법이 통하지 않는다. 오늘날은 차별화된 교회, 사람들의 욕구를 채워주는 교회, 초점화된 교회가 성장하고 있다.

어떻게 우리들의 교회가 성장하고 변화될 수 있을까? 그것은 교회 성장을 위한 자기 진단이라고 하는 방법을 통해서 가능하다. 진단은 교회를 관찰하고 분석해서 문제점을 발견하고 해결책을 제시하는 일련의 과정이다. 교회는 진단이라는 과학적이고 분석적인 과정을 통해 분명한 자기 이해와 객관적인 자화상, 가능성 있는 비전을 가질 수 있다. 교회 성장에 있어서 하나님의 은혜가 '영성'이고, 성장에 대한 열망이 '감성'이라면, 과학적 집단은 '지성'이라고 할 수 있다. 영적인 깊이와 열정적인 감성과 분석적인 지성이 조화되어야 교회 성장이 가능하다. 따라서 "교회성장은 종합예술이다."라고 말할 수 있다. 자체 교회를 진단하고자 할 때 담임목회자는 선입관이나 편견을 버리고 객관적 자료와 통계를 가지고 개교회 성장사 진단을 지도자 중심의 역사관에 입각해서 원인 규명하는 일에 충실해야 한다.

2. 자기 진단의 방법

교회 성장을 위한 자가진단의 항목은 여섯 분야로 나누어질 수 있다. 개교회 성장사 진단, 목회자 리더십 진단, 사역자 분석, 목회 환경 조사, 교회프로그램 진단, 마지막으로 교회질병 진단 및 처방이다. 그럼 먼저 개교회성장사 진단에 대해서 살펴보고자 한다.

(1) 교회 성장사 진단

1) 역사 이해

역사란 무엇인가? 역사는 실증주의적 사관의 입장처럼 역사적 사실들의 단순 나열이 아니다. 카(E. H. Carr)는 『역사란 무엇인가?』에서 "역사는 해석이다"라고 규정했다. "역사는 해석이다"라는 명제는 개교회 성장사 진단을 위한 좋은 방향을 제시한다. 교회 역사는 흔히 생각하는 것처럼 요람에 소개된 교회 연혁이 아니다. 교회 창립과 건축, 목회자의 이취임 시기를 외우고 있다고 해서 개교회 역사에 정통한 것이 아니다. 담임목회자는 객관적 자료와 통계를 통해서 교회 성장과 관련된 해석을 할 수 있어야 한다.

2) 지도자 중심의 역사관

개교회의 역사 해석은 여러 각도에서 행해질 수 있다. 평신도들이 무엇을 했고 어떻게 해서 오늘날의 교회가 이렇게 되었다는 '평신도 중심의 역사관'도 있을 수 있고 그 지역이 이러이러 했기 때문에 교회가 이렇게 되었다는 '지역 중심의 역사관'도 있을 수 있다. 그러나 가장 바람직한 역사관은 '지도자 중심의 역사관'이다. 교회 성장은 지도자에 달려 있다. 지도자는 평신도에게 책임을 물을 수도 없고, 지역사회에 책임을 물을 수도 없다. 하나님 앞에서 자신이 교회 성장의 책임을 져야 한다. 따라서 교회의 역사적 사실을 목회자의 입장에서 해석하는 것이 가장 건전한 해석이라고 할 수 있다.

3) 교회 역사의 분석 기법

먼저 교회의 정확한 성장곡선을 그려야 한다. 교회 개척부터 지금까지 매년 연평균 출석률을 계산한다. 연평균 출석률은 그 해의 출석성도수를 52로 나누면 얻을 수 있다. 그리고 매년 평균 출석률을 그래프로 표시해서 교회의 성장곡선을 그려보기 바란다. 성장곡선을 그린 후에는 분석의 단계로 들어간다. 성장이 있었던 기간, 정체하던 기간, 감소하던 기간 등을 표시하고 그 이유를 세밀하게 분석해야 한다.

지역적인 이유, 사회, 경제적인 이유 등 여러 가지 이유가 나오겠지만 최종적으로 모든 이유는 목회자의 리더십에 연관되어야 한다. 즉, "목회자가 어떻게 했기 때문에 이렇게 되었다"는 주된 결론이 맺어져야 한다. 교회의 성장사를 진단하는 작업은 해답보다는 원인을 묻는 작업이다. 따라서 목회자와 연관된 원인을 찾는다면 그것으로 이 진단의 중요한 목적이 달성되었다고 할 수 있다.

(2) 목회자 리더십 진단

리더십이 있는 목회자는 다른 사람들이 활동적으로 일하도록 만드는 사람이다. 목회자의 리더십을 진단하기 위해서는 다음 네 가지 항목을 점검할 필요가 있다.

1) 기획력

통계에 의하면 계획을 세우는 20%의 사람들이 계획을 세우지 않는 나머지 80%의 사람들을 이끌고 나간다고 한다. 그런데 20%의 사람들 중에서도 특히 문서화된 계획을 갖고 있는 사람들이 문서로 기록하지 않는 사람들보다 성공하는 확률이 80% 이상 높다고 한다.

목회자가 장단기 계획이 있다면 문서화시켜 보고, 또한 그것들을 실행할 수 있는 세부 계획안까지도 만들어 보아야 한다. 계획안들을 충분히 준비한 뒤에 실행에 옮겨야 한다. 그리고 일을 추진한 다음에는 사후 평가작업을 통해서 또다시 시행착오를 범하지 않도록 해야 한다.

2) 집중력

집중력이란 목회자 자신의 이미지와 교회의 이미지를 고양시키는 능력이다. 현대는 전문화시대이다. 목회도 마찬가지이다. 목회적 교양과 신학적 지식은 기본이며, 그 외에도 자신만의 색깔과 이미지를 갖고 있어야 한다. 더 나아가서 교회도 집중화, 전문화될 필요가 있다. 한 예로 여주교회는 '지역사회를 위해 봉사하는 교회'라는 전문 상표를 얻었다. 예배 후에 주변 지역을 청소하고 주민들을 위한 문화사업을 벌인 것이 여주 주민들의 커다란 반향을 불러일으켰다. 이제는 목회자 자신만의 독특한 이미지, 자기 교회만의 독특한 이미지가 있어야 한다.

3) 설득력

목회자는 하늘을 쳐다보면서도 동시에 땅을 내려다 보아야 한다. 성도들에게 비전이나 아이디어를 전달할 수 있는 방법은 무엇인가? 목회철학대로 성도들을 이끌어 가고 있는가? 설교나 개인적인 접촉, 상담 등의 커뮤니케이션 방법을 통해 비전에 대한 헌신을 효과적으로 유도하고 있는가? 목회는 결과적으로 사람을 설득하는 작업이라고 할 수 있다.

4) 조직력

교회조직은 그 자체가 목적이 아니다. 성도들을 더 잘 돌보기 위한 수단일 뿐이다. 조직이 잘 되어 있다면 책상에 앉아서도 성도들을 손바닥 보듯이 알 수 있다. 구역조직 외에 교회에는 많은 다른 조직들이 필요하다. 조직은 소속감을 느끼게 하는 매개체이기 때문이다.

(3) 사역자 실태 분석

사역자 분석은 개교회의 사역이 원활하게 진행되고 있는지를 알아보기 위한 작업이다. 사역자 분석을 위해 다음 세 가지 사항을 점검할 필요가 있다.

1) 교회의 내부 사역과 외부 사역의 비율 진단

교회 내부 사역은 기존 신자나 새신자들을 대상으로 하는 사역이며, 외부 사역은 비신자들과 지역사회 복음화, 더 넓게는 세계복음화를 목표로 하는 사역이라고 할 수 있다. 내부 사역에는 예배, 봉사, 친교, 교육, 치유 등의 활동이 있으며 외부 사역에는 전도, 구제, 선교, 사회사업 및 문화사업 등의 활동이 포함된다. 교회의 내부 사역자들과 외부 사역자들의 비율을 계산해 보면 성장하는 교회는 내부 사역자가 출석교인의 40% 이상이며 외부 사역자는 10% 이상이다.

2) 사역자의 기술 및 훈련 분석

휘발유가 없다면 자동차는 움직일 수 없다. 마찬가지로 사역자들이 훈련받지 않는다면 효과적으로 결과를 얻을 수 없다. 먼저 목회자는 사역자들의 은사가 무엇인지 점검해 보고 은사에 맞는 사역을 감당하고 있는지 살펴보아야 한다. 다음으로 사역자들이 자신의 책임 분야에서 필요한 기술을 습득하고 있는지를 평가해 보아야 한다.

3) 사역의 효과 분석

사역자들은 자신들의 사역을 통해서 두 가지 효과를 체감해야 한다. 첫째 자신들의 영적인 성장이고, 둘째 교회의 성장이다. 만약 이런 두 가지 결과가 없을 때 사역자들은 지치기 쉽다. 자신들의 사역을 통해 사역자들이 영적으로 성장하고 있는지, 또한 눈에 보이는 교회 성장의 결과가 나타나고 있는지를 살펴보아야 한다. 만약 그렇지 않다면 그 대책을 점검해 보아야 한다.

(4) 목회환경 조사

오늘날을 '종교판매시대' 혹은 '교회판매시대'라고 한다. 과거에는 교회가 있는 곳에 사람들이 몰려들었지만 오늘날은 사람들이 교회를 선택하는 시대가 되었기 때문이다. 즉, 과거는 공급자 시장이었고, 현대는 소비자 시장이 되었다. 목회자들은 '교회판매'란 용어에 알레르기 반응을 보이지 말아야 한다. 오히려 현대인의 필요에 대답하고 고민에 동참하고자 하는 자세를 보여야 한다. 목회환경 조사는 현대인의 욕구가 무엇인지를 알아보기 위한 기초 작업이라는 점에서 중요성을 갖고 있다. 이 조사는 교회 외부환경 조사와 교회 내부 환경 조사의 두 가지로 나눌 수 있다.

교회 외부 환경 조사는 지역주민의 특성을 파악하기 위한 작업이다. 외부 환경 조사를 위해서는 설문지를 만드는 작업이 우선적이다. 설문지에는 직업, 성, 연령 등의 기초적인 질문부터 시작하여 기독교에 대한 태도, 본 교회에 대한 인식도, 다른 종교와 기독교의 비교 등의 질문이 갖추어져야 한다.

만들어진 설문지를 가지고 주변 지역을 호별 방문하면서 설문을 받고 설문조사 후에는 주요 전도 대상자를 설정해야 한다. 설문조사에서 긍정적인 반응을 보인 사람을 대상으로 하여 장·단기 계획을 세워서 계속적인 전도의 노력을 기울인다면 좋은 결과를 얻을 수 있을 것이다. 교회 내부 환경 조사는 교인들의 심리적 욕구와 종교적 욕구가 무엇인지 알아보는 작업이다.

설문지에는 다음의 네 가지 항목의 질문을 싣는 것이 좋다.

첫째, 교인의 특성을 묻는 항목으로, 신앙체험 유무 및 그 시기 등을 묻는다.

둘째, 신앙 활동을 묻는 항목으로, 예배 참여, 기도와 헌금 등에 대하여 묻는다.

셋째, 신앙의식 및 가치관을 평가하는 항목으로 생활의 우선순위, 십일조와 신앙, 교리에 대한 질문, 생활의 만족도 등을 묻는다.

넷째, 현 교회에 대한 평가를 묻는 항목으로, 교역자에 대한 평가, 타교회와 비교한 장단점, 헌금 사용에 대한 선호도, 교회 생활의 애로사항, 교회의 당면 해결과제 등의 질문이 포함된다. 이런 내부 환경 조사를 바탕으로 성도들의 변화된 욕구에 적합한 새로운 목회방향을 설정할 수 있다.

(5) 교회 프로그램 진단

교회에는 예배, 교육, 봉사, 친교, 선교, 구제 등 여섯 가지 프로그램이 있다. 이런 프로그램은 일종의 영적인 상품이라고 할 수 있다. 상품은 품질이 좋을 때 고객의 호응을 얻을 수 있듯이 교회도 프로그램이 좋아야 영적 고객인 신자와 새신자, 비신자들이 많이 찾아온다.

1) 예배

예배는 역동적이어야 한다. 역동적인 예배를 위해서 예배는 계획되어져야 한다. 예배를 위해서 어떤 준비를 하고 있는가? 예배위원들이 예배 전에 모여서 그날의 예배를 위해서 기도하고 있는가? 모든 순서가 부드럽게 진행되고 있는가? 자신의 설교의 장단점은 무엇인가? 설교와 성가대 찬양, 그리고 찬송가 선택에 일관성이 있는지를 살펴보아야 한다.

2) 교육

성인의 경우 출석 교인의 50% 정도가 구역 활동을 제외한 교육 프로그램에 참석하는 것이 교회 성장을 위해 효과적이다. 가장 인기 없었고 비효과적이었던 교육 프로그램이 무엇이었는지를 찾아서 그 원인을 분석해 보고 앞으로의 교육지침을 세워야 한다. 특별히 교회 성장을 위해 새신자 교육과정에 중점을 두어야 한다.

3) 봉사

그리스도인에게 있어서 봉사는 의미이다. 현재 교회에서 중요한 봉사 프로그램에는 어떠한 것이 있는가? 각 프로그램의 진행 상태를 점검하고 더욱 개발되어야 할 프로그램을 위해서는 세미나 등의 재교육을 실시해야 한다.

4) 친교

친교는 교회 차원보다는 대부분 각 조직이나 소그룹 차원에서 이루어진다. 따라서 각 조직이나 그룹에서 좋은 분위기를 만드는 것이 급선무이다. 친교는 엄밀한 의미에서 기술이 아니다. 사랑과 이해를 가르치고 실천할 때 나타나는 결과라고 할 수 있다.

5) 설교 및 전도

가장 효과를 본 전도 프로그램이 있다면 그 프로그램의 성공 이유를 찾아보아야 한다. 만약 현재의 전도 프로그램이 효과가 없다고 한다면 그 해결 방법이 무엇인지도 찾아보아야 한다. 이동성장과 회심성장의 비율을 계산해 보고, 회심성장을 높일 수 있는 방안에 대하여 생각해 보아야 한다.

6) 구제

목회자는 이벤트 기획에 탁월해야 한다. 이벤트를 통해 교인들에게 봉사할 수 있는 기회를 제공해 줄 때 성도들은 자신의 존재 가치를 느끼게 된다. 구제 활동을 위한 이벤트가 무엇이 있는지 찾아보고 다른 교회, 자선단체, 기업들의 구제활동의 실례를 조사한 다음 자신의 교회와 비교하면 유익한 정보를 얻을 수 있을 것이다. 구제비가 예산의 10% 이상이 되고, 정기적으로 신자, 비신자에 상관없이 도와주는 것이 바람직하다.

(6) 교회의 질병 진단 및 처방

현대 사회학은 의학의 병리학적 개념을 차용해서 '사회병리학'이란 신조어를 만들어 냈다. 그런데 최근 교회성장학에서는 병리적 개념을 또다시 차용해서 '교회병리학'이란 용어를 탄생시켰다. 사회병리학이 한 사회의 병리적 현상을 해부하여 건강한 사회를 만드는 것이 목표하면, 교회병리학은 교회의 질병을 찾아내어 처방함으로써 교회를 온전한 그리스도의 몸으로 만드는 것이 목표이다. 다음에 소개하는 내용은 교회병리적 현상의 대표적인 것들이다.

1) 고령화증

고령화증은 교인의 연령층이 노화되는 현상이다. 갤럽 여론조사에 따르면 성인이 되어 회심한 사람들의 65%가 학생시절에 교회에 다녀본 적이 있는 사람이라고 한다. 따라서 장기적인 안목의 공격적인 청소년 선교가 요구된다.

2) 친교 과잉증세

Koinonitis는 친교를 뜻하는 헬라어 Koinonia에서 만든 말인데, 과잉 친교로 각각의 그룹들이 새로운 회원에 대해 폐쇄적이고 배타적인 모습을 보이는 것을 의미한다. 이 증상은 새신자보다 기존 신자 위주의 목회를 할 때 나타나기 쉽다. 이 질병에 걸리면 새신자의 정착이 어려워지고 교회 성장이 둔화된다.

3) 열정 감퇴증

이것은 계시록의 라오디게아교회의 상태를 말하기 때문에 일명 '성 요한 증후군'으로 불리기도 한다. 이 증세는 성장기인 1세대가 끝나고 정체기인 2세대에 나타나기 쉽다. 믿음의 형식은 있으나 믿음의 능력이 없는 경우, 교회가 첫사랑의 역동성을 망각한 경우가 이에 해당된다. 이 증세에 대해서는 영적인 뜨거움을 회복시키는 것 외에 해결책이 없다. 영성 회복을 위한 각종 프로그램을 통해 살아계신 하나님을 체험하게 하는 것이 필요 불가결하다.

4) 시설 협소증

주로 성장하는 교회에서 나타나는 문제로, 급성장으로 인한 시설 및 주차공간의 부족 증세이다. 시골교회의 좌석의 60%가, 도시교회는 좌석의 80%가 차게 되면 새로운 공간을 확보해야 한다. 건축이 곤란한 경우에는 건물을 임대하는 것도 좋은 방법이다. 목동의 능력성결교회의 경우 두 개의 예배 장소를 갖고 있는데 한 곳에서 주일 1부와 2부 예배를 드리고 있고 다른 한 곳에서 3부 예배를 드리는 형식을 취하고 있다.

5) 영적 발전 제한증

교회가 성도들의 영적 욕구를 충족시켜 주지 못해서 영적으로 영양실조에 걸려 있는 상태를 의미한다. 목회자는 성도들의 필요를 채우는 목회를 해야 한다. 어떤 면에서 영적 궁핍을 느끼는지를 파악하고 그 부분을 채워 주는 계획을 세워야 한다. 이 외에도 신뢰 부재와 지도력 긴장 등이 있다.

3. 정체된 교회를 성장시키는 전략

교회를 성장시키는 이는 하나님이시다. 하나님의 신적인 능력이 임해야 교회가 성장한다. 최근에 교회 성장의 영적 차원이 강조되는 이유가 바로 여기에 있다.

교회를 성장시키는 주체가 하나님이라는 사실에도 불구하고 교회 성장의 책임은 인간에게 있다. 왜냐하면 하나님께서는 인간을 통하여 일을 하시기 때문이다. 하나님의 뜻을 이루기 위하여 효과적으로 일하는 자에게는 열매가 있으나 하나님의 뜻에 대해 무지하고 설사 안다고 하더라도 효과적으로 일하지 않을 때에는 아무런 열매가 없을 수밖에 없다.

하나님은 열매에 관심이 많은 분이시다. 열매 없는 무화과나무를 저주하셨다. 달란트를 남기지 않은 자를 심판하셨다. 그러므로 우리는 무조건적인 충성을 하는 것이 아니라 하나님의 방법에 따른 효과적인 충성을 해야 하는 것이다.

최근에 한국교회가 침체기에 들어 있다고 하는 말들을 종종 듣는다. 역사상 유례 없는 폭발적인 교회 성장의 역사가 1980년대 초까지 일어난 반면 1980년대 후반부터 교회개척이 어렵고 성장이 멈추고 있다는 보고가 나와 있기도 하다. 심지어 대형교회 중에서는 감소추세까지 나타나고 있는 실정이다.

이른바 여가혁명이 사람들로 하여금 교회로부터 산이나 들 혹은 세속적인 즐거움으로 향하게 한다는 것이다. 교통 문제 때문에, 자녀 문제 때문에, 직장 문제 때문에 교회에 나오는 사람들의 숫자가 줄어든다고 한다. 교회 성장이 어렵다는 말이 다름 아닌 교회 지도자들로부터 나오고 있는 실정이다.

그러나 하나님의 역사는 항상 역설적이다. 가장 어려운 때에 가장 큰 성장의 가능성이 있는 법이다. 어려운 것은 환경이 아니라 우리의 마음의 자세이다. 눈에 보이는 물질세계가 아니라 눈에 보이지 않는 믿음의 세계이다.

교회 성장은 사실상 지금부터라고 할 수 있다. 낙심 혹은 자포자기는 그리스도인을 가장 무기력하게 하는 사탄의 도구이다. 그러므로 우리는 무엇보다도 선을 행하되 낙심하지 말고 피곤하지 말아야 한다. 낙심하지 않는 한 반드시 때가 이르매 거두게 될 것이기 때문이다(갈 6:9).

그렇다면 정체된 혹은 감소하는 교회를 성장시키는 효과적 전략이란 과연 가능한 것일까? 아무리 교회가 성장하지 않는 시대와 환경이라고 하더라도 항상 성장하는 교회는 있는 법이다. 전반적인 불황 중에도 유례없는 호황을 누리는 기업이 있는 것과 마찬가지라고 할 수 있다. 그들의 특징은 항상 효과적인 전략을 사용한다는 점입니다.

같은 맥락에서 정체된 교회를 다시금 성장시키는 새로운 전략은 아래와 같다.

(1) 목회 동기와 소명 의식을 분명히 하라.

왜 목회의 길을 걷게 되었는가? 하나님이 시키셨기 때문일 것이다. 왜 교회 성장을 원하는가? 하나님께서 먼저 원하시기 때문일 것이다.

무슨 일이든지 가치있는 일일수록 그 동기와 목적 의식이 분명해야 한다. 명성과 부와 자기 왕국의 건설을 위해 교회

성장을 원한다면 하나님께서 허락하지 않으실 것이다. 설사 허락한다고 하더라도 결국 하나님의 나라에는 유익이 되지만 목회자 자신에게는 아무 유익이 없는 게임으로 끝나고 말 것이다.

대부분의 교회성장형 목회자는 복음을 전하여 잃어버린 영혼을 구원하는 것을 목회와 교회 성장의 동기로 삼고 있다. 하나님의 나라를 위하여 목숨을 바치기로 결심한 사람들이라고 할 수 있다. 자신이 자원했다기보다 하나님께서 부르셨기에 어쩔 수 없이라도 교회성장을 이루어야 한다고 생각한다. 목회자는 지원병이 아니라 차출병이라는 말이 있다. 하나님이 부르셨다는 소명 의식, 그리고 인간의 영혼을 사랑하는 구령의식이 있어야 성장의 열매가 나타난다.

영적 지도자에게 필요한 세 가지 확신이 있다.

첫째는 소명의식이다. 이것은 하나님이 부르시고 시키셨다는 의식을 말한다.

둘째는 은사의 확신이다. 부르심에 합당한 열매를 남기도록 성령의 능력과 은사로 무장시켜 주신다는 믿음이다.

셋째로 훈련의 확신이 필요하다. 하나님이 부르시고 성령의 능력으로 무장했을지라도 죽을 때까지 자기 몸을 쳐서 복종시키고 자기 개발을 게을리 하지 않아야 한다는 확신이다. 주의 종은 신학교 교육을 받기 전에 먼저 소명과 은사에 대한 확신이 있어야 효과적인 사역자가 될 수 있다.

뜨거운 기도와 몸을 상하게 하는 열심이 참된 동기를 보장해 주지는 않는다. 열정적인 기도의 사람일지라도 실상은 자기만족을 위해서 애를 쓰는 경우도 많이 있다. 뜨거운 열심이 있어도 그 배후에는 자신의 왕국을 건설하기 위해 뛰는 경우도 있다. 개인적 민족과 야망의 달성이 교회 성장의 동기가 되어서는 결코 안된다. 하나님께서는 드러나지 않는 인간의 내적 동기를 먼저 보는 분이시기 때문이다. 인간의 야망과 하나님의 비전을 혼동하지 않을 때 성령께서 주도하시는 성장의 역사가 일어날 것이다.

성장에 대한 거부감의 치료는 무엇보다도 하나님의 영광과 인간 영혼에 대한 사랑이다. 하나님은 능력과 실력보다 태도와 자세를 우선시하시는 분이시다. 그래서 '착하고 충성된 종'이라고 말씀하시는 것이다.

기도를 하더라도 올바른 자세로 기도해야 한다. "왜 교회 성장을 원하는가? 왜 기도가 응답되기를 원하는가?"에 대한 명쾌한 내적 동기가 하나님의 마음을 움직일 수 있어야 한다. 하나님은 우리의 욕심을 채우는 분이 아니라 필요를 채우는 분이시다. 교회 성장이 목회자 혹은 몇몇 개인의 욕심을 채우는 것이 아니라 하나님과 인간의 필요가 되도록 해야 한다.

하나님의 주권을 인정하면서도 인간의 최선을 다하는 자세가 필요하다. 하나님께 전적으로 맡기면서도 인간의 책임을 다하는 자세를 하나님은 원하신다.

다음의 말을 깊이 생각해 보자. "모든 것이 하나님께 달려 있는 것처럼 믿고 모든 것이 나에게 달려 있는 것같이 일하라."

정체된 교회를 성장시키기 위해서는 무엇보다도 끊임없이 자신의 동기를 검색하고 평가하는 것이 중요하다. 교회 성장의 마음은 곧 하나님의 마음이다(요 15:16).

(2) 비전을 새롭게 하고 믿음을 증진시키라.

교회 성장 부진의 가장 큰 요인은 비전과 믿음의 부족이라고 할 수 있다. 하나님은 우리의 구하는 것과 생각하는 것, 곧 언어와 상상력을 사용하신다(엡 3:20). 우리가 믿음으로 말하는 것과 비전을 가지고 생각하는 것 이상으로 넘치게 역사하신다.

 그러므로 목회자는 교회 성장에 대한 강력한 믿음과 뚜렷한 비전이 있어야 한다. 교회는 목회자의 마음 속에서부터 시작된다는 말이 있다.

 마음 속에 교회의 성장된 모습이 먼저 창조되어야 눈에 보이는 성장의 역사가 일어나는 것이다.

 창조는 두 번 일어난다. 마음 속에서 정신적인 창조가 먼저 일어나고, 그 결과 현실 속에서 물질적인 창조가 일어난다.

 그러므로 교회성장형 목회자는 무엇보다도 마음을 지키고 생각을 훈련해야 한다. 무에서 유를 창조하는 것이 목회이다. 믿음은 무에서 유를 창조한다. 우리의 생각을 믿음의 생각으로 바꾸어야 한다. 하나님은 사람을 쓰시기보다는 그 사람의 생각을 쓰신다. 교회 성장을 체험하기 위해서는 먼저 교회성장형 생각으로 무장되어야 하는 것이다.

 비전이란 하나님의 능력을 담는 그릇을 의미한다. 비전이 크면 하나님의 능력도 크게 나타난다. 비전이 작으면 하나님의 역사도 작게 나타난다. 하나님은 무제한적 능력을 가지고 계시지만 우리의 믿음의 그릇, 비전의 사이즈에 따라 제한받으실 수도 있는 것이다.

 비전이란 보이지 않는 것을 보는 능력이다. "믿음은 바라는 것의 실상이요 보지 못하는 것들의 증거"(히 11:1)라고 말씀해 주고 있다. 비전이란 우리에게는 미래이지만 하나님에게 있어서는 현실이다. 하나님의 현실을 미리 볼 수 있는 사람이 비전을 가진 사람이요, 비전의 사람이 교회를 성장시킬 수 있다.

 비전을 가진 사람은 하나님을 만나기 위해 끈질기게 기도하고 사람의 필요를 채우기 위해 끊임없이 연구하는 사람이다.

 비전의 본질은 무엇보다도 강력한 믿음이다. 비전을 가진 교회성장형 지도자는 그 특징이 믿음의 은사를 가지고 있다는 점이다. 그는 산을 옮기는 믿음을 가지고 있다. 다른 사람들이 할 수 없다고 말할 때 비전을 가진 지도자는 할 수 있다고 외친다. 불가능 중에서도 가능을 생각한다. 지도자란 나아가야 할 방향을 바로 보여주는 사람이다. 자신만의 비전이 아니라 모든 사람의 비전이 되도록 노력하는 사람을 의미하는 것이다. 그러므로 교회 성장의 정체를 깨뜨리기 위해서는 목회자의 믿음을 증진시켜야 한다.

그러기 위해서는 먼저 믿음의 말씀들을 읽어야 한다. 성경의 믿음장들을 독파하는 것이 좋은 방법일 수 있다. 또한 믿음의 책들을 읽고 믿음으로 크게 교회를 성장시킨 사람들의 생생한 체험담을 들어야 한다. 주위에서 산을 옮기는 믿음과 기적의 주인공이 있으면 찾아가보는 것도 필요하다. 믿음이 있는 사람들과 자주 교제하고 부정적인 사람들과는 점차 교제를 끊는 것이 좋다. 무엇보다도 믿음을 달라고 하나님께 기도할 수 있어야 한다(눅 17:5).

사고방식이 바뀌어야 역사가 바뀐다. 목회자의 생각이 교회 성장에 대해 긍정적이어야 하고 적극적이어야 한다. 교회 성장에 대해서 원해야 하고, 반드시 성장해야 한다는 사명감을 가져야 한다. 또 성령의 능력으로 성장할 수 있다고 믿는 이른바 세 가지 멘탈리티(want, must, can)로 무장되어야 한다.

비전과 믿음도 시간이 흐름에 따라 성장한다. 비전이 성장하는 것만큼 교회도 성장한다는 것을 잊지 말아야 할 것이다.

(3) 성령의 역사를 환영하고 끈질기게 기도하라.

교회 성장의 주체는 사람이 아니라 성령이시다. 교회는 성령의 피조물이다. 성령께서는 교회를 창조하셨을 뿐만 아니라 관리하시고 성장시키시고 완성하신다. 인간 사역자가 심고 물 주고 애쓰지만 자라나게 하는 이는 하나님이시다(고전 3:5-7). 그러므로 교회 성장을 원하는 목회자는 성령을 선배동역자로 인정하고 환영하고 모셔들이고 전적으로 의지해야 하는 것이다.

성령은 그를 환영하는 자에게 비전을 주시고 능력을 주신다. 예수님은 다른 보혜사가 오실 때 우리를 인도하시되 장래 일을 알게 하신다고 말씀하셨다. "장래 일을 하게 하신다"(요 16:13)는 말은 곧 미래를 볼 수 있는 비전을 주신다는 말이다. 그러므로 성령충만의 가장 강력한 증거는 비전을 갖는 것이라고 할 수 있다. 성령의 사람들이 가지는 공통적인 특징은 그들 모두가 비전의 사람이라는 사실이다.

성령이 충만한 교회는 실질적인 능력을 보여주는 교회를 말한다. 능력이 나타나면 교회는 성장할 수밖에 없다. 목회는 영적 싸움이다. 영적 싸움에서 이길 수 있는 힘이 있어야 사람들의 영혼을 얻을 수 있다.

이제 세계 교회는 바야흐로 성령운동의 절정기에 동참하고 있다고 할 수 있다.

피터 와그너 박사는 성령운동은 이제 모든 교파와 교단이 참여하는 이른바 '제3의 물결'(The Third Wave)로 이어지고 있으며 이러한 성령운동은 세계 최대의 인간운동으로 기록될 것이라고 주장한다.

성령충만한 교회가 되기 위해서는 기도하는 교회가 되어야 한다. 기도는 성령의 역사를 끌어들이는 채널이다. 목회자란 신적 도움이 필요한 사람인데 신적 도움을 얻는 길은 기도밖에 없다고 해도 과언이 아니다. 예수님조차도 기도에 의존하는 사역을 행하셨는데 보통사람인 우리들이야 어찌 기도에 의존하지 않을 수 있는가?

기도는 사람을 변화시키고 교회를 변화시키는 놀라운 능력이 있다. 능력이 나타나는 기도는 인간의 소원을 성취시키는 것이 아니라 하나님의 마음을 얻는 행위이다. 비이기적인 기도는 참된 능력을 발하게 한다. 한국교회가 세계적인 성장을 한 이유는 기도하는 교회였기 때문이다. 새벽기도, 철야기도, 금식기도, 통성기도는 한국교회에서만 찾아볼 수 있는 독특한 4중주 기도 축복이다.

많은 교회가 기도에 대해서 말하고 가르치지만 실제적으로 행하는 기도가 없기 때문에 무능력한 교회가 되고 있다. 교회 성장을 위해서는 열정적이고 끈질기고 지속적인 기도가 필요하다.

매일 하루에 열 시간 이상씩 기도해서 3년 안에 열 배의 성장을 기록한 교회도 있다. 비약적인 교회 성장을 이룬 목회자들은 대부분 하루에 여러 시간의 끈질긴 기도를 한 주인공들이다. 자신뿐만 아니라 성도들도 기도에 동참하게 한다. 기도특공대를 조직하여 영적 싸움의 최전선을 맡게 하는 것이다.

교회 성장을 원하는 목회자는 교회성장형 기도에 대해서 연구해야 한다. 기도하는 교회는 성령충만하고 성령충만한 교회는 반드시 성장한다는 것을 잊지 말아야 한다.

(4) 목회철학을 재정비하라.

성장형 교회가 되기 위해서는 무엇보다도 '열린 교회'가 되어야 한다. 열린 교회가 된다는 것은 이 교회의 목회철학이 있어야 한다는 것을 의미한다.

전문화되고 다양화되어가는 온갖 종류의 사람들의 생활에 적극적으로 접촉하는 교회가 되어야 한다. 목회자와 성도들의 자세가 철저하게 남을 섬기는 정신이 되어야 한다.

위대한 목회자 바울은 영혼 구원을 위해서 자신의 모든 것을 철저히 포기한 목회철학을 웅변적으로 고백한 바 있다.

"내가 모든 사람에게 자유하였으나 스스로 모든 사람에게 종이 된 것은 더 많은 사람을 얻고자 함이라 유대인들에게는 내가 유대인과 같이 된 것은 유대인들을 얻고자 함이요 율법 아래 있는 자들에게는 내가 율법 아래 있지 아니하나 율법 아래 있는 자같이 된 것은 율법 없는 자들을 얻고자 함이라 약한 자들에게는 내가 약한 자와 같이 된 것은 약한 자들을 얻고자 함이요 여러 사람에게 내가 여러 모양이 된 것은 아무쪼록 몇몇 사람들을 구원코자 함이니 내가 복음을 위하여 모든 것을 행함은 복음에 참예하고자 함이라"(고전 9:19-23).

자신을 고집하기 전에 남을 섬기는 목회가 되어야 한다. 목회의 목표 대상에 대해서 철저히 연구 조사하여 그들이 무엇을 원하는지 실제적 필요를 파악하여 채워줄 뿐만 아니라, 그들의 진정한 필요 즉 영혼 구원으로 인도해야 하는 것이다.

적어도 1년에 1주일 이상은 전적으로 지역주민들을 만나고 조사하고 분석하여 그들의 생활적인 필요를 채워주는 교회로 변화시키는 노력이 있어야 한다.

21세기에는 철저하게 섬기는 교회가 성장하는 교회가 될 것이다.

(5) 분명한 목표를 정하고 구체적인 계획을 세우라.

목표는 믿음의 선언이요 비전의 옷이다. 보이지 않는 믿음 혹은 비전을 다른 사람도 알 수 있게 나타내는 것이 바로 목표라고 할 수 있다.

믿음을 성취시키고 꿈을 이루는 가장 중요한 첫 단계가 바로 '목표설정'인 것이다. 지도자는 목표를 올바로 설정할 수 있어야 한다. 목표를 정하고 나면 그곳을 향하여 똑바로 나아가는 인생은 직선인생이라고 할 수 있다. 곡선인생보다 직선인생이 성공하는 것은 말할 필요가 없다.

목표를 세우되 '벽을 허무는 목표'를 세워야 한다. 정체의 벽이 무엇인지를 파악하고 기존의 가능한 시설을 이용할 수 있는 한도 내에서 실현 가능한 목표를 세워야 한다.

예를 들어 3년 안에 출석성도 3백명 이상을 확보한다든가 아니면 현재 인원의 3배가의 목표를 세우는 것 등이 이에 해당할 수 있다.

목표는 항상 현실적이어야 하며 가속도가 붙을 수 있어야 한다. 가급적 단기간에 목표를 달성하도록 하는 것이 가장 효과적이다. 준비가 다 될 때까지 기다리지 말고 지금 당장 목표를 정하고 실행하는 공격적인 자세가 필요하다고 볼 수 있다.

목표 설정에 있어서 가장 중요한 것은 핵심적인 일에 초점을 맞추는 일이다. 어차피 제한된 능력을 가지고 모든 것을 다 할 수는 없다. 교회성장에 필요한 서너 가지 가장 중요한 일에 대부분의 에너지를 집중 투입하는 전략이 필요하다.

핵심적인 일을 정하기 위해서 종이 두 장을 준비하여 첫장에는 현재의 목회 활동의 베스트 서너 가지를 적고, 나머지 한 장에는 성장이 일어날 것이라고 생각되는 잠재적 목회활동 베스트 서너 가지를 적어보자. 그 내용을 가까운 동역자나 친구들과 토론하는 것도 필요하다.

기도와 묵상 후에 현재 활동 베스트와 잠재 활동 베스트를 종합해서 가장 중요한 활동 세 가지 정도를 뽑아보자. 성장하고 있지 않은 교회의 경우에는 잠재 활동 리스트에서만 뽑는 것도 가능하다. 그리고 나서는 뽑아놓은 베스트 세 가지에 교회의 모든 에너지를 투입하는 것이다.

교회 성장을 위한 가장 중요한 활동으로는 예를 들어 설교,

예배, 지도자 훈련, 새신자 정착 등이 될 수 있을 것이다. 목표를 이루기 위해서는 이러한 집중과 함께 반드시 이루어진다는 강력한 확신을 가져야 하고, 끊임없이 평가하여 교정하는 것이 필요하다.

목표 후에는 반드시 구체적인 실행 계획이 따라야 한다. 비전 다음에 목표, 목표 다음에 계획이라고 할 수 있다. 계획은 가장 현실적인 수단이다. 지나친 계획도 모자라는 계획도 금물이다. 계획은 목표가 아니라 수단이기 때문에 상황에 따라 변화시키고 수정할 수 있어야 하는 것은 당연하다. 목표는 고정된 것이지만 계획은 유동적인 것이다. 목표를 살리기 위해 계획은 얼마든지 바뀔 수 있어야 한다.

계획을 세울 때 주의해야 할 다섯 가지 사항이 있다.

1) 재정

성장 관리는 재정 관리에 의존하는 경우가 많다. 재정확보를 위한 확실한 조치를 취하면서 계획을 짜야 한다. 확실한 믿음과 재정의 확보는 상관관계가 있다고 할 수 있다.

2) 시설

성전이나 주차장 혹은 교육시설 등 가능한 시설에 맞는 계획을 수립해야 한다. 시설을 유념하지 않은 계획은 무력감을 줄 가능성도 적지 않다.

3) 스태프(staff)

성장을 위해서는 과감하게 부교역자를 둘 수 있어야 한다. 열 가정만 늘어도 혹은 사례비의 절반만 확보되어도 과감하게 한 사람의 스태프를 쓸 수 있는 믿음이 있어야 한다. 이와 더

불어 부교역자에게 일을 과감하게 위임할 수 있는 용기가 병행되어야 합니다.

4) 후원그룹의 확보

목회자를 전적으로 지지하고 변화를 적극적으로 수용하는 헌신된 지지세력이 있어야 새로운 계획이 실행될 수 있다.

5) 반대세력에 대한 용기 있는 대처

항상 변화에는 아픔이 있고 갈등이 있기 마련이다. 전통이나 기득권을 중요시하는 사람들은 새로운 변화에 대해서 부정적이다. 그들을 설득하거나 극복하는 것이 교회 성장의 정체를 해결하는 가장 중요한 열쇠가 되는 경우도 많이 있다. 목회는 결국 인간관리라고도 할 수 있기 때문이다. 적절한 목표를 같이 나누고 실제적인 계획에 같이 동참하게 하는 목회가 되도록 해야 한다.

(6) 리더십을 개발하라.

효과적인 목회자 리더십은 교회 성장의 핵심 중의 핵심이라고까지 할 수 있다. 교회 성장의 주체는 성령 하나님이시지만 그 하나님의 역사를 받아들이는 자는 우선 목회자이기 때문이다.

목회자가 믿음이 커서 하나님의 비전을 온전히 받아들이고, 리더십이 확실한 성도들을 하나님의 뜻 가운데로 잘 인도하면 교회가 성장할 수밖에 없다.

와그너 교수도 교회성장형 목회자의 가장 중요한 두 가지 은사로 믿음의 은사와 리더십의 은사를 꼽았다. 믿음이 하나님께 대한 사역이라면 리더십은 사람들을 향한 사역이다. 와그너에 의하면 성장하는 교회는 목회자의 리더십과 평신도의 사역이 잘 조화되는 교회라고 했다. 이것은 목회자는 지도하고 평신도는 일하는 교회를 의미한다. 목회 활동의 최종 결정권이 목사에게 있고 성도들은 믿음으로 그 결정에 순종하는 풍토가 확실한 교회가 성장하는 교회이다.

목회자가 힘의 중심이 되어야 한다는 것이다. 물론 목회자가 강력한 리더십을 가지되 평신도를 부려먹는 것이 아니라 평신도를 섬기는 자세를 가져야 한다. 강력한 리더십과 섬기는 리더십은 상충과 갈등의 관계가 아니라 조화와 창조의 관계이다.

제임스 쿠제스(James Kouzes)는 그의 책 『지도자의 도전(*The Leadership Challenge*)』에서 사람들이 지도자에게 가장 바라는 것 네 가지를 소개하고 있다.

첫째는, 지도자의 정직성을 꼽았다.

지도자가 거짓이 없이 솔직하고 정직하여 투명한 사람이 될 때 사람들은 기꺼이 지도자를 따르고 순종하게 된다.

둘째는, 일을 잘하는 능력이다. 유능함은 지도자의 가장 보편적인 자화상이라고 할 수 있다. 자신의 할 일을 잘 감당하는 자를 사람들은 지도자로 따른다.

셋째는, 지도자의 비전 혹은 미래지향성이다.

사람들은 지도자가 방향 감각이 분명하고 미래에 대해 낙관적인 견해를 가질 때 환호하는 경향이 있다.

넷째는, 감화력이다.

감동을 주고 친화력이 있으며 인간적인 정을 느낄 수 있게 해주는 사람을 지도자로 따른다는 것이다.

교회성장형 목회자도 정직과 실력과 비전과 감동이 있는 지도자가 되도록 끊임없이 자기를 쳐서 복종해야 할 것은 두말할 필요가 없을 것이다.

효과적인 목회자 리더십은 자기 개발만으로는 불가능할 수 있다. 성령의 지도자 은사를 받아야 한다. 에베소서 4:11에 이른바 지도자의 은사가 기록되어 있다.

"그가 혹은 사도로 혹은 선지자로 혹은 복음 전하는 자로 혹은 목사와 교사로 주셨으니."

영적 지도자는 이상의 은사 중 하나 혹은 그 이상의 은사를 확보해야 한다. 목회자란 사명과 함께 은사를 받은 자이기 때문이다. 신학교를 나온 자가 아니라 하나님께서 세우신 사람이어야 한다. 이는 하나님의 영적 능력을 받은 자를 말한다.

리더십의 은사를 받은 자는 그 목적이 "성도를 온전케 하며 봉사의 일을 하게 하며 그리스도의 몸을 세우는 것"(엡 4:12)이어야 한다.

즉 자신이 직접 뛰면서 일하는 자가 아니라 성도들을 준비시켜 일하게 하는 자를 의미한다. 선수가 아니라 코치요 단순히 유능하게 일을 잘하는 사람이 아니라 사람들을 무장시켜 일하게 하는 자이다.

'온전케 하는 것'은 원래 '준비시킨다, 수선한다, 고친다'는 뜻을 가지고 있다. 즉 성도들을 잘 준비시키고 잘못을 고쳐줌으로써 주님을 위해서 일하기에 부족함이 없게 하는 것이 목회자의 최대 관심사가 되어야 한다.

(7) 구역조직을 활성화시키라.

평신도를 활용하는 가장 좋은 방법은 구역조직을 극대화시키는 것이다. 로버트 로간(Robert Logan)박사는 "다가오는 21세기 교회는 구역교회가 되어야 한다"고 주장한 바 있다.

여기서 가리키는 구역이란 우리가 흔히 생각하는 집에서 모이는 구역예배 이상의 것을 의미하고 있다. 여러 계층의 사람들을 끌어들이는 일종의 소그룹 혹은 자석집단을 의미한다.

새 시대의 새 교회는 감옥과 같이 사람들을 교회당에 가두어 두는 교회가 아니라 중앙집권에서 탈피하여 현장목회로 분사하는 것이 필요하다. 그런 면에서 구역은 조직 이상의 영적 운동이라고 할 수 있다.

구역교회는 바로 신약시대 초대교회의 모습이다. 사도행전 2장 42절에서 47절까지 나오는 신약교회는 건강한 구역의 7대 기능을 우리에게 제시하고 있다.

① 교육:가르침을 배우고 적용했다(42).
② 교제:다 함께 떡을 떼며 나누었다(42, 46).
③ 예배:성찬을 나누며 하나님께 영광을 돌렸다(42, 47).
④ 기도:기도하기를 전혀 힘썼다(42).
⑤ 능력:기사와 표적이 많이 나타났다(43).
⑥ 봉사:각 사람의 필요를 따라 나눠주었다(45).
⑦ 전도:구원받는 사람이 날마다 더해졌다(47).

효과적인 구역 혹은 소그룹을 가지려면 소그룹의 특성을 잘 알아야 하는 것은 당연하다.

소그룹은 '교회 속의 교회'라고 할 수 있다. 소우주의 성격을 가지고 있기 때문에 아무리 큰 교회일지라도 소그룹만 잘 활용하면 교회의 본질적 특성을 체험할 수 있다.

소그룹은 또한 자석집단으로서 다양성과 수용성을 살려서 모든 종류의 사람을 다 포함시킬 수 있어야 한다. 사람들의 성별, 나이, 학력, 경제, 경험, 직업 등에 따라서 얼마든지 독특한 자아정체를 가진 소그룹을 확장시켜 나갈 수 있다.

소그룹 혹은 구역에는 다중적 리더십이 필요하다. 즉 전체를 관장하는 구역장 외에도 회원들을 개인적으로 돌보는 목양자가 있어야 하고, 비신자들을 끌어오는 은사를 가진 전도자가 있어야 하며, 장소와 음식을 제공하는 초청자가 필요하다. 또한 말씀을 가르치는 인도자가 함께 있어 일종의 팀사역이 가능해야 건강한 구역의 기능을 담당할 수 있다. 혼자서 모든 것을 맡게 되면 항상 탈진하고 지쳐서 할 수 없이 일하는 형식적 리더십밖에 남지 않게 될 수도 있다.

구역 활성화의 열쇠는 올바른 지도자의 선발과 훈련에 있다. 구역 지도자를 위한 교육은 이른바 도제식양육이 성서적이라고 할 수 있다. 목회자가 생활과 사역 가운데 함께 거하고 부딪치며 가르치는 교육이 실제적이고 효과적일 수 있다.

구역 지도자를 선발할 때에는 무엇보다도 영적 성품이 가장 중요하다. 경험과 소질도 중요하지만 우선하는 것은 성품이 되어야 한다. 경험과 소질은 시간이 흐름에 따라 보충될 수 있지만 좋은 성품은 원래부터 가지고 있지 않으면 쉽게 가지기 어렵기 때문이다.

구역은 말 그대로 세포 단위이기 때문에 끊임없는 세포분열이 일어나서 복제되고 재생산되어야 그 존재 목적을 달성할 수 있다.

(8) 결정적인 프로그램을 개발하여 새신자를 잡으라.

건강한 교회는 우선 복음의 신적 능력(power)이 확실하게 나타나야 한다.

아울러서 복음을 포장하여 소개하는 유익한 신앙 프로그램도 개발해야 한다. 선한 수단으로써의 프로그램은 목회철학 혹은 태도의 결과라고 할 수 있다. 기업이 고객의 만족을 최우선으로 하는 상품을 차별화시켜 개발하듯이, 교회도 하나님을 만족시킬 뿐만 아니라 인간의 삶의 필요를 채워주는 프로그램이 있어야 한다.

복음을 가장 효과적으로 전달하는 전도 프로그램, 양육 프로그램, 봉사 프로그램 그리고 새신자 혹은 비신자를 끌어들이는 프로그램의 전문화가 이루어져야 한다.

많은 교회가 어느 교회에서나 볼 수 있는 구태의연한 프로그램으로 몸살을 앓고 있다. 사람을 섬기는 프로그램이 아니라 사람들이 프로그램을 위해서 끌려가고 있는 실정이다. 그래서 현대교회는 "교리는 있으나 복음이 없고, 회의는 많으나 양육이 없으며, 행사는 많으나 비전이 없다"라는 말을 듣게 된다.

효과적인 프로그램의 장애요인은 무엇보다도 목회 가치에 대한 인식의 결여에서 비롯된다고 보아야 한다. 목회의 목적이 무엇인지, 교회가 왜 존재하는지에 대한 철저한 깨달음에서 모든 프로그램이 기획되고 행사되어야 하는데 그렇지 못한 것이 문제라고 할 수 있다.

이제 한국교회도 목회의 전문화가 필요하다. 다양화되고 전문화되는 사회환경의 변화에 대처하는 능동적인 목회 프로그램의 개발이 시급하다.

새로운 제자를 양육하는 교회가 되기 위해서는 무엇보다도 목회자부터 새신자 목회 비전을 가져야 한다. 새신자를 확보하고 정착시키는 사역을 목회의 최우선으로 삼아야 한다. 새신자에 대해서 교회 전체가 흥분 해야 하는 것은 말할 필요도 없다. 새신자를 가장 많이 끌어들인 영웅을 세워주고 총동원 전도 등을 활용하여 이른바 성장 공습을 감행해야 한다. 교회가 그 지역에 있는 불신자 사회를 향하여 융단 폭격을 감행할 수 있어야 한다.

(9) 역동적인 예배가 되게 하라

칼 바르트는 교회의 3대 사명을 예배, 교육, 선교로 보았다.

예배는 교회의 가장 중요한 활동이요 프로그램이다. 예배란 하나님을 만나는 행위요 하나님의 인격과 사역에 대한 인간의 적극적인 응답이라고 할 수 있다. 성도들은 예배를 드릴 때마다 하나님을 만났다고 느껴야 한다.

성장하는 교회의 예배는 항상 역동적이다. 예배에 참석한 사람들이 무엇인가 느끼고 돌아간다. "예배에 참 잘 왔다. 예배에 은혜 받았다."는 만족감을 가지고 돌아가는 것이다.

효과적인 예배란 무엇일까요? 무엇보다도 예배 참석자들이 의미가 있다고 느낄 수 있어야 한다. 깨달아지고 생각과 감정에 변화가 있고 문제 의식에서 하나님 의식으로 전환되는 영적 생산이 있어야 한다.

효과적인 예배는 특히 새신자가 이해할 수 있는 것이어야 한다. 예배의 흐름이 자연스럽고 언어적 표현이 쉽고 역동적이어야 하는 것은 말할 것도 없다. 일종의 영적 재미가 있어야 새신자들이 마음의 문을 열 수 있는 것이다. 성령의 역사를 피부로 느끼는 예배는 한 주간 성도들이 삶의 원동력이 될 것이다.

역동적 예배는 항상 역설적이다. 찬양과 기쁨이 있으면서도 회개와 슬픔이 어우러져 표현되는 예배이다. 하나님을 향한 축제와 함께 인간의 죄를 향한 통회가 강조되어야 한다. 역동적이면서도 정적인 예배이어야 한다. 존재와 행동이 함께 어우러져 있어서 개인적이면서도 또한 공동체적이다. 하나님께서 마치 자신만을 위해서 역사하시는 것처럼 느껴질 뿐만 아니라 교회 전체를 위해서도 역사하시는 것처럼 여겨진다.

교회 성장을 위해서는 이른바 살아 있는 예배가 되도록 최선의 노력을 기울여야 한다. 살아 있는 예배는 생활에 관련된 예배이다. 음악이나 분위기, 특히 설교가 현대인들의 삶에 연관성이 있고 문화적으로 간격이 없어야 한다.

삶의 문제와 필요와 상처를 다루어 줄 수 있는 예배가 되어야 한다. 보고, 듣고, 만질 수 있는 예배 체험이 필요하다(요일 1:1).

또한 살아 있는 예배는 함께 노력하여 준비한 전략이 분명한 예배이다. 예배는 원맨쇼가 아니다. 예배를 위한 전문적인 팀의 공동 노력이어야 하는 것이다. 치밀한 전략과 준비가 있어 예배의 목적을 달성할 수 있어야 한다.

예배가 살면 교회도 살아난다. 특히 주일 예배를 교회성장형 예배로 전환시키는 대담한 용기가 필요하다.

예배는 새신자를 받아들이는 가장 큰 앞문이라고 할 수 있다. 앞문을 크게 열어야 새로운 사람들이 들어올 수 있는 것은 당연하다. 교회 성장을 위해서는 앞문(예배)은 크게 열고 옆문(소그룹)을 많이 만들고 뒷문(새신자 정착)은 꼭 막아야 한다.

교회성장형 예배를 위한 실제적 전략을 몇 가지 소개하도록 하겠습니다.

첫째, 목회자 자신이 먼저 신령과 진정의 예배를 드려야 한다.

목회자가 먼저 은혜를 받아야 성도들도 은혜를 받을 수 있다.

둘째, 목회 대상에 맞는 예배 스타일을 개발해야 한다.

성도들의 중심 구성 성분에 따라서 예배의 형태가 달라질 수 있어야 한다. 특히 새신자를 확보하는 예배는 그들의 문화에 맞아야 성공할 수 있다. 필요하다면 새신자만을 위한 예배를 따로 드리는 것도 바람직하다.

셋째, 효과적인 예배팀을 구성해야 한다.

목사 혼자서는 절대로 예배에 성공할 수 없다. 예배의 분위기를 잡아주는 이른바 예배 인도자를 잘 선정하고 철저한 예배 계획을 세워서 준비해야 한다. 예배의 성공을 위해서는 예배 전날 리허설을 가지는 것도 필요하다.

미국에서 가장 출석 성도가 많은 빌 하이빌스 목사의 교회에서는 주일 예배를 위하여 2백명의 예배 스태프들이 일주일 내내 준비한다고 알려져 있다. 예배팀의 간부진들은 그 방면에서는 세계적인 전문가들이다. 담임 목사도 20분 설교를 위하여 매일 다섯 시간씩 닷새를 준비한다고 한다. 성공적인 예배를 위해서는 값을 지불해야 하는 것임을 알 수 있다.

마지막으로 예배의 효과를 위해서 끊임없는 평가가 요구된다.

예배를 준비한 사람들로부터 참석한 사람들의 숫자와 반응 그리고 교회에 등록하지 않으면서 예배에 참석한 사람들, 아예 교회를 떠난 사람들까지도 조사해 볼 필요가 있다. 예배드린 것을 녹화해서 예배위원들과 함께 모니터하면서 토론하는 시간도 있어야 한다.

예배의 주체는 하나님이시지만 그 예배를 준비하는 것은 우리의 사명이라고 할 수 있기 때문이다. 잘 준비된 예배는 교회 성장의 정체를 회복시켜 준다.

(10) 재생산하는 교회, 주는 교회가 되라.

대부분의 성장하는 교회는 개척 때부터 선교 비전을 가지고 나누어주고 베푸는 일에 풍성한 교회이다. 재정의 50퍼센트 이상을 선교비로 과감하게 투자하고도 기적적으로 성장하는 교회의 실례는 얼마든지 있다.

하나님께서는 나누어주는 교회를 축복하신다. 이기적인 교회는 성장하지 않는 것이 당연하다. 그러므로 교회를 개척하여 시작할 때부터 제2의 교회를 개척할 계획을 가지고 준비하는 선교적 자세가 필요하다고 본다.

교회가 필요한 곳에 새로운 교회를 개척해야 하는 이유는 그것이 주님의 명령이기 때문이다. 우리가 잘 아는 대로 주님은 마지막 부탁의 말씀으로 "모든 족속으로 제자를 삼으라"(마 28:19)고 하셨다. 여기서 '족속'(애수네)이란 그룹 혹은 교회의 회중을 의미한다.

하나님의 명령일 뿐 아니라 교회의 속성 자체가 교회 개척의 정당성을 주장하고 있다. 즉 교회는 일종의 생명체로서 세포분열을 통하여 신진대사가 원활하게 일어나지 않으면 곧 정체하고 퇴보하여 심지어 소멸하기까지 한다. 생산하지 않는 것은 곧 죽음을 의미하는 것이다.

교회 역사를 보아도 교회 개척의 비전을 가진 교회마다 하나님께서 크게 사용하셨음을 알 수 있다. 뿐만 아니라 오늘의 세상현실이 새로운 교회를 요구하고 있다.

피터 와그너 박사에 의하면 기존 교회가 새로운 교회 개척을 꺼리는 전형적인 이유가 세 가지 있다.

첫째, 기존 교회의 좋은 자원이 다 빠져나간다는 이유 때문이다.

둘째, 새 교회를 세우면 돈이 더 많이 든다는 것이다.

셋째, 친밀한 교제가 깨진다는 두려움에서이다.

그러나 하나님께서는 과감하게 주는 교회에 30배, 60배, 100배로 채워주신다. 하나님의 나라보다 자신의 왕국을 건설하기에 급급한 교회는 결국 쇠퇴할 수밖에 없다.

당대에는 크게 쓰임을 받을지 몰라도 지속적인 그리고 거시적인 차원에서는 성공할 수 없을 것이다.

그러므로 아무리 작은 교회라도 교회 개척한 이후 3년 이내에 새로운 교회를 개척할 계획과 비전을 가지고 시작할 필요가 있다. 교회 개척팀을 활용하여 직접 하든지 아니면 파송하든지 새로운 지교회를 시작하는 것이 바로 교회성장의 지름길이다.

하나님은 그의 사랑을 나누기 위해 교회를 세우신다. 하나님의 뜻을 이루는 교회가 바로 성장하는 교회이다.

제 6 장
목회자가 변하면 교회가 산다

1. 돈에 깨끗해야 한다

목회자는 최소한 간음하는 일과 돈으로부터 깨끗하면 교인들에게 떳떳할 수 있다고 생각한다.

성경은 "욕심이 잉태한즉 죄를 낳고 죄가 장성(長成)한즉 사망을 낳느니라"(약 1:15)고 했다.

"모든 사람은 혼인을 귀히 여기고 침소를 더럽히지 않게 하라 음행하는 자들과 간음하는 자들을 하나님이 심판하시리라"(히 13:14).

"불의한 자가 하나님의 나라를 유업으로 받지 못할 줄을 알지 못하느냐 미혹을 받지 말라 음란하는 자나 우상숭배하는 자나 간음하는 자나 탐색하는 자나… 하나님의 나라를 유업으로 받지 못하리라"(고전 6:9-10).

"음행을 피하라 사람이 범하는 자마다 몸밖에 있거니와 음행하는 자는 자기 몸에게 죄를 범하느니라"(고전 6:18).

"오직 각 사람이 시험을 받는 것은 자기 욕심에 끌려 미혹됨이니"(약 1:14).

"돈을 사랑함이 일만 악의 뿌리가 되나니 이것을 사모하는 자들이 미혹을 받아 믿음에서 떠나 많은 근심으로써 자기를 찔렀도다"(딤전 6:10).

"오직 너 하나님의 사람아 이것들을 피하고 의와 경건과 믿음과 사랑과 인내와 온유를 좇으며 믿음의 선한 싸움을 싸우라 영생을 취하라 이를 위하여 네가 부르심을 입었고 많은 증인 앞에서 선한 증거를 증거하였도다"(딤전 6:11-12)라고 말씀하신다.

목회자가 마음을 비우면 삶이 평안하다. 탐욕은 참으로 "모든 악들의" 즉, "모든 종류의 악들의", 한 뿌리이다.[1] 탐욕으로 인하여 양과 소가 심히 많은 사람이(나단의 비유에서) 가난한 사람의 오직 하나 뿐인 작은 암양 새끼를 훔치게 되고, 젊은 부자 관원이 근심하게 되고, 그리스도에게 아나니나와 삽비라가 거짓말을 하게 되었고 그 결과 죽었다(행 5:1-6).

목회자의 최고의 설교는 웅변조의 연설 테크닉에 있는 것이 아니라 그의 언행일치에서 비롯된다. 그로 인해 목회자는 큰 신뢰성을 얻게 된다.

"영혼 없는 몸이 죽은 것같이 행함이 없는 믿음은 죽은 것이니라"(약 2:26).

목회자의 소신은 오직 여호와 앞에 정직과 공의와 깨끗함에서 연유하는 것이라고 믿는다. 가난해도 죽으면 죽으리이다고 참고 오직 "나는 선한 목자라 선한 목자는 양들을 위하여 목숨을 버린다"(요 10:11)는 신념으로 살면 주님이 책임져 주신다. 그리고 교회가 살아나기 시작한다는 사실을 체험할 수 있다.

---

1) 헨드릭슨 성경주석, 「목회서신」, (서울:아가페출판사, 1988), p. 271.

2. 영적 권위가 있어야 한다.

목회 사역에서 가장 절실하게 필요한 것은 새로운 프로그램, 많은 예산, 첨단의 기술, 훌륭한 건물, 많은 재능, 또는 향상된 마케팅이 아니라, 바로 권위와 권능을 갖춘 지도력이다. 교회에서도 자주 문제 해결을 위해 돈을 사용하고, 관료주의적 형태를 보이며, 기술 이용에 집착하고(예를 들면, 컴퓨터나 전자 악기를 과신한 것), 정치적인 책략을 사용한다. 그리고 여러 가지 다양한 테크닉을 구사한다. 그러나 교회에서 가장 필요로 하는 것은 지도자들, 특히 목회자들이 하나님의 영(靈)에 의해 임명되고, 모든 선한 사역을 위해 준비되며, 거룩한 비전과 열정을 불태우고, 다음과 같은 성실함을 보여 주는 사람이다.

"내가 그리스도를 본받는 자 된 것같이 너희는 나를 본받는 자 되라"(고전 11:1).

존 해리스(John Harris)는 "성직자의 권위 상실이야말로 기성 교회가 갖는 가장 큰 약점이다."2)라고 외쳤다.

예수께서는 명백하게 무자격자의 모습을 드러낸 바리새인들을 향하여 가장 심한 책망을 하셨다. "사람들 앞에서 천국문을 닫는 자"이며 "소경이 사람들을 인도한다"라고 하셨다(마 23:13). 학식은 있으되 생명력이 없는 목회자, 정치적인 힘이 있으되

---

2) John Harris. *Stress, Power and Ministry*(Washington D.C:Alban Institute, 1979). p. 3.

영적으로 무기력한 목회자, 율법에 대해서는 광신적이지만 은혜에 대해서는 무지한 그런 목회자들 때문에 교회가 상처받게 되는 것은 그 어떤 다른 것 때문에 받는 상처보다 크다.

권위있는 영적 지도력을 소유하기 위해서는 책망할 것이 없고 한 아내의 남편이 되며, 절제하며, 근신하며, 아담하며, 나그네를 대접하며, 가르치기를 잘하며, 성숙하며, 자기 집을 잘 다스리며, 술을 즐기지 아니하며, 구타하지 아니하며, 오직 관용하며, 다투지 아니하며, 돈을 사랑하지 아니하는 자세가 요구된다(딤전 3:2-7). 성경은 독재를 금하며(벧전 5:3), 종의 심정을 갖기를 명한다(마 20:26). 지도자는 반드시 "말과 행실과 사랑과 믿음과 정절"에 대하여 본이 되어야 한다(딤전 4:12). 교회와 복음의 신뢰성은 영적 권위가 있는 지도력에 직접적으로 연결된다. 그러므로 하나님께서는 이와 같이 엄중한 요구사항들을 영적 지도자들에게 말씀하셨다. 이것은 교인이라고 해서 아무에게나 장로나 집사직을 부여할 수 없는 것과 같은 이치이다.

열매 맺는 사역은 인격(딤전 3:2)과 필수적인 기량(딤후 3:17)이라는 목회 비전에 좌우된다.

(1) 목회자의 인격

1) 개인적 성실성

오늘 우리 시대 목회의 문제점은 자주 성실성이 부족해서 비롯된다. 지난 80년대는 교계에 불미스런 일이 끊이지 않았다(성문제, 교회 공금 횡령 사건, 교회 재산으로 레저 산업에 투자하는 등). 목회자의 수많은 부정과 교회의 수치스러운 모습에 대해 <타임>지는 이렇게 묻는다.

"(기독교가) 윤리적으로 무슨 문제가 있지 않는가?"3)

목회 역사상 오늘날보다 더 심한 목회 실패, 추문, 암울, 쇠잔, 타락, 낙후, 좌절 그리고 환멸을 경험한 적이 없었다.

목회자에 대한 지위와 평가는 최근에 크게 악화되었다. 워렌 위어스비(Warren W. Wiersbe)는 우리의 성실성의 위기에 대해 다음과 같이 언급했다.

"19세기에는 교회가 세상을 향하여 죄를 자복하고 회개하고 복음을 받아들이기를 촉구했다. 그러나 20세기 말미에 해당하는 오늘날 세상은 교회를 향하여 죄를 인정하고 회개하고 '복음에 합당한 참된 교회가 되기를' 요구하고 있다… 몇 가지 이유 때문에 우리의 목회 사역은 우리가 전하고자 하는 메시지와 부합되지 않는다. 이는 교회의 성실성에 어떤 문제가 있음을 의미한다."4)

"성실"(integrity)은 라틴어 integritas에서 왔는데 그 의미는 "건전함"을 의미한다. 이는 완전한 혹은 끊임없음, 충실한 상태 등의 질 혹은 조건 등을 나타내는 말이다. 그리고 이 말은 외적 고백과 내적 실체 사이의 기본적 일치를 의미한다. 성실은 윤리, 정직, 명예, 원리, 그리고 도덕성을 포함한다.

토저(A. W. Tozer)는 성실성의 상실을 매우 잘 묘사했다.

"많은 기독교인들에게서 정의(올바름)에 대해 흥미를 느끼는 모습은 볼 수 있지만, 바른 삶으로 나아가는 데 따르는 난관을 극복하려는 의지는 볼 수 없다."5)

성실은 진리에 대한 각별한 헌신, 거짓에 대한 줄기찬 항거, 그리고 윤리, 도덕, 미덕에 대해 변하지 않는 헌신을 모두 포

---

3) Time. 25 May 1987.
4) Warren W. Wiersbe. *The Integrity Crisis*(Nashville:Oliver-Nelson Books. 1988).
5) A. W. Tozer, *The Root of the Righteous*(Harrisburg. Penn:Christian Publications, 1955). p. 52.

함한다. 예수께서는 나다나엘의 성실함을 인정하셨다.

"이는 참 이스라엘 사람이라 그 속에 간사한 것이 없도다"(요 1:47).

어떠한 인위적인 교묘함, 이중성, 교활한 사기성도 나다나엘의 인격을 훼손시키지 않았다. 성실성은 이미지 조작, 권력의 끈을 잡기 위한 약삭빠른 조처, 아첨이나 허위 약속에 의한 교묘한 유혹, 원칙을 무시하는 아둔한 실용주의, 또는 자기 과장을 위해 사람들을 수단으로 이용하기 위한 위선과 의심스러운 책략 등을 거부한다.

바울은 이렇게 외쳤다.

"우리가 이와 같이 말함은 사람을 기쁘게 하려 함이 아니요 오직 우리 마음을 감찰하시는 하나님을 기쁘시게 하려 함이라 너희도 알거니와 우리가 아무 때에도 아첨의 말이나 탐심의 탈을 쓰지 아니한 것을 하나님이 증거하시느니라 우리가 그리스도의 사도로 능히 존중할 터이나 그러나 너희에게든지 다른 이에게든지 사람에게는 영광을 구치 아니하고"(살전 2:4-6).

성실성의 상실은 능력있는 많은 사람들을 무능하게 만든다.

교회는 "말씀 따로 인격 따로 노는" 목회 지망생을 필요로 하지 않는다.

2) 영적 생명력

영적 생명력은 하나님에 대한 지식과 성경의 권위 아래 사는 삶을 말한다. 영적으로 생명력 있는 지도자들은 목회를 향한 열정, 그리스도를 위한 복음 전파의 열정, 그리고 영적 훈련에서 충실함을 보인다. 목회자가 정치적 재치, 운영의 재빠름, 전문 경영인의 노련함 등은 지니고 있지만 거룩한 맛이 없다면 이보다 더 큰 비극은 어디 있겠는가? 로버트 머레이 맥체인(Robert Murray McCheyne) "예수 그리스도를 닮는 것보다 더 큰 하나님의 축복은 없다."6)

영적 생명력은 복음의 핵심 메시지인 "하나님에 대한 사랑과 하나님에 대한 순종"을 진지하게 받아들이는 것을 의미한다. 개인적 예배, 죄의 고백, 중보기도 등을 포함하여 날마다 하나님의 임재를 확인하는 것은 목회에 실제성과 참신성을 부여한다. 존 번연(John Bunyan)의 『천로역정』에 나오는 견고함이라는 사람은 영적으로 생명력있는 목회자들을 향해서 이렇게 말한다.

"나는 주님께서 말씀하시는 것을 듣는 것을 즐겨 했습니다. 그리고 이 땅 위의 곳곳에서 그분의 발자취를 볼 때마다 나는 내 발을 그 위에 맞춰보고 싶었습니다. 그분의 이름은 나에게 향수병과 같은 것이었습니다. 정말로 그것은 다른 어떤 향수보다 더 향기로운 것이었습니다."

많은 교회가 병든 것은 기도하지 않고, 영적으로 건조하며, 목회자가 무기력하기 때문이다. 헬무트 틸리케(Helmut Thielicke)는 이렇게 말했다.

"기독교 설교에 대한 불신이 폭발 직전에 이르게 된 분명한 이유가 있다. 즉, 설교자가 매우 지루하게 전달했던 그 내용대로 살지 않는다는 데 있다… 그의 가슴이 감동받게 된 매력의 요인은 생명력 있는 삶 속에서가 아닌 다른 곳에서 나오는 것 같다."7)

어거스틴(Augustine)이 말한 바대로 진실한 기도 생활은 영

---

6) Andrew A. Bonar. Robert Murray McCheyne. *Memoir and Remains*(London:Banner of Truth, 1966), p. 282.

7) Helmut Thielicke. *The Trouble with the Church*(Grand Rapids:Baker, 1965). p. 9.

적인 권위와 능력있는 목회에서 본질적인 것이다.

"설교자는 반드시 자신의 설교가 이해하기 쉽도록, 순종의 반응을 일으키도록 힘써야 한다. 설교자들은 설교하는 것보다 열심히 기도하는 것이 성도들에게 더 영향력을 끼친다는 사실을 숙지해야 한다."8)

청교도 윌리엄 퍼킨스(William Perkins)가 이러한 문제들에 대해 솔직히 충고하는 말을 모든 목회자들은 반드시 귀 기울일 필요가 있다.

"선한 삶이 없는 선한 말씀은 헛된 것이다. 목회자들로 하여금 그들의 귀한 말씀이 좋은 영향을 끼친다고 생각하게 하기보다는 오히려 그들의 무기력한 삶이 성도들에게 상처를 입히게 된다는 사실을 상기시키도록 하자."9)

칼빈도 이에 같은 소감을 표현했다.

"만약 목회자가 먼저 하나님을 따르는 고통을 감수하지 않는다면 차라리 강단을 올라가면서 자신의 목을 꺾고 가는 것이 그를 위해 나을 것이다."10)

3) 상식

상식을 목회자가 마땅히 갖추어야 할 인격적 특성으로 생각하는 경우는 드물다. 이는 상식에 대한 일반적인 개념이 특별하게 정의(正義)를 필요로 하는 용어도 아니고 특별한 의미를 갖는 그런 용어도 아니기 때문일 것이다. 더군다나 상식이라는 말은 매우 세속적이고 별로 특별하게 여겨지지 않는 말이기

---

8) Richard Baxter. *The Reformed Pastor*(Portland. Ore:Multnomah, 1982). p. 17.
9) C. S. Lewis. ed.. George MacDonald. *An Anthology*(New York:Macmillan, 1947). p. 102.
10) J. I Packer. *A Quest for Godliness*(Wheaton:Crossway, 1990). p. 76.

때문이다. 그럼에도 불구하고 목회에서 상식은 뛰어난 능력이나 은사보다 더 중요하다.

"상식"(common sense)이란 어떤 것인가? 이 말은 라틴어 표현인 sensus communis와 헬라어 표현인 '코이네 아이스데시스'(koine aistheis(일상적인 통찰)로부터 유래된 것이다. 특수한 지식이나 훈련에 관계없이 건전하면서도 실제적으로 판단하는 것은 진실한 상식의 표시이다. 사도 바울은 빌립보의 성도들에게 상식을 주실 것을 하나님께 간구했다.

"내가 기도하노라 너희 사랑을 지식과 모든 '총명'(도덕적인 분별력, 헬라어로는 '상식'을 뜻하는 aisthesis)으로 점점 더 풍성하게 하사"(빌 1:9).

상식은 지도자로 하여금 적절한 우선순위를 정하게 하고, 스케줄을 지혜롭게 짜도록 하며, 잘못된 것보다는 좀더 나은 대안을 제시하게 한다. 그리고 상이한 사안들 속에서도 그 연관된 가치들을 인식케 한다. 상식은 사소한 문제의 작은 흙더미를 산으로 만드는 것을 방지하며, 오히려 그 반대의 경우가 되도록 한다. 상식이 부족한 목회자는 그 어떠한 가치있는 일들도 성공적으로 수행하는 경우가 드물다. 하나님께서 때로는 나귀를 통해서 말씀하신다(발람의 사건, 민 22:28-30)고 한 찰스 스펄전(Charles Spurgeon)의 지적은 옳다. 그러나 하나님이 항상 나귀를 통해 말씀하시는 것은 아니다.

4) 목회열정

하나님에 대한 참된 사랑은 그 자체로 사람에 대한 사랑과 목회열정으로 표현된다. 사랑이 없이는 은사의 의미는 상실된다. 산을 옮길 만한 믿음이 있다고 하더라도 그것은 아무런 가치가 없다.

"내가 사람의 방언과 천사의 말을 할지라도 사랑이 없으면 소리나는 구리와 울리는 꽹과리가 되고"(고전 13:1-3).

이러한 열정 없이 목회에 임할 때 교회는 혼란에 빠지게 된다.

종교개혁가들과 청교도들의 글들은 정당한 목회의 모든 영역에 활기를 불어 넣어주는 열정적인 사랑을 강조한다. 리차드 백스터(Richard Baxter)는 역사 속에서는 희미하게 사라진 인물들이지만 따뜻한 마음과 영적인 민감성을 가졌던 거룩한 목회자들의 열정에 대해 다음과 같이 언급했다.

"우리가 행하는 목회의 전반적인 동기는 하나님의 백성들에 대한 따뜻한 사랑에서 비롯되어야 한다… 우리들은 그들이 멸망해서 어린양의 생명책에 그들의 이름이 발견되지 않게 되기보다는 차라리 그들의 생명을 위하여 우리 이름이 지워지기를 원해야 한다… 우리가 그들을 거짓없이 사랑할 때, 그들은 우리말에 귀를 기울일 것이다. 그들은 우리가 요구하는 것을 명심할 것이고 우리를 더욱 기꺼이 따르게 될 것이다."11)

목회에서 열정이 없거나 영혼을 불쌍히 여기는 마음이 없는 것에 대해서 우리는 경각심을 가져야 한다. 사도 바울은 디모데를 향한 자신의 특별한 마음에 대해 다음과 같이 증거하였다.

"이는 뜻을 같이 하여 너희 사정을 진실히 생각할 자가 이(디모데)밖에 내게 없음이라"(빌 2:20).

(2) 목회자의 기량

본질적인 인격의 요소 외에, 영향력을 끼치는 목회는 잘 훈련된 몇 가지 능력들에 크게 좌우된다. 이 세상을 실제적으로 변화시키기 위하여 목회를 준비하는 사람들은 그들의 비전을

---

11) R. Baxter op cit., p. 22.

확대시켜야 하고, 재능을 개발해야 하며, 은사를 향상시켜야 하고, 지식을 습득하며, 기량을 연마해야 한다. 어떤 지식이나 능력도 모범이 되는 인격에 대체될 수는 없지만, 인격의 질을 높임에 있어서 지식이나 능력이 불필요한 것은 아니다. 전문성에 대한 경멸은 평범 혹은 실패를 초래한다. 훌륭한 인격적 자질, 강도 높은 훈련, 기능의 발전, 그리고 줄기찬 학습을 견지하는 것은 목회의 더 큰 성공을 보장한다. 무능력한 목회를 하나님께서 축복해 주시는 경우는 없다.

1) 성경에 대한 전문성

목회 사역은 영혼의 병에 대한 진단과 그 치료를 위해 성경적 가르침의 처방을 으뜸으로 한다. 그러므로 능력 있는 목회에는 평생 동안 말씀을 사랑하는 작업을 필요로 한다. 이 말씀에 대한 사랑은 하나님의 진리를 알려고 하는 열정을 불러일으키고, 그로 인해 하나님을 더 알게 되는 결과를 낳는다. 성경을 정확하게 해석하지 못하게 되면 하나님께서 주신 "의기소침에 대한 치료약"[12]을 교회가 상실하게 된다. 말씀을 정확하게 활용하는 능력이 우리에게 없다면 배고픈 자들에게 줄 빵도, 죄로 오염된 사람을 위한 어떤 치료책도, 연약한 자들을 위한 어떤 영양분도 공급할 수 없다. 건전한 신학이 없이는 상처받은 사람들에게 하찮고 쓸데없는 세속적, 인간적인 충고 외에는 줄 것이 없다. 따라서 리차드 백스터의 설교에 대한 언급은 우리의 관심을 끌기에 충분하다.

"무지는 매우 심각한 잘못이다… 먼저 '빛을 밝히라'(light, 즉 '깨우치라'는 뜻) 그리고 뜨겁게 하라."[13] 목회자들은 "말씀을

---

12) 유성덕 옮김, 존 번연 「천로역정」 (서울:크리스챤 다이제스트, 1988). p. 15.

전파하라"(딤후 4:2)는 사도 바울의 충고에 주의를 기울여야 한다. 왜냐하면 "모든 성경은 하나님의 감동으로 된 것으로 교훈과 책망과 바르게 함과 의(義)로 교육하기에 유익하기 때문이다"(딤후 3:16, 17). 목회자들이 성경을 모를 때 그들의 목회자에 대한 경박한 모방만 만연하게 된다.

2) 문화적 민감성

이 사회에서는 변화가 끊임없이 일어난다. 도시화, 다원주의, 물질주의, 과학 발명, 기술 혁명, 대중매체 지배, 그리고 상대주의가 이 변화하는 세계를 보여주고 있다. 우리는 극소(極小) 전자 기술, 전세계 동시 통신, 기술 혁명, 고도화된 무기 생산, 가정의 붕괴, 그리고 과도한 정보 시대에 살고 있다.

대도시 교회는 대개 다중(多衆) 문화를 갖고 있다.

목회자는 복음을 사회 속에 침투시킴으로써 교회를 인도해 나간다. 그러나 문화에 민감하지 않고는 이러한 사역을 한다는 것은 거의 불가능하다. 문화에 둔감한 채 목회를 하게 될 때 목회적 의미는 상실되기 쉽다. "문화"(culture)라는 단어는 한 사회 속에 살고 있는 사람들이 공유하고 있는 생각들, 정서적인 반응들, 풍습들, 전통들, 그리고 삶의 양상을 가리킨다. 목회자가 이러한 사인들을 구별하지 못하고 인식하지 못한다면 그 사회에 효과적으로 복음을 접목시키지 못할 것이다. 현대의 많은 목회자들이 문화의 중요성을 깨닫지 못한 이유로 사회적으로 효과적인 관계를 맺지 못해 어려워하고 있다.

"유대인들에게는 내가 유대인과 같이 된 것은 유대인들을 얻고자 함이요 율법 아래 있는 자들에게는 내가 율법 아래 있

---

13) Packer, A. Quest for Godliness, p. 69.

지 아니하나 율법 아래 있는 자 같이 된 것은 율법 아래 있는 자들을 얻고자 함이요 율법 없는 자에게는 내가 하나님께는 율법 없는 자가 아니요 도리어 그리스도의 율법 아래 있는 자나 율법 없는 자와 같이 된 것은 율법 없는 자들을 얻고자 함이라 약한 자들에게는 내가 약한 자와 같이 된 것은 약한 자들을 얻고자 함이요 여러 사람에게 내가 여러 모양이 된 것은 아무쪼록 몇몇 사람들을 구원코자 함이니"(고전 9:20-22).

바울은 아레오바고에서 복음을 전할 때(행 17장), 타협이 아닌 적용으로 자신의 메시지가 내포하는 문화 인식의 측면을 보여 주었다. 문화에 대한 민감성은 오늘날과 같이 다원화된 사회에서 반드시 필요하다.

3) 인간 관계의 우호성

목회 사역을 성공적으로 수행하기 위해서는 장기간 지속되는 인간 관계를 발전시키고, 그 관계를 유지하는 능력을 기르고, 갈등 상황을 대처하는 기술과 가치있는 목표를 달성하도록 인간 관계의 중요성과 유용성을 유념해야 한다.

성공적인 목회를 위해서는 전체 성도에 대한 열정적인 교감과 관심이 필요하다. 이는 예수께서 말씀하신 사랑을 의미한다.

"너희가 서로 사랑하면 이로써 모든 사람이 너희가 내 제자인 줄 알리라"(요 13:35).

"생명의 기본은 사람이며, 그들과 어떤 관계를 맺는가에 달려 있다. 우리의 성공, 성취, 그리고 행복은 인간 관계를 효과적으로 맺는 우리의 능력에 달려 있다. 다른 사람의 관심을 끄는 매력적인 사람이 되는 가장 좋은 방법은 우리가 다른 사람에게 이끌리는 성향을 발전시키는 것이다."14)

---

14) John C. Maxwell. *Be a People Person*(Wheaton:Victor, 1989). p.9.

목회 사역은 교회 공동체의 결집력, 상호 신뢰의 관계망 구축, 그리고 사랑과 매우 필연적인 관계를 갖고 있다. 존 가드너(John W. Gardner)는 다음과 같이 언급했다.

"지도자는 구성원과 그 모임 사이에 신뢰의 끈을 다듬어야 할 뿐만 아니라, 그들이 인도하고 있는 그 조직 전체를 통하여 반드시 신뢰의 분위기를 조성해야 한다. 신뢰는 모임의 구성원들을 하나로 묶는 접착제 역할을 할 뿐만 아니라, 그 연결이 풀려서 그 관계들이 심각하게 손상되었을 때 효과적으로 치료하는 능력을 의미한다."[15]

미국의 카네기공업인 협회에서 사회적으로 성공한 사람들 일만명에게 '성공비결'을 알아 보았다. 그랬더니 놀랍게도 종래의 성공 조건이라고 믿어 왔던 머리, 기술, 노력으로 성공한 사람들은 불과 15%이고, 나머지 85%는 인간관계를 잘해서 성공했다는 것이었다.[16]

4) 대화술

대화술은 신중하게 듣는 기술과 기꺼이 그리고 명확하게 자기 자신을 이해시키는 기술을 말한다. 능력 있는 목회는 대화 능력에 좌우된다. 목회자가 대화를 잘 이끌지 못할 때 생명력 있고 의미가 충만한 관계를 형성하지 못하며 교인들을 탁월하게 이끌지 못하게 된다.

대화를 단순히 말하는 것이나 글쓰는 것만을 생각해서는 안 된다. 많은 사람들이 많이 말하고 많은 글을 쓴다. 그러나 대

---

15) John W. Gardner. *The Heart of the Matter:Leader-Constituent Interaction*(Washington. D.C.:Independent Sector, 1986). p. 18.
16) 오성택, 「좋은 만남은 성공의 삶을 만듭니다」 (서울:쿰란출판사, 1997), p. 9.

화는 적게 한다. 목회자가 매우 길게 설교를 할 수 있지만, 실제 내용이나 진의를 전혀 전달하지 못할 수 있다. 좋은 대화는 상대방의 말을 진지하게 듣고, 요청에 대해 의미심장하게 그리고 사려깊게 응답하며, 언어나 행동을 통해 다른 사람에게 명쾌하게 내용이 전달되고, 기꺼이 받아들여질 수 있도록 메시지를 구성한다. 또한 제대로 이해되도록 메시지를 적절하게 변화시킴과 동시에 정확하게 평가하는 후속 작업 등을 포함한다.

목회 사역에서 특히 중요한 것 중의 하나가 "강단대화", 즉 설교와 가르침이다. 훌륭한 강단 대화를 구성하는 네 가지 필수 사항은 바로 중요하고 명쾌한 메시지로 이끄는 정확한 성경 주해, 청중들에 대한 메시지의 적용, 개인적 열정, 그리고 성령의 기름부음을 받은 영적인 능력이다.

정확한 주해가 없는 설교자는 거짓되고 경박하고 애매한 메시지를 전하게 되며, 이는 하나님의 진리 전달에 도움이 되지 못한다. 바울은 말씀 전할 때에 명쾌함을 추구하였다.

"또한 우리를 위하여 기도하되 하나님이 전도할 문을 우리에게 열어주사 그리스도의 비밀을 말하게 하시기를 구하라 내가 이것을 인하여 매임을 당하였노라 그리하면 내가 마땅히 할 말로써 이 비밀을 나타내리라"(골 4:3, 4).

결론적으로 목회자들과 목회를 준비하는 사람들은 반드시 다음과 같은 핵심이 되는 기량들을 주목해야 한다. 그렇지 않으면 목회는 실패하기 쉽다.17)

① 학교, 진로, 교회, 그리고 지도자를 선택할 때 그들이 얼마만큼 다음과 같은 사안들에 가치를 부여하는지의 여부를 보고 신중히 결정하라. 즉 성실성, 영적인 생명력, 상식, 사람들

---

17) 배현석, 김응국 옮김, op. cit., pp. 28-45. 참고 인용.

에 대한 사랑, 성경에 대한 지식, 문화적 민감성, 인간 관계의 우호성, 대화술, 그리고 지도력 등은 매우 중요하다.

② 성숙한 충고자의 도움을 받아 당신의 성격, 지식, 그리고 기량 등의 강점과 약점을 솔직하게 평가하라.

③ 목회의 건실성과 영향력을 위해 약점들을 보강하고, 필요한 지식을 습득하며, 필수적인 기량들을 연마하기 위해 세심히 구성된 교육과 훈련 프로그램을 구상하라.

④ 당신의 연구 사역과 자아 성찰과 성장에 도움을 주는 성숙한 사람들과 교분을 쌓아 나가라.

⑤ 건실한 목회를 수행하기 위하여 선포한 말씀대로 살고, 연구하고, 삶 속에서 발전하도록 날마다 스스로를 연단하라.

(3) 어떤 목회 비전을 가져야 하는가?

"역사가가 과거에 대한 정보 꾸러미를 취하여 과거에 어떤 일이 일어났는지 설명하는 것과 마찬가지로 지도자는 실행 가능한 그리고 신뢰할 만한 비전을 제시하는 데 있어 미래에 대한 정보를 선택 조합하여 구조를 만들고 그것을 설명할 수 있어야 한다."[18]

비전을 지닌 지도자는 다음과 같은 두 가지 커다란 유혹을 경계해야 한다. 즉, 행정적인 잡무와 안건 처리에 과도하게 시간을 사용하는 것, 그리고 비현실적인 꿈의 세계에 매료되는 것 등의 유혹을 경계해야 한다. 진정한 지도자는 내부의 세세한 일들은 다른 사람들에게 대부분 위임하고 장차 실현될 비전에 초점을 맞춘다.

---

18) Burt Nonus. *The Leader's Edge*(Chicago contemporary Books, 1980). p. 64.

오늘날 우리 나라 사람들은 자기 도취, 개인주의, 그리고 세계 문제에 무관심한 것으로 요약될 수 있는 자기 중심 시대에 살고 있다. 이는 우리에게 다음과 같은 바울의 예언을 상기케 한다.

"네가 이것을 알라 말세에 고통하는 때가 이르리니 사람들은 자기를 사랑하며…"(딤후 3:1, 2).

현대인들은 많은 문화적 혜택을 누리며 살고 있는 것 같으나 속으로는 무기력과 소외감을 느끼고 있다. 불안과 절망감이 항상 우리 주위를 맴돎에 따라 신경정신과 치료를 받는 사람들이 늘고 있는 추세이다.

"대부분의 교회는 기성 교인들의 이동에 의해 성장한다. 오늘날의 교회 성장의 법칙은 목회자들의 교체이다. 대형 교회 내에서 순수하게 그리스도에게로 회심하는 자들은 극히 미미하다… 교회에는 사람들이 많이 모인다. 왜냐하면 그들은 즐길 수 있기 때문이다."[19]

"비전은 가능한 한 정확하고 분명하게, 바람직한 미래 상태의 (조직)체제를 모색하기 위한 시도이다. 비전은 방향을 제시하고, 사람들을 준비시키고 공동의 목적을 성취하기 위해 사람들에게 에너지를 공급하는 일종의 목표이다."[20]

1) 기량들을 갖추어야 한다.

① 협동을 도모하는 능력

오늘날의 환경은 수십 년 전, 평신도가 평가절하되고 목회자

---

19) Bill Hull. *The Disciple Making Pastor*(Old Tappan, N.J.:Revell, 1988), p. 20.

20) Ralph H. Kilman, Teresa Joyce Covin. and Associates. *Corporate Transformation:Revitalizing Organizations for a Competitive World*(San Francisco:Jossey-Bass, 1988). p. 135.

들이 절대 권위를 가진 인물로 존경받던 시대와는 다르다. 이제 교인들도 협력적인 관계, 의사 결정에 참여, 목회의 참여를 요구하고 있다.

현대의 지도자들은 구성원들과 협력하여 문제의 해답을 찾아내고 새로운 아이디어들을 탐구하고 위험에 도전할 수 있도록 해주어야 한다. 즉 독재 대신 권한의 위임을, 개인주의 대신 공유를, 당파성 대신 열린 정보망을 구축해야 한다. 어떤 지도자도 각기 다른 능력을 지닌 사람들의 도움을 받지 않는 한, 약하고 쉽게 공격받을 수 있는 장기판 위의 왕(王)과 같다. 그러한 협동 정신과 팀사역은 성경적으로도 확인되었고 초대교회에, 특히 바울의 사역에서 극적으로 예증되었다(고전 1:11-13, 3:4-9).

교구, 교단, 지역성을 뛰어넘는 협력이 필요하다. 지도자들은 협동, 공동 사업, 세계적인 관심사를 항상 생각해야 한다. 일방적인 통제에만 관심을 쓰게 되면 지배-피지배 관계를 경멸하는 세상에서 실패하고 만다. 그 어느 때보다도 협력에 능한 목회자가 필요한 때이다.

② 통찰력

기독교가 현재 당면한 위기는 뛰어난 통찰력을 필요로 한다. 통찰력의 결여로 인하여 오늘날 대부분의 교회들이 성장하지 못하고 현상태 유지 혹은 감소하는 추세에 있다. 폭넓은 사고는 모든 지역 교회가 절실히 필요로 하는 것이다.

지도자들은 경험을 통해서 많은 것을 얻을 수 있지만 미래를 예측함으로써 더 많은 것을 배운다. 지도자들이 현재의 구조에 대해 의문을 제기하고, 현상태에 대해 끊임없는 불만을 제기하는 것은 새로운 방법을 모색하게 하는 통찰력을 자극한다. 지도자들은 현추세를 이해하고 미래를 예측하기 위해 인구, 경제, 사회, 산업 기술 등에 대해 연구한다. 그들은 관련된 사실들을 새로운 기회의 차원에서 평가한다. 그들은 경계 신호, 예상 시나리오, 사용 가능한 자원, 그리고 현재의 선택 사항들이 무엇인지 찾고 이러한 전조들을 교회 사역과 관련시킨다. 그러나 그들은 여전히 역사와 전통에 대한 감각을 잃지 않는다.

③ 설계능력

지역 교회는 주님께서 복음을 전파하고 제자를 훈련시키셨던 방법을 구체적으로 사용할 수 있는 곳이다. 목회자들은 목표를 달성하기 위하여 서로 협력하여 교회의 뼈대를 만든다. 비전을 가진 목회자들은 지혜, 거룩함, 진실들을 교회의 뼈대로 만들고, 교회에 필요한 설계 과정에 반영한다.

교회의 많은 활동들은 주의깊게 계획됨으로써 효과를 얻을 수 있다. 여기에는 공예배의 종류와 시간, 전도와 제자훈련에 쏟는 노력(예를 들면, 여름성경학교, 구역활동, 그리고 수련회 등)이 있다.

지역 사회의 생활 스타일을 결정하는 정책이나 우선순위들, 교회조직 구조, 교역자들의 철학이나 스케줄, 사역을 위한 방법론과 실행 과정들에 대한 세심한 고려가 있어야 한다. 조직과 일의 처리 과정만을 염두에 둔 계획(설계)은 결코 하나님의 축복을 받을 수 없다. 그러나 심사숙고하여 계획된 것은 일반적으로 결실을 기대할 수 있는 반면, 엉성한 계획은 비효율을 만들어 내고 만다.

④ 변화에 대한 대처 능력

현대의 지도자는 옛날과 같이 단순한 문제 해결사가 아니고 역동적인 상황에서 변화에 능숙하게 대처하는 전문가이다. 비전을 가진 지도자는 지속적인 적응과 변혁을 성취하기 위해 변화하면서 발전하는 상황에 관심을 둔다.

교회 안팎에서 끊임없이 사건들이 일어난다. 비전을 가진 목회자는 유동적인 문화의 경향을 주시하여 정보의 흐름, 의사결정, 교회의 진로, 교회의 리듬을 조절함으로써 교회 내부의 발전을 교회 밖 환경의 역동적인 변화에 보조를 맞춘다.

변화와 안정은 모두 위험을 내포하고 있다. 때로는 변화가 지금보다 더 나쁜 상황을 초래할 수 있고 안정은 정체를 초래하기도 한다. 능력 있는 목회자는 안정과 변화에 따르는 위험을 모두 계산하고 모든 가능한 행동에 따른 결과를 검토한 후 건강하고 지속적인 변혁을 장려하기 위한 방향을 제시한다.

⑤ 주도면밀한 집행력

진정한 지도자들은 계획이나 사업을 시작할 수 있는 능력을 소유하되, 이를 효과적으로 수행할 수 있는 자들을 말한다. 이들에게는 진취적 기상, 창조력, 그리고 결단력이 필요하다. 진정한 선도자는 절대로 변화를 두려워하지 않는다. 그들은 변화를 도모하고 가꾸고 지략, 상상력, 그리고 창의력을 통하여 변화를 주도한다.

지도자들은 덜 중요한 대부분의 일은 다른 사람에게 위임하는 반면, 긍정적인 일들을 도모하기 위해서 그들의 영향력을 발휘해야 될 부분을 살핀다. 상무나 전무는 성공의 사다리를 직접 올라가지만 진정한 지도자는 그 사다리가 제대로 위치하고 있는지를 정한다. 다른 말로 표현하면 "효율성은 단지 얼마나 많은 노력을 기울였느냐에 달린 것이 아니라 그 노력이 바른 곳에 투여되었는가에 달렸다."21)

2) 신뢰감 있는 비전의 요소를 개발 활용해야 한다.
① 목양에 초점을 맞춤

진정한 가치있는 비전은 목양(선교 사역)에 초점을 맞춘다(6장 참조). 많은 교회들이 목양에는 매우 미미한 노력을 기울이고 있기 때문에 교회들 자체의 존재를 정당화하는 데 실패한다. 연예 오락, 사회 문제, 조직, 전통, 숫자 그리고 상이한 가치들이 목회 영역을 침해하고 있다. 많은 교회들이 목양은 마지못해 겨우 조금 하고 있을 따름이다. 신뢰감이 드는 비전은 복음 전도와 제자훈련에 중점을 둔다. 그러한 비전은 확대되어 다양하고 넓은 형태의 목양을 포함하고, 모든 기회와 자원과 조화를 이룬다.

즉, 병든 자를 치유하고, 슬픈 자를 위로하고, 배고픈 자를 먹이고 집 없는 자에게 집을 제공하고, 갇힌 자를 자유롭게 하고 용기를 잃은 자를 격려하고, 단절된 관계를 회복시키는 등의 일을 한다. 훌륭하고 가치있는 비전일수록 더욱 목양에 초점을 맞춘다.

② 지역사회의 통상례에 도전하는 능력

가치있는 비전은 필요불가결하게 지역 사회의 통상례와 가치의 한계를 벗어나가도록 많은 사람들에게 도전한다. 현상태에 만족한다면 그것은 곧 비전의 결여를 의미한다. 비전은 상상력의 한계를 초월한다. 그것은 깊이 내재되어 있는 고정관념

---

21) Stephen R. Covey. The Seven Habits of Highly Effective People(New York Simon and Schustyer, 1989). p. 120.

을 타파한다.

때때로 그것은 불과 같은 분노를 일으키기도 하지만 항상 구차한 평안을 위협한다.

"지도자들은 기존 환경과 사회 체제의 구성원들이 현상태를 유지하기 위해 막대한 에너지를 쏟는다는 것을 알고 있다. 그들은 이를 알고 예상하고 있음에도 불구하고 그들의 계획을 실행하기를 주저하지 않는다. 그들은 그들의 주요 임무가 다른 이들에게 영향을 미쳐 그들의 가설과 가치들을 실험해야 하는 것이라는 것을 알고 있다. 그러한 결단과 현체제에 항복하기를 거부하는 성향으로 인해 그들은 종종 「급진파」라고 불리운다."[22]라고 데이빗 한나는 말했다.

바울과 바나바가 안디옥의 유대 사회에서 그랬던 것처럼 비전을 가진 사람은 현재의 통상례와 가치관에 도전하는 용기를 지닌 사람들이다.

③ 그럴듯한 상상력

비전은 환상과 현실 사이에 위치한 가느다란 실선 위를 걷는 것이다. 그것은 기능적인 가능성을 묘사한다. 이는 톰 피터스(Tom Peters)와 낸시 오스틴(Nancy Austin)이 말한 바와 같다.

"탁월함은 품격 높은 목적과 실용성이 만날 때 이루어진다."[23]

극복할 수 없는 장애물로 짐지워진 꿈은 조용히 그리고 은밀하게 소멸하고 만다. 그러나 우리들 대부분은 약간의 어려움

---

22) David P. Hanna. *Designing Organizations for High Performance*(Reading. Mass.:Addison-Wesley, 988). p. 160.

23) Tom Peters와 Nancy Austin. *A Passion for Excellence*(New York:Waner, 1985). p. 490.

도 너무도 쉽게 "극복할 수 없는" 것으로 여기려는 경향이 있기 때문에 조심해야 할 필요가 있다.

④ 범상함에 만족치 않음

가치있는 비전은 될대로 되라는 식이나 열등하고 평범한 수준에 만족하지 않는다. 오히려 비전은 질적으로 탁월한 그 무엇을 바란다. 피터스와 오스틴은 "우리는 그 어느 누구에게도 뒤지지 않는다."[24]는 신화적인 기업의 표어를 내걸었다.

영향력을 끼치는 목회자는 이러한 탁월성에 대한 열정과 그리고 평범을 용납하지 못하는 특성을 가지고 있다. 오늘날 대부분의 영향력 있는 교회는 눈으로 보기에는 자세하게 드러나지 않지만 고도의 품질을 유지하기 위해 뼈를 깎는 노력을 기울이고 있다.

⑤ 헌신과 훈련

아무런 대가도 지불하지 않는 비전은 아무것도 변화시키지 못하고 아무런 가치도 없다. 교회의 미래를 위한 비전을 가꾸기 위해 수고하는 목회자라면 가치있는 것을 성취하기 위해서는 반드시 그에 상당한 대가가 목회자 자신과 교인들에게 따른다는 것을 인식해야 한다. 큰 꿈을 꾸는 사람들은 성취를 위한 대가를 지불해야 한다. 지속적인 성공에는 체계적이고 때로는 희생적인 수고와 대가가 요구된다. 가치있는 비전은 결코 쉽게 이루어지지 않는다. 이러한 진리를 깨닫기 위해서 초대교회 제자들이 당했던 엄청난 희생을 생각해 볼 필요가 있다.

대대로 지도자들은 그들의 꿈이 실현되는 것을 보지 못할

---

24) Ibid, p. 119.

수도 있다. 로케트 분야의 개척자였던 로버트 고다드(Robert Goddard)는 우주 여행을 꿈꾸어 왔지만 재료나 기술의 부족으로 자신의 꿈이 실현되는 것을 보지 못하였다. 그는 일생을 한 목표를 위해 바쳤지만 그의 생각을 신중하게 받아들인 것은 고작 몇몇 과학자에 불과하였다. 진정으로 비전을 가진 자들은 자신들의 헌신에도 불구하고 비전이 몇 세대 이후에야 실현될 수도 있다는 것을 깨닫는 자들이다.

많은 훌륭한 목회자들은 그들의 비전이 후임 목회자들의 목회 기간에 성취될 수도 있다는 것을 깨닫는다.

지금까지 언급된 비전의 각 요소들은 사도 바울의 일생과 가르침에서도 발견된다. 비전에 의해 선교 사역에 초점을 맞출 수 있었고, 비전에 의해 유대인과 이방인들을 향한 바울의 마음은 불타오를 수 있었다(롬 9:3, 10:1, 15:17). 그의 제자들의 사역은 분명했고(딤후 2:2), 병든 자, 가난한 자, 노인들을 향한 그의 관심은 귀감이 되었다(롬 15:25, 고후 8:6). 그의 비전은 사회의 통상례를 위협하였는데, 이방인들의 믿음으로 인한 칭의는 바울이 자라고 교육받은 유대 사회에서 굉장한 반발을 일으켰다(행 33:22, 롬 9:30-32, 11:11). 바울은 이와 흡사하게 에베소나 다른 지역의 문화적 규례를 위협하였다(행 19:23-29).

비전은 상상력과 현실성을 모두 갖추어야 하는데 마게도냐, 로마, 스페인을 향한 바울의 비전은 이런 요소들을 갖추고 있었다(행 16:9-10). 훌륭한 비전은 결코 평범함을 용납하지 않는다. 바울의 비전은 굉장한 노력과 희생을 요구하였다. 그는 결코 그가 이룩해 놓은 것에 만족하지 않았다(빌 3:12-14). 훌륭한 비전은 훈련을 요구한다. 바울이 개인적 훈련과 목회를 효과적으로 하기 위해 지불해야 했던 대가(고전 9:12-27, 고후 11:22-29)를 생각해 볼 때 우리 모두는 부끄러움을 느끼지 않을 수 없다. 같은 방식으로 우리는 마틴 루터, 훌륭한 선교사들, 그리고 몇몇 현대교회 목회자들의 비전을 생각해 볼 수 있다.

3) 장애물을 제거해야 한다.

비전을 가진 목회자들은 다음과 같은 4가지의 장애물을 만나도 좌절하지 않고 끈기있게 전진해 가는 것이다.

효과적인 지도력을 사모하는 사람들은 장애물을 만나게 된다. 여호수아와 갈렙을 제외한 모세의 정탐꾼들이 그랬던 것처럼 많은 사람들이 꿈을 포기하라고 충고할 것이다. 21세기가 다가올수록 목회 사역의 새로운 차원을 열기 위해서는 굉장한 용기를 필요로 한다. 그 여정에는 필요 불가결하게 고통이 따른다. 나약한 사람들은 쉽게 포기하고 안락한 현상 유지의 목회에 안주하고 만다. 목회자가 극복해야 할 장애물은 다음과 같다.

① 안정된 분야에 안주하는 것

많은 목회자들은 전통과 기존 체제라는 익숙한 그리고 안락한 벽을 지나 외부의 환경에 노출될 때 위기감을 느낀다. 전통적 가치관은 편안함을 주고, 반복적인 예배는 안전감을 제공하고, 수없이 많은 모임은 그들에게 확신을 안겨 준다. 적절한 목회 역량을 갖추고 교인 숫자가 웬만큼 증가하면 추운 겨울밤 따뜻한 벽난로 앞에 앉아 있는 것과 같은 안락함을 느낀다. 이미 알고 있는 기존 교인들로부터는 안전감을 느낀다. 그러나 목회자가 알지 못하는 사람들에게서 그는 위험과 모험을 느끼게 된다. 그러나 그러한 일시적인 안락감은 지도자들에게는 실제 이상의 장애물이 되고 있다.

지도자들은 눈에 익은 것에 대한 본성적이고도 필사적인 욕구를 극복해야 한다. 지도자들은 안락하고 문제가 없어 보이는 환경을 대할 때, 사도 바울이나 다른 많은 사람들이 열악한 환경에서도 모험을 감행했던 것과 같이, 마음 깊은 곳으로부터 익숙한 환경에 대해 의심해 볼 필요가 있다. 비전을 가진 사람들은 모든 사람들로부터 환심을 사려는 자세를 취하지 않는다. 그들은 자신들에게 부과된 부적절한 요구에 "아니오"라고 대답한다. 그들은 종종 중요한 문제들에서 사람들의 지지를 받지 못하는 편에 서기도 한다. 진정한 지도자는 미래의 가능성에 대하여 실패를 두려워하지 않는다. 왜냐하면 실패는 발판이 될 수 있기 때문이다.

② 즉각적이고도 눈에 보이는 결과에 집착하는 것

에너지를 소진시키고 비전을 쉽게 파괴시키는 것으로는 즉각적이고도 눈에 보이는 성공을 향한 중압감이다. 지름길만 탐닉하는 모습은 어디에든 산재해 있다. 사업가들은 연구, 전략적 계획, 시장 조사에 투자하지 않고 비용을 절감하고 이윤을 증가시켜야 한다는 중압감에 시달리고 있다. 노력은 쉽게 가시적인 결과를 닿는 사업에 투자되고 전략적 계획은 우선순위에서 밀려난다.

열등감을 가진 목회자는 자신의 가치를 증명할 방법으로 숫자적으로 분명하게 표시되는 결과들을 간절히 원한다. 잘 홍보된 단기적 성공은 잘못된 안전감과 성취감을 안겨준다. 예를 들어, 한 교회의 목회자가 교회에 출석하지 않는 사람들에게 토요일 하루 종일 전화를 걸어 교회 출석을 강요하고 그래서 주일날 출석률이 큰 폭으로 증가했다면 그런 식의 시간 사용은 분명히 어처구니 없고 그런 식의 신기록은 무의미한 것에 불과하다. 다시 말하면, 즉각적인 결과에 대한 중압감은 근시

안적인 사고(思考)를 가진 의식없는 교회 위원회로부터 비롯될 수도 있다. 우리는 더 이상 단기적인 결과로 인한 만족을 추구하기 위해 목적 지향적이고 폭넓은 목표를 희생시킬 수 없다.

③ 상호 협력을 거부하는 것

많은 목회자들이 상호 협력에 대한 반감과 혼자만의 권력에 대한 욕망으로 실패하고 만다. 어떤 이들은 독재적 통제가 효율성을 제고한다고 잘못 믿고 있다. 혼자만의 권위를 내세우고 상호 의존을 거부할 때 참혹한 이기주의와 교만을 낳아 자기 고집만을 신뢰하게 된다. 그러한 목회자는 결코 평신도라는 풍부한 자원을 활용할 줄 모르고 오직 운영에만 몰두하게 된다. 교회의 권력 행사가들은 결코 영적으로 생산적인 사업을 하지 못한다.

그들은 비전을 가진 지도자들과 정반대의 대조를 이루고 있고, 고린도전서 3장에서도 바울에 의해 신랄하게 비판받았다.

비전을 가진 지도자는 상호 협력이라는 테크닉에 탁월하다. 그들의 교회는 팀과 상호 신뢰로 특정지워지는 그룹의 통합된 결정을 통하여 혜택을 누린다. 건강한 비전은 넓게 그리고 멀리 볼 수 있어야 한다. 그러한 넓이와 깊이는 상호 협력에 진력하는 사람들을 통해서만 얻을 수 있다.

④ 관료주의에 빠지는 것

지도력에 불신이 증대되면 의사 결정은 관료주의라는 서투른 구렁에 빠지고 만다. 성도들은 그 어느 때보다도 목회자들을 불신하고 있다. 이러한 현상은 목회 사역을 마비시키고 비전을 소멸시킬 위험이 있다. 목회자들이 당면하는 가장 곤혹스러운 문제는 그들의 지도력을 어떻게 회복시키느냐에 있다. 교회들이 난립되다 보니 악화가 양화를 구축하여 목회자들은 믿을 수 없는 사람들로 인식되고 있고, 대형 교회들에서 관료주의 기세가 증폭되고 있기 때문에 선량한 목회자들도 어려움에 처한다. 목회자들의 정직성은 교인들이 의심할 여지가 없이 분명해야 한다. 그렇지 않으면 관료주의의 거대한 세력은 많은 소망 있는 비전들을 무너뜨릴 것이다.

관료주의를 분쇄하는 것이 쉽지 않다는 것은 모두가 아는 사실이지만 그래도 교회에 관료주의가 발디딜 틈을 주어서는 안된다. 피터스와 오스틴은 그들의 간부 회의를 다음과 같이 묘사한다.

"언제나 어느 정도의 시간을 할애하여 관료주의를 공박하는 데 사용한다… 논리적으로 그리고 피할 수 없이 관료주의라는 오물을 청소하는 것은 전략 우선순위 1위이다."[25]

그러나 대부분의 경우 소망없이 거추장스럽고 비효율적인 교회의 관습을 재정비하기 위해서는 용감한 목회자가 지도하는 용감한 교회가 필요하다. 사업계에서는 "임기 응변식의 정책 결정(참여적 경영)으로 불리는 새로운 방식이 대두되는 반면, 관료주의(전통적인 경영)로 알려진 조직 모델은 점차 사라지고 있다."[26] 교회가 시대에 뒤져서는 안된다.

---

25) Peters와 Austin, *A Passion for Excellence*. p. 368.
26) Philip R. Harris, *High Performance Leadership: Strategies for Maximum Career Productivity*(Glenview, Ill.:Scott, Foresman and Company, 1989). p. 180.

3. 교회성장형 기도를 해야 한다.

신학은 방법론이 함께할 때 실제적인 열매를 맺는다. 기도의 신학이 건전하더라도 실제의 삶과 목회 현장에서 기도를 행동으로 옮기지 않으면 아무 소용이 없다.

필자는 영적 지도자가 가져야할 기도의 방법론을 일곱 가지 요소로 제시해 본다. 그것은 기도훈련, 기도트랙, 기도언어, 항복과 끈기, 신인대화, 믿음의 기도, 거룩한 상상력 등이다.

(1) 영적인 훈련으로서의 기도

어떤 면에서 기도는 우리 인간에게 자연스럽지 못하다. 하나님과 대화하고 교통하도록 지음받은 인간이지만 타락으로 말미암아 인간은 대부분 기도에 관한 한 게으르고 무관심하다. 그러므로 우리는 기도를 배워야 하고 습관적으로 기도하도록 자신을 훈련시켜야 한다. 기도는 저절로 되는 것이 아니다. 우리 자신이 노력하고 연습하고 헌신해야 할 영적 훈련이다.

기도는 하나님의 원리를 이해함으로써 생활화 될 수 있다. 우선 기도는 기도하기로 결심해야 한다. 결심하면 기도하고 싶어질 것이다. 하나님과 기도로 대화하겠다고 의도적으로 결심하고 계발하지 않으면 기도 능력을 가질 수 없다. 나는 내가 병들고 가난했기 때문에 기도한 것이 아니며 기도가 하나님의 원리임을 알았기 때문에 기도했다. 이 하나님의 원리를 적용하기로 결단했기 때문에 나는 하나님의 나라를 확장시키는 데에 유용하게 쓰임을 받을 수 있었던 것이다. 오늘도 나는 기도하기 싫어하는 육체의 소욕에 대항하여 싸우면서 기도하는 훈련을 계속하고 있다. 그러므로 기도의 원리를 일단 아는 것이 중요하고 그 원리를 실천하여 매일 기도하겠다고 결단하는 것이 필요하다. 왜냐하면 기도는 영적 훈련이기 때문이다.

기도하지 않는다는 것은 현상태에 만족하는 것이다. 그러나 현재의 문제를 해결하고 보다 창조적인 미래를 원하는 사람은 현상태에 만족할 수 없으므로 기도하게 되는 것이다. 이 점에서 교회성장형 목회자는 매일의 생활과 목회에서 기도를 최우선 과제로 정하고 계획을 수립해야 한다.

어떤 사람들은 따로 시간을 정하여 계획적으로 기도할 필요가 없다고 말한다. 그들은 일하면서 달리면서 기도한다고 한다. 그러나 이것은 스스로를 속이는 우스꽝스러운 일이다. 일하면서 결혼하고, 뛰면서 부부생활을 할 수 있는가? 그런 식으로는 하나님뿐만 아니라 사람과도 친밀한 관계를 나눌 수 없다. 상대방을 진실로 알기 위해서는 달리는 것을 잠깐이나마 멈추고 시간을 내어 함께 해야 하는 것이다.

(2) 영적 트랙으로서의 기도

장시간 기도할 수 있는 비결에 대해서 질문을 받았을 때 조용기 목사는 이렇게 대답했다고 한다. "매일 아침 나는 성령과 함께 트랙을 달립니다. 한 바퀴, 두 바퀴, 세 바퀴 계속 기도로 트랙을 달리면서 내가 정한 시간이 되면 다시 처음부터 달리기 시작합니다. 마치 경주장에 육상 선수가 트랙의 원을 돌면서 달리듯이 나도 영혼의 트랙을 기도를 통하여 반복해서 달립니다."

조 목사의 "기도트랙"은 두 가지로 요약된다. 하나는 영적 일기를 쓰는 것이고 다른 한 가지는 주기도문을 따라가는 것이다.

하나님께 예배드리고 감사와 찬양을 드린 후에 나는 하루 동안에 할 일에 대해서 하나님의 인도하심을 구하고 의논드리며 어떠한 일을 어떻게 결정할 것인지 성령의 인도를 간구하게 된다.

조 목사는 하루를 시작하기 전에 드리는 기도를 "예방주사 기도"라고 부른다. 즉 영적인 세력을 묶고 말씀 사역을 위해 미리 준비시키는 기도이기 때문이다.

성공하고 성장하는 교회는 사역을 시작하기 전에 먼저 기도하는 교회이다. 우리가 일하기 전에 하나님이 먼저 일하시도록 기도하는 것은 우리의 대적을 향하여 가질 수 있는 가장 효과적인 공격이다.

주기도문은 우리에게 기도의 암송문을 제공하는 것이 목적이 아니다. 오히려 기도의 기본적인 원리를 제공하고 있다. 주님께서는 우리의 기도가 먼저 찬양으로 시작되어야 함을 가르치셨다. "하늘에 계신 우리 아버지여 이름이 거룩히 여김을 받으시오며."

주님께서는 또한 우리의 기도가 기대를 가진 것이어야 함을 가르치셨다. "나라이 임하옵시며 뜻이 하늘에서 이룬 것같이 땅에서도 이루어지이다."

기도는 또한 간구 혹은 간청이 따라야 한다. "오늘날 우리에게 일용할 양식을 주옵시고", "우리 죄를 사하여 주옵시고."

주기도문은 계속해서 우리의 기도중에 고백이 있어야 함을 가르친다. "우리 죄를 사하여 주옵시고."

하나님의 보호하시는 능력을 신뢰하는 것도 기도에 포함되어야 한다.

"시험에 들게 하지 마옵시고 다만 악에서 구하옵소서"

(3) 방언 기도

방언 기도의 신비는 체험한 자만이 온전하게 알 수 있다. 방언 기도는 영적으로 하나님과 깊이 있는 교제를 나누는 가장 강력한 수단 중의 하나이다. 조용기 목사는 이러한 방언 기도의 영적 가치를 잘 알고 있는 목회자 중의 한 사람이다. 그에 의하면 방언은 영적인 복 중의 하나이다. 성령 안에서 방언으로 하는 기도에 유익이 없다면 하나님께서 귀한 은사로 주지 않으셨을 것이다. 특히 장시간 기도할 수 있는 길은 방언으로 기도하는 것이다.

가끔 나는 굉장한 기도의 부담을 느낄 때가 있다. 그러나 무엇을 기도해야 할지 모르고 어떻게 표현해야 할지 난감할 때가 있다. 이럴 때가 바로 영적인 언어로 기도할 때이다. 나의 육체적 혹은 자연적인 무능력을 하나님께 맡기고 하나님의 도우심을 받아 기도드릴 때인 것이다. 그럴 때 나는 성령 안에서 하나님 아버지가 함께 임재하심을 직접 느끼고 알 수 있게 된다.

영적인 중보자가 되기 위해 우리는 중간에 바로 서 있어야 한다. 중보자란 문자 그대로 사이에 서 있는 존재이다. 인생의 필요와 그 필요를 유일하게 해결해 주시는 하나님 사이에 서게 되는 것이다. 중보자는 성령의 인도하심에 따라 전혀 기대하지 않은 시간과 예상치 않았던 장소에서도 기꺼이 기도해야 한다. 우리가 미처 알지 못한 필요를 위해 기도하도록 성령에 의해 쓰임을 받아야 한다. 그 필요가 경우에 따라서는 지구 반대편에 있는 것일 수 있다. 그러나 우리는 성령의 인도하심에 따라 그 필요를 기도로써 채울 수 있다.

하나님은 기꺼이 사용되기를 원하는 사람을 찾고 계신다. 성공적인 중보 기도자가 되기 위해서는 성령으로 기도하는 법을 배워야 한다.

설교나 강의 혹은 상담 전에 나는 자주 방언으로 기도한다. 방언의 가치란 놀랄 만하다. 방언은 나로 하여금 하나님 앞에 완전히 열린 마음이 되게 한다. 방언은 하나님의 능력을 받도록 나를 돕는 역할을 한다. 바울은 말할 수 없는 탄식으로 우리를 위해 기도하시는 성령에 대해 말한 바 있다(롬 8:26). 나는 방언만이 유일한 길이라고 주장하지는 않는다.

그러나 적어도 나에게 있어서 방언 기도의 은사는 아주 중요하고 실제적인 가치가 됨을 부인할 수 없다.

(4) 자기 항복과 인내의 기도

항복 혹은 깨어짐은 끈질긴 것과 서로 상충되는 개념일지 모른다. 그러나 하나님 앞에서의 기도는 이 두 가지가 서로 조화와 일치를 이루게 된다. 삼십여 년의 목회를 통해서 조용기 목사가 깨달은 것은 하나님 앞에 깨어지지 않고 온전히 항복하지 않은 사람은 하나님께서 사용하지 않으신다는 사실이다. 깨어지지 않은 사람은 하나님께 쓰임을 받더라도 교만하거나 자만하기 쉽다. 그러나 깨어진 사람은 자기 자랑을 하지 않는다. 조 목사는 자신의 체험을 통하여 깨어진 사람이 받는 복에 대해서 말한다.

"나의 육체적 성향은 내 마음대로 하고 싶은 것이다. 그러나 하나님의 방법은 자주 나의 방법과 다르다. 하나님의 방법을 알기 위해서는 나의 방법을 포기하는 수밖에 없다. 그러므로 나의 사명은 무엇보다도 성령의 인도하심에 따르는 것이다. 성령은 항상 나를 인도하사 하나님의 방법을 취하도록 도와 주신다.”

기도하는 것은 자신의 뜻을 깨뜨리는 것이요, 하나님 앞에 항복하는 것이다. 기도의 궁극적인 목적은 하나님의 주권하에 있기 위해서이다. 하나님은 그의 전능 안에서 그의 목적을 가장 적절하게 이루는 분이시다. 하나님의 목적에 따라 만사가 이루어지는 것이 바로 하나님의 주권이다.

교만과 자만심을 가지고 살면 하나님께서는 비록 우리가 기도하더라도 우리를 물리치신다. 그러나 하나님께서는 깨어지고 항복하는 자에게는 은혜를 베푸신다. 성공이란 하나님의 은혜에 기초한다. 우리 자신의 능력으로는 성공할 수 없다. 오직 하나님의 신적 은혜로 말미암아 모든 것을 할 수 있는 것이다.

그러므로 성공하기 위해서 필요한 것은 더욱 큰 하나님의 은혜이다. 이러한 은혜를 어떻게 얻을 수 있는가? 하나님 앞에 겸손하게 깨어지는 길밖에 없다.

깨어짐과 항복 자체는 수단일 뿐 목적 자체가 아니다. 영적 부흥과 교회 성장을 위해 효과적으로 사용되는 하나님의 도구가 되어야 한다. 과거 역사를 보면 적지 않은 사람들이 깨어지고 항복하는 자기 부정의 체험을 수단이 아닌 목적으로 삼은 경우가 있었다. 그 결과 자신과 삶을 변화시키려는 시도 대신에 산이나 수도원 등으로 들어가 격리되어 경건한 삶을 추구하는 운동이 일어나게 되었다.

영적 경건은 세상으로부터의 격리에서 비롯되는 것이 아니다. 영성은 오히려 우리를 더욱 강하게 하여 세상과 싸우면서 세상에 하나님의 나라를 효과적으로 증언하게 하는 것이 되어야 한다.

인간이 기록한 어떤 책보다도 더 중요한 책이 있다. 이 책은 기록이 끝나 정지된 것이 아니라 끊임없이 계속 확대되고 있는 책이다. 그 책은 하나님이 계속해서 기록하시는 책이다(말 3:16). 하나님이 쓰고 계시는 이 책은 "기억의 책"이라고 불린다. 기도와 묵상을 진지하게 해본 사람들은 하나님께서 이 책을 통해서 매우 정확한 기록을 가지고 계심을 알게 될 것이다. 어떤 것도 잃어버리거나 없어지지 않을 기록이다. 하나님을 위해 행했던 모든 것은 절대로 사라지지 않는다.

하나님께 드린 기도는 하나도 공중에 사라지거나 없어지지 않고 기록되는 것이다. 이러한 하나님의 기록 때문에 우리의 기도가 사라지지 않고 기억되는 것이다. 여기에 우리가 끈질기게 기도해야 하는 이유가 있다.

하나님께서 응답하실 때까지 기도하는 것이 우리의 의무이다. 끈질기게 매달리는 기도는 곧 전적으로 하나님에게 의지한다는 믿음의 표현이다. 인내와 끈질긴 기도는 우리 피조물의 무력감을 깨달을 때 그리고 오직 하나님만이 우리를 도울 수 있다는 확신이 있을 때 다가오는 것이다. 끈질김은 믿음의 표현일 뿐만 아니라 겸손의 행위이기도 하다.

하나님을 향한 믿음은 겸손하게 의지하는 것을 통해서 표현되는 것이다.

(5) 신인 대화

기도는 단지 하나님의 축복이나 도움을 나열하듯이 구하는 행위가 아니다. 기도는 하나님께서 원하시는 것을 우리가 구하는 형태의 커뮤니케이션이다.

기도는 독백이 아닌 대화이다. 효과적인 기도가 되기 위해서는 말할 뿐만 아니라 하나님께서 말씀하시는 것을 들어야 한다. 하나님께서 우리를 부르신 것은 하나님과 사랑의 관계를 갖기 위함이다. 그러므로 우리는 이러한 관계의 개선을 위해 힘써야 한다.

성경을 보다 더 잘 이해하면서 혹은 생활 가운데 인도를 받으면서 하나님의 음성을 듣는 것은 가장 중요한 축복이요, 은혜이다.

자주 나는 어떤 구체적인 방향을 정하지 않고 걸음 내키는 대로 산보하듯이 마음 속에 어떤 구체적인 소원을 가지지 않은 채 하나님 앞에 기다리며 묵상할 때가 있다. 하나님의 면전에 조용히 앉아 하나님을 즐거워하는 것이다. 어떤 것을 원하는 것이 아니라 하나님 자신을 원하는 것이다. 편안한 의자에 혼자 앉아 눈을 감고 하나님을 사모하고 기다리는 것이다. 아무 것도 들리지 않고 아무 것도 보이지 않을지 모른다. 그러나 귀하신 주님과 함께 산보를 하고 나면 무엇인가 나의 영혼과 마음이 새로워지는 것을 느낄 수 있다. 이러한 영적 산보의 즐거움은 경우에 따라 여러 시간 지속되기도 한다.

하나님의 음성을 듣는 자는 하나님께서 무엇을 하시는가를 알게 된다. "주 여호와께서는 자기의 비밀을 그 종 선지자들에게 보이지 아니하시고는 결코 행하심이 없으시리라"(암 3:7).

하나님의 음성을 평소에 듣는 자는 주께서 언제 오실지에 대해서도 영적으로 인도를 받게 될 것이다. 그 정확한 날짜와 시간은 하나님의 권한에 있지만 그 영적 때는 기도하는 자에게 알려지게 될 것이다.

그래서 성경은 말세가 될수록 정신을 차리고 근신하여 기도하라고 경고했는지도 모른다(벧전 4:7).

(6) 믿음의 기도

기도하는 것은 믿음을 선포하는 것이다. 기도가 인격과 인격 사이의 커뮤니케이션을 가지게 하는 수단이라면 믿음은 그러한 관계에 대한 헌신의 표현이다. 조용기 목사는 기도 방법론에서 항상 믿음의 중요성을 강조한다. 그에 의하면 믿음은 기도를 능력과 응답으로 채우는 특별 요소가 된다.

믿음 없는 기도는 허공에 소리치는 것에 불과하다. 그러한 기도는 천정 이상 하늘로 올라가지 않는다. 성경은 말하기를 "믿음이 없이는 기쁘시게 못하나니 하나님께 나아가는 자는 반드시 그가 계신 것과 또한 그가 자기를 찾는 자들에게 상주시는 이심을 믿어야 할지니라"(히 11:6)고 하였다. 그 말은 곧 기도할 때 우리가 믿음의 자세를 가져야 할 것을 말하는 것이다. 기도에 있어서 믿음은 선택의 여지가 없다. 기도가 하나님께 들리게 하는 것은 우리의 믿음이다. 의심하는 기도는 하나님께 올라가지 않는다. 하나님께서 들으시는 기도는 오직 믿음의 기도이다.

믿음의 기도가 되기 위해서는 그 기도가 구체적이어야 한다. 목표가 분명한 기도가 되어야 하는 것이다. 믿음으로 기도하는 것은 곧 구체적인 필요를 위해 기도하는 것이다. 하나님은 정확한 하나님이시기 때문에 우리의 기도가 정확하기를 기대하신다. 믿음은 바라는 것들의 실상이며 보지 못하는 것들의 증거이다(히 11:1).

하나님께서는 당신이 우리의 사정을 알아야 할 필요가 있으셔서 우리에게 기도하라고 명령하시는 것이 아니다. 오히려 우리에게 기도를 위한 영적 훈련이 필요하기 때문에 기도를 요구하시는 것이다. 그러므로 구체적으로 기도하는 것은 우리로 하여금 믿음으로 전진하는 데에 도움을 준다. 막연하게 기도하는 이유는 하나님을 너무 크게 생각하기 때문이 아니라 자신을 너무 작게 생각하기 때문에 일어나는 현상이다. 구체적으로 기도했다가 응답이 안되면 그나마 있는 작은 믿음을 잃어버릴까 두려워하는 것이다. 그렇기 때문에 사람들 "영적인 기도"라는 명분으로 생활적이고 구체적인 기도보다는 막연한 기도를 드리므로 안전한 길을 택하는 것이다. 막연한 기도는 응답이 되지 않아도 문제가 될 것이 없기 때문이다. 그러나 주님께서는 그와 같이 믿져야 본전식의 기도는 받아들이지 않으신다. 반드시 이루어질 것을 믿는 확실한 기도를 들으시는 것이다.

믿음의 기도를 위해서 중요한 또 한 가지의 사실을 긍정적인 고백 혹은 믿음의 선언이 되어야 한다는 것이다.

믿음 공식의 하나님께서는 병은 고칠 수 있으나 그 치료가 나타나기 전 어떤 특별한 질과 양의 믿음이 제공되기를 기다리는 하나님이다. 즉 무엇을 드려야 하나님께서 역사하신다는 논리이다. 이러한 가르침의 하나님과 인간의 관계는 언약적이기 보다는 계약적이다. 즉 하나님께서 어떤 축복을 주시기 전에 인간의 믿음의 행위가 전제 조건이 된다. 축복을 아직 못 받았다는 것은 아직 인간의 노력이 부족하기 때문이다. 그들이 주장하는 하나님은 그의 은혜 때문이 아닌 사람들의 일 때문에 응답하시는 하나님이 되는 것이다.

(7) 거룩한 상상력

믿음의 기도는 우리를 꿈과 환상으로 인도한다. 기도하면서 상상을 하거나 묵상을 하는 것은 조용기 목사의 기도생활을 가장 독특하게 보여주는 기도 방법론이다. 상상화(visionalization)는 우리의 소원하는 바를 정신적인 그림으로 명확하게 그려주는 수단이 된다. 그것은 또한 우리의 믿음이 이미 이루어진 것처럼 믿고 행동하게 하는 힘이다. 기도하는 것은 하나님께서 가져다 주시기 전에 하나님의 응답을 마음으로 내면화시키는 것이다. 조 목사는 이것을 "간구와 묵상의 법칙"이라고 부른다.

기도할 때마다 나는 간구와 묵상의 법칙을 사용한다. 많은 사람들은 구하고 구하고 또 구하기만 한다. 그러나 성경은 말하기를 우리가 구하거나 생각하는 것보다 더 넘치게 하실 수 있는 하나님이시라고 했다(엡 3:20). 다시 말해서 우리는 구할 뿐만 아니라 생각할 필요가 있다는 것이다. 많은 경우에 우리의 기도는 명확하게 생각하지 않기 때문에 방해를 받고 있다. 기도를 통해서 우리의 생각을 주님의 생각에 복종시키는 것이 필요하다. 그러면 성령께서 우리의 생각속에 하나님의 생각을 주입시켜 주신다. 기도는 우리의 생각을 하나님의 생각으로 바꾸는 작업이다.

하나님께서는 영원히 현재의 하나님이시다. 하나님께서는 처음부터 마지막까지 보실 수 있다. 히브리서 11장에 기록된 믿음은 현재적 믿음으로 하나님께서 응답하시리라는 믿음이다. 믿음으로 기도한다는 것은 현재적 믿음의 세계인 하나님의 사차원 세계로 들어가는 것이다. 하나님의 약속이 이미 이루어져 현재의 것이 된 것처럼 여기는 세계이다. 환경적으로 불가능하더라도 여전히 하나님의 안식에 들어가는 세계이다. 하나님께서 우리가 구하고 생각하는 것보다 더 넘치도록 하실 것이라는 것을 깨달을 때 우리는 이러한 믿음의 세계에 굳게 설 수 있을 것이다.

하나님께서 상상을 거룩하게 하시고 사용하신다고 믿는 것은 성육신의 기독교적 개념이다. 하나님께서는 자신을 우리가 사는 세상에 얼마나 적용하시고 얼마나 확실하게 육신의 몸을 쓰고 오셨던지 우리의 상상을 사용하셔서 보이지 않는 세상에 대해서 이해할 수 있도록 가르치신다.

그 결과 우리는 우리가 알지 못하고 이해하기 어려운 영적 세계를 깨닫게 되는 것이다.

4. 역동적인 설교를 해야 한다.

효과적인 설교는 교회의 성장을 위한 것이 되어야 한다. 성장에 초점을 맞춘 설교도 있지만 적지 않은 교회의 설교들이 현상 유지만을 위한 설교가 되고 있다. 교회성장형 설교는 교회 성장에 직접적인 영향을 끼치는 설교이다. 교회성장형 설교가 되기 위해서는 무엇보다도 그 내용이 좋아야 한다. 그러므로 교회성장형 설교가 되기 위해서는 효과적인 전달에 앞서 건전한 설교신학이 선행되어야 한다.27)

(1) 메시지와 신학

교회성장형 설교는 무엇보다도 성경에 충실해야 하고 건전한 신학을 지닌 것이어야 개인과 교회의 성장을 가져올 수 있다. 좋은 신학은 좋은 설교의 전제 조건이다. 신학적 뒷받침이 확실한 설교는 성도들의 영혼을 새롭게 하는 교회 성장의 필수 요소가 된다.

1) 설교의 성경적 이해

설교란 성경에 기록되어 있는 하나님의 말씀을 선포하는 것이다. 기독교 교회가 유대교의 전통을 넘어 성장할 수 있었던

---

27) 명성훈, 「교회성장과 설교」 (서울:서울서적, 1992), pp. 10-27.

것은 예수님께서 모든 족속을 향한 설교자가 되셨기 때문이다. 예수님께서는 기독교 세대의 결정적인 부흥사 곧 복음 전하는 자이시다. 복음 전하는 자로서 예수님은 교회의 성장을 원하신다. 예수님께서 말씀을 전하시면서 소개하신 신약교회의 성장 개념은 두 가지로 요약된다. 하나는 지상에서의 하나님 나라가 팽창하는 것이며, 다른 하나는 하나님의 지식과 은혜 가운데에서 개인이 성장하는 것이다.

신약의 사도들이 선포했던 메시지의 내용은 무엇인가? 사도들이 행한 설교의 핵심은 항상 하나님께서 그의 아들 예수 그리스도를 통하여 행하신 일이었다. 예수님께서는 선포자이셨을 뿐만 아니라 선포된 내용 자체이셨다. 예수님께서는 구약의 감추어진 비밀이었을 뿐만 아니라 신약의 계시된 구세주이셨다.

죠오지 피터스(George Peters)는 전도와 교회개척을 위해 사도들이 전파한 메시지의 요점을 다음과 같이 요약하고 있다.

① 기독교의 하나님은 위대하시고 자비로우신 창조주이시다.

② 하나님은 위대하시고 은혜로우신 행위자이시다. 역사는 하나님 행위의 기록이요 구원은 하나님 행위의 목적이다.

③ 하나님이 행하신 가장 중요한 행동은 예수 그리스도를 통하여 구약을 성취하신 것이다.

④ 예수 그리스도 안에서 하나님은 인류에게 자유함과 구원을 값없이 주신다.

⑤ 하나님의 은혜와 구원을 소홀히 하거나 거부하는 자는 영원한 심판을 받게 될 것이다.

피터스는 여기에서 설교라는 행위를 통해서 기록된 "하나님의 말씀"과 인격으로 선포되고 또 받아들여지는 "하나님의 메시지"를 구별하고 있다. 하나님의 말씀은 오류가 없이 성경에 기록된 객관적 실재이다. 이 말씀은 하나님으로부터 계시되고 성령에 의해 기록되어 우리의 영적 생명과 성장을 위해 보존되어 왔다(딤후 3:16;벧후 1:9-21). 그런 반면에 하나님의 메시지는 하나님 말씀의 주관적 실재로서 성령에 의해 우리에게 조명되어 밝혀진 지식이다. 성령은 이를 통해 우리의 구체적인 필요와 상황을 충족시켜 주신다.

객관적인 실재로서의 하나님의 말씀(성경)은 절대적이고 완성적이고 권위적이며 무오적이다. 주관적으로 인식되고, 형성되고, 선포되어 받아들여지는 하나님의 메시지(설교)는 인간에 의해 조건과 제한을 받는다. 메시지는 그것이 이해될 때 참된 것으로 확신될 수 있으나 말씀 안에 있는 모든 진리를 다 포함할 수 있을 때가 있다.

올바른 메시지를 구하기 위해 성경을 연구하는 것은 전도와 교회 성장에 필수적이다. 특히 다른 문화권 안에서 복음을 전하는 선교에는 이른바 생활적인 메시지가 절대적으로 요청된다.

칼 바르트에 의하면 하나님 말씀에는 "기록된 말씀"의 성경과 "선포된 말씀", "산 말씀"(the living Word)인 예수 그리스도가 있다고 했다. 성경은 설교를 통하여 예수 그리스도를 소개한다. 에드워드 카넬(Edward Carnell)은 기록된 말씀과 산 말씀과의 관계를 적절하게 묘사하고 있다.

성경은 사람이 그것을 받아들이든 받아들이지 않든 거기 계시는(out there) 하나님의 말씀이다. 그러나 성경 자체는 그리스도와의 인격적 교통이 없는 마음에는 하나님의 말씀으로 전달되지 않는다. 산 말씀이신 그리스도는 기록된 말씀인 성경의 영혼이다.

설교의 성경적 정당성이 여기에 있다. 설교의 목적은 케리그마, 곧 육신이 되신 하나님이신 예수 그리스도를 선포하는 것이다. 하나님의 말씀이 세상의 침묵을 깨뜨리며 다가올 때 "설교의 말씀"으로 다가온 것이다. 그 설교의 말씀은 기록된 성경의 세계와 살아있는 말씀이신 그리스도의 시대를 연결해주는 능력으로 모든 믿음의 사람들에게 임하고 있는 것이다. 설교 곧 메시지의 사명은 사람들로 하여금 성경 안에서 그리스도를 만나게 하는 데 있다.

2) 설교의 신학적 기초

성경적인 설교가 예수 그리스도를 통한 하나님 사역을 선포하는 것이라면 교회 성장을 돕는 데 필요한 설교의 신학적 기초는 무엇일까? 효과적인 설교를 원한다면 건전한 신학을 가져야 한다. 신학이란 하나님에 관한 학문이다. 하나님에 관한 학문으로서의 신학은 예수 그리스도의 인격과 목적을 명확하게 하는 기능이 있다. 다시 말해서 신학의 중심은 하나님의 최대의 자기 계시인 복음 그 자체이다. 그러므로 설교자와 설교자의 메시지를 위한 모든 신학적 전제는 하나님의 말씀에 기초를 두어야 한다.

이안 피트 왓슨(Ian Pitt Watson)은 이렇게 말한다. "신학은 설교의 양심이다. 이것은 너무도 확실하기 때문에 말할 필요가 없을 정도이다. 그런데 설교자에게는 항상 신학이 없이 혹은 나쁜 신학을 가지고 설교하려는 유혹이 있다. 그런 설교자일수록 흥미를 끌기 위하여 혹은 고상하다는 평가를 받기 위해서 설교하려는 경향이 있다."

죠지 스웨지(George Sweazey)는 말하기를 "설교란 인간 영혼이 가장 필요로 하는 것을 전달하는 행위"라고 하면서 그것들에는 성경, 하나님의 구원행위, 그리스도와의 만남, 교육, 양육, 정서 그리고 마지막 심판 등이 있다고 했다. 카일 하셀덴(Kyle Haselden)에 의하면 기독교 역사상의 서록을 분석한 결과 이른바 "성경적 설교" 혹은 "좋은 설교"에는 세 가지 필수 요소가 있음을 발견하였다.

① "인간의 타락"에 대한 경고의 말씀

② 우리의 삶을 위해 주시는 "하나님의 약속"의 선포

③ 그 약속의 성취로서의 그리스도 안에서의 "하나님의 행위"의 선포 등이 그것이다.

레이 앤더슨(Ray Anderson)도 모든 목회는 하나님의 목회이어야 하며 그것은 "계시와 화해"뿐만 아니라 "심판과 은혜"로 이루어져야 한다고 주장한다. 이에 대한 스템플(Stuempfle)의 주장은 경청할 만하다.

"율법과 복음은 신학적인 분석을 위해 구별될 수는 있어도 신앙 체험상 분리되지 않는다. 이 두 가지는 항상 인간의 마음에 함께 존재한다. 왜냐하면 그리스도인은 죄인이면서 동시에 의롭다함을 받았기 때문이다. 그러므로 육신 가운데 사는 동안 우리 그리스도인은 율법의 엄격한 요구를 받으면서 동시에 복음의 약속을 듣게 되는 것이다. 그러나 육신 안에 살지만 동시에 성령 안에서도 살기 때문에 율법만이 아닌 용서와 사랑의 복음으로 기뻐할 수 있는 것이다."

(2) 메시지와 커뮤니케이션

기독교의 하나님은 말씀하시는 하나님이시다. 하나님께서는 과거에도 말씀하셨지만 현재에도 말씀하신다. 지금도 하나님께서는 그가 지으신 만물을 통해, 성경을 통해 그리고 교회를 통해 말씀하고 계신다. 그러므로 교회에서 가장 중요한 일은 영적 커뮤니케이션이다.

교회의 설교가 "복음의 전달"이라면 설교자는 교회 성장을 위해 메시지의 효과적인 전달에 대해서 잘 알아야 한다. 실제적인 커뮤니케이션을 연구하고 또 그것을 적용하는 것은 교회 성장형 설교에 필수적이다. 무엇보다도 설교자는 커뮤니케이션의 영적 차원을 깨닫기 위해 성령의 은사에 의존해야 한다. 왜냐하면 설교란 하나님의 메시지를 인간이 전달하는 행위이기 때문이다.

1) 교회성장형 설교를 위한 커뮤니케이션

커뮤니케이션은 복잡한 과정과 기술을 요하는 일종의 과학적 행동이다. 커뮤니케이션 이론이 복잡하고 다양한 것은 인간의 커뮤니케이션이 단순한 행동이 아님을 말해준다. 커뮤니케이션의 여러 이론 중에서 필자는 교회성장형 설교에 도움이 되는 "성육신적 커뮤니케이션"을 소개하고자 한다.

이것은 선교학자 챨스 크라프트 박사의 "커뮤니케이션을 위한 하나님의 모델"(God's Model for Communication)을 참조한 것이다.

성육신적 커뮤니케이션의 원작자는 성경의 저자이신 하나님이시다. 하나님께서는 우리에게 "메시지"뿐만 아니라 "방법론"을 위해서도 성경을 주셨다. 크라프트 박사는 하나님의 커뮤니케이션을 위한 여섯 가지 전제를 말하고 있다.

① 하나님께서는 사람에게 자신을 보여 주실 뿐만 아니라 커뮤니케이션하기를 원하신다.

② 하나님께서는 경배만 받으시는 것이 아니라 자신이 이해되기 원하신다.

③ 하나님께서는 사람들이 수동적으로 듣기만 하는 것이 아니라 적극적으로 응답하기 원하신다.

④ 하나님께서는 성경을 통해 커뮤니케이션의 내용 뿐만 아니라 방법도 계시하셨다.

⑤ 하나님께서는 듣는 자 중심으로 말씀하신다.

⑥ 하나님의 커뮤니케이션의 기본 방법은 성육신적인 것이다.

성육신은 하나님과 인간의 커뮤니케이션의 초점이 된다. 성육신 사건에서 하나님의 다른 모든 커뮤니케이션이 출발한다. 그러므로 예수 그리스도는 이 세상의 모든 기독교 커뮤니케이션을 위한 궁극적 모델이 된다. 예수님의 성육신을 통해 얻어진 효과적 커뮤니케이션의 성격을 살펴보면 다음과 같다.

첫째, 정확한 정보의 전달을 위하여는 말하는 자와 듣는 자 모두 동일한 체계를 사용해야 한다.

둘째, 동일 체계 안에서는 예견되는 정보일수록 수신자에게 전달되는 정보의 파급 효과가 작고, 예측하기 어려울수록 메시지의 파급 효과는 커진다.

셋째, 정보에 대한 표현이 구체적일수록 메시지의 파급효과는 더욱 커진다.

넷째, 전달자가 평이하게 표현하는 것보다는 수신자가 발견하고 깨달을 때 오히려 메시지의 파급효과가 크다.

이와 같은 원리를 교회성장형 설교에 적용해 보면 성육신적 커뮤니케이션의 실제적 지침 곧 호소의 원리, 채택의 원리, 생성의 원리, 해결의 원리 등을 얻을 수 있다.

① 호소의 원리

성육신은 우선 주의를 집중시키는 요소를 포함한다. 복음을 효과적으로 전하기 위해서는 듣는 자의 관심을 불러 일으켜야 한다.

관심이 없으면 아예 듣지 않는 것이 일반적인 현상이다. 설교자는 무엇보다도 청중들이 설교에 관심을 가지도록 주의를 끄는 것이 필요하다. 사람들은 무엇인가 색다른 것을 추구하고 있다. 구태의연한 설교에는 아예 마음을 닫아버린다. 그러므로 설교자는 사람들이 듣고 싶은 마음이 생기도록 노력해야 한다.

그리스도는 하나님의 나라를 건설하기 위해 오셨다. 주님께서 소개하신 천국은 죄로 물든 인간 문화와 너무도 다르기 때문에 자연히 사람들의 주의를 끌게 되었다. 우리들의 설교도 듣는 사람들이 이미 가지고 있는 것과 달라야 주목을 받을 수 있다. 그런 점에서 기독교 커뮤니케이션에서 주목을 끄는 것은 어떤 기교에서가 아닌 하나님의 나라를 말하는 설교의 내용에서 결정된다고 하겠다.

② 채택의 원리

성육신의 원리는 인간의 상황을 파악하는 원리이다. 인간이 되신 하나님 곧 예수 그리스도는 신인(the God-man)이셨다. 다시 말해 하나님께서 인간의 문화를 취하셨는데 인간의 문화는 수신자인 인간의 이해체계이다. 예수 그리스도는 단지 인성만을 취하신 것이 아니라 인간이 살고 있는 세상의 사회적 상황도 함께 취하신 것이다. 예수님께서 우리와 똑같이 되셨다는 것은 커뮤니케이션에서 매우 중요한 요소이다. 이 성육신이야말로 교회성장형 설교의 완벽한 모델이다. 복음의 말씀은 절대로 변화될 수 없다. 그러나 그 복음을 담고 있는 형식과 표현은 시대와 문화에 따라 얼마든지 변화될 수 있는 것이다.

이와 같이 커뮤니케이션은 심리적으로 받아들여지는 채택의 원리가 포함되어야 한다. 사람마다 정서가 다르고 문화가 다르다는 사실을 받아들일 때 커뮤니케이션은 보다 효과적인 결과를 가져다 줄 것이다.

성육신은 온전한 인간 이해의 궁극적 체계이다. 성육신을 통해 하나님께서는 커뮤니케이션의 기준을 설정하셨다. 하나님께서 우리에게 접근하신 것처럼 접근하는 것이 곧 성육신의 원리이다. 그것은 사람들의 삶 자체를 무시하지 않는 것이며 사회적인 상황을 고려하는 것이며 인간의 기본적인 필요를 채워주는 것이다. 여의도순복음교회의 조용기 목사는 가난하고 병든 사람을 위한 교회를 개척할 때부터 이러한 채택의 원리를 잘 알고 있었다. 그는 병든 자에게는 치료의 복음을 전하고, 가난한 자에게는 축복의 복음을 전하였고 죄인에게는 구원의 복음을 전하려고 노력했던 것이다.

③ 생성의 원리

예수님의 설교와 강의는 듣는 사람들에게 필요를 생성시키는 힘이 있었다. 가만히 앉아서 듣는 것이 아니라 적극적으로 반응하고 응답하는 태도를 가지게 하였다. 이처럼 훌륭한 커뮤니케이션은 듣는 사람 내부로부터 근본적인 필요를 생성시키고 그 필요를 충족시키는 길을 제시하는 것이 되어야 한다. 그런 점에서 교회성장형 설교는 인간의 가장 근본적인 필요 즉 하나님의 용서와 구원을 다루는 설교이다.

병자를 치료하실 때마다 예수님께서는 사람들의 근원적인 필요(죄의 용서)와 함께 실제적인 필요(질병의 치료) 모두를 충족시켜 주셨다. 주님의 관심은 온전한 사람이었다. 효과적인 설교가 되기 위해서는 듣는 자의 신체적, 정신적, 정서적, 실제적 필요를 채워줄 수 있는 능력이 있어야 한다. 여의도순복음교회의 조용기 목사가 이른바 삼박자 구원론을 외친 것도 이러한 주님의 원리를 본받아 삶의 모든 필요를 복음으로 채워 전인적 구원을 이루기 위함이었다.

하나님의 나라란 본래 모든 것을 포함하는 것이어야 한다. 하나님의 구속은 인간의 전체와 피조물의 모든 것에 해당된다.

복음을 전파할 때 조심해야 할 것은 인간의 영적인 면을 정신적인 면이나 육체적인 면으로부터 분리하지 말아야 한다는 것이다. 온전한 인간이란 영혼과 육체가 분리된 것이 아니라 합일되어 있는 존재이다. 예수님께서는 물질적인 세계에서 그의 능력을 나타내셨지만 그것은 곧 그가 영적인 세계에서도 치료의 능력을 가지고 계시다는 것을 알게 하셨다. 오늘날 오순절 계통의 교회들이 높은 성장률을 가지게 된 것은 이러한 목회철학 때문이다. 오순절주의자들은 복음이 의미있는 방식으로 소개되고 사람들에게 설득력을 가지기 위해서는 보다 실제적이고 역동적인 모습으로 표현되어야 한다고 믿고 있다.

④ 해결의 원리

앞에서 언급한 것처럼 성육신적 커뮤니케이션은 듣는 자의 필요를 충족시키는 것을 목표로 하여야 한다. 예수님께서는 가난하고 소외되고 병든 사람들에게 늘 관심을 가지셨다. 주님께서는 그들의 모든 필요, 즉 영적인 필요와 신체적인 필요 모두를 채워주셨다.

예수님의 생애와 사역은 인간의 영적 필요와 육적 필요를 구분하지 않는 전인적 필요를 채우시는 일로 일관한 것이었다. 영적 필요를 채우기 위한 예수님의 전략은 자기발견을 통한 것이었다. 주님은 말하기보다 보여주시기를 좋아하셨으며 주님께서 보여주시는 것을 통해 사람들은 자신들의 이해 체계와 방식 안에서 진리를 깨달을 수 있었다. 예수님께서는 잘 풀어서 설명한 신학서적으로써가 아닌 체험 중심의 간증사례집과 같은 것을 통해서 복음을 소개한 것이다(Kraft 1979:282).

듣는 자 스스로 이해하기 위해 애쓰게 만드는 것이 가장 이해를 잘 지키는 길이다. 훌륭한 커뮤니케이션은 항상 듣는 자

곧 수신자의 역할을 중요시 한다. 주어진 질문에 모두 다 대답하려고 할 필요가 없다. 오히려 그 질문을 수신자에게 돌려주어 그들 스스로가 대답하도록 해야 한다. 효과적인 설교나 강의는 이러한 원리에 입각한 것이 되어야 한다. 이같은 자기 발견의 커뮤니케이션은 시청각적인 자료나 예화 혹은 이야기 등을 활용하여 듣는 자들이 스스로 이해하도록 선택할 수 있게 하는 커뮤니케이션이다.

2) 성령에 의한 커뮤니케이션

설교가 성육신적이라면 그것은 설교가 측정 가능한 인간적인 요소와 함께 신적인 요소도 포함하고 있음을 의미한다. 원리, 모델, 기술, 신학 등이 인적 요소라면 기도와 성령은 신적 요소라고 할 수 있다. 설교자는 인적 요소와 함께 신적 요소에도 관심을 가져야 성육신적 설교를 행할 수 있는 것이다.

① 기름부음을 위한 기도

설교자의 사명은 성도들이 하나님의 진리를 확신하도록 돕는 것이다. 성도들이 성령에 의하여 믿음이 들어가면 회심의 역사가 일어난다. 죄인을 감동시켜 회개하게 하시는 이는 말씀을 통해 일하시는 성령이시다. 성령은 진실로 온전한 전달자요, 해석자요, 조명자요, 설득자이시다. 그러므로 설교자는 깊은 기도를 통하여 항상 성령을 의지하는 것이 절대적으로 필요하다. 성령을 의지하는 것이 곧 감동있는 설교를 할 수 있게 한다. 현대의 많은 설교가 비판을 받는 것은 듣는 사람들의 마음에 감동을 주지 못한다는 것인데 이는 성령의 감동하심이 결여되어 있기 때문이다.

설교를 위해 성령의 기름부으심을 받기 위해서는 기도의 전문가가 되어야 한다. 설교자가 사람에게 말하기 전에 먼저 하나님께 말하는 것이 곧 기도이다. 깊은 기도는 성령의 임재를 가져다 주고 성령의 임재가 함께 하는 설교는 능력이 나타난다. 초대교회 때 마가 요한의 다락방에서 깊은 기도를 한 사도들은 성령이 충만하여 설교하자 한 번 설교에 수천 명이 회개하는 능력의 역사가 나타났다(행 1:8).

커뮤니케이션에서의 성령의 역할에 대해서 빌리 그레이엄은 이렇게 고백한다.

"내가 믿는 것은 누가 설교하더라도, 아무리 서툰 설교라도 진정한 성령이시리라는 사실이다. 내가 설교할 때 사람들은 나의 말을 듣는 것이 아니다. 그들이 듣는 것은 내면의 음성, 곧 성령의 음성이다. 성령이 주장하시고 성령이 전달하시는 것이다."

그러므로 우리는 사람을 설득하기 위한 특별한 화법을 개발하기 위해 애 쓸 필요를 느끼지 않는다. 우리는 옛 화법을 사용할 뿐이다. 성경의 화법은 성령의 임재와 능력을 믿는 화법이다. 진리가 전달된 때 사람들은 그 마음 속으로부터 그 진리에 대해서 아멘으로 화답하게 된다. 내가 비록 설교를 잘못하더라도 하나님께서는 내 마음의 동기와 진심을 아시고 그 단순하고 보잘 것 없는 설교를 사용하시사 인간의 마음에 감동을 주시는 것이다.

실로 구원은 하나님으로부터 나오는 것이다.

② 커뮤니케이션을 위한 성령의 은사

설교의 영적 차원을 이해하는 또 한 가지 길은 "커뮤니케이션 은사"를 개발하는 것이다. 성령 체험으로서의 은사개발은 최근까지 큰 관심을 끌지 못한 부분이다. 그러나 와그너 교수가 말한 것처럼 구원받은 신자의 최대 관심사는 성령의 은사의 발견 및 활용이어야 한다.

하나님께서 부르시고 은사주신 것을 가지고 성령의 인도를 따라 일하는 것이 주의 종의 사명인 것이다. 보다 나은 그리스도인이 되기 위해서는 성령의 은사를 개발해야 한다(고전 12:16). 교회 성장을 가져오기 위해서도(엡 4:13-14), 하나님께 영광을 돌리기 위해서도(벧전 4:10-11) 성령의 은사는 필수적이다. 사도 바울이 디모데에게 하나님의 은사를 불일 듯 하도록 권면한 것도 바로 이러한 이유 때문이다(딤후 1:6).

설교에서의 은사의 중요성에 대해서 유진 피터슨은 이렇게 강조했다. "관리하고 목양하는 일이 매우 중요한 것은 사실이다. 그러나 신학교육의 가장 큰 관심사는 역시 설교 능력을 성령의 은사로써 개발하는 일이다."

그렇다면 설교의 은사 혹은 커뮤니케이션의 은사는 무엇인가? 성경에는 목사의 은사는 있지만 설교의 은사라고 언급한 곳은 없다.

와그너는 목사의 은사와 관련된 은사로 믿음의 은사, 다스리는 은사, 행정의 은사, 그리고 권면하는 은사를 들었다(Wagner 1979a:137).

로비트 클링턴에 의하면 모든 기독교 지도자는 최소한 한 가지 이상의 말씀 은사를 가지고 있다고 한다. 일차적인 말씀 은사는 가르치는 은사, 예언의 은사, 권위하는 은사이다. 반면에 이차적인 말씀은사는 사도의 은사, 복음 전하는 은사, 목양하는 은사라고 보았다. 지도자는 이러한 말씀 은사를 사역 자체뿐만 아니라 사역을 분별하는 것을 위해서도 사용할 수 있다.

필자는 커뮤니케이션의 은사가 될 수 있는 성경의 은사를 일곱 가지로 정리할 수 있다고 본다. 예언의 은사, 가르치는 은사, 권면의 은사, 지식의 말씀의 은사, 지혜의 말씀의 은사,

방언의 은사, 그리고 방언통역의 은사가 그것이다. 이 모든 은사들은 발성과 관계가 있기 때문에 발성의 은사라고도 부른다. 교회성장형 설교를 위해서는 이 발성의 은사들을 집중적으로 개발하는 것이 무엇보다도 중요하다고 본다. 이 일곱 가지 커뮤니케이션의 은사에 대해서는 와그너가 정리한 다음의 정의를 참조하는 것이 유익할 것이다.

예언의 은사

예언의 은사는 하나님께서 그리스도의 몸의 어떤 지체들에게 주신 특별한 능력으로 하나님의 즉각적인 메시지를 받아 하나님의 백성들에게 하나님의 성별된 말씀으로 전달하는 역량이다.

가르치는 은사

가르치는 은사는 하나님께서 그리스도의 몸의 어떤 지체들에게 주신 특별한 능력으로 다른 사람들이 배울 수 있도록 몸과 그 지체들의 건강 및 직임에 관계되는 지식을 전달하는 역량이다.

권면의 은사

권면의 은사는 하나님께서 그리스도의 몸의 어떤 지체들에게 주신 특별한 능력으로 몸의 다른 지체들에게 위로의 말과 격려의 말과 조언의 말을 해주어 그들이 실제로 도움이나 치유를 받았다고 느끼게 해주는 역량이다.

지혜의 은사

지혜의 은사는 하나님께서 그리스도의 몸의 어떤 지체들에게 주신 특별한 능력으로 성령의 마음을 알아 주어진 지식을 어떻게 그리스도의 몸 안에서 발생하는 요구 사항에 가장 잘 적용할 수 있는지를 아는 역량이다.

방언의 은사

방언의 은사는 하나님께서 그리스도의 몸의 어떤 지체들에게 주신 특별한 능력으로 자신들이 배우지 않은 언어로 하나님께 말하는 역량이다. 또한 하나님의 즉각적인 메시지를 받아서 배우지 않은 언어인데도 하나님의 성별된 말을 통하여 하나님의 백성들에게 전달하는 역량이다.

방언 통역의 은사

방언 통역의 은사는 하나님께서 그리스도의 몸의 어떤 지체들에게 주신 능력으로 방언으로 말하는 사람의 메시지를 일상어로 알려 주는 역량이다.

(3) 설교를 잘하려면 이렇게 하라.[28)

1) 될 수 있는 대로 편안한 얼굴을 가지라.

걱정없이 웃는 얼굴을 가져야 한다. 강단도 될 수 있는 대로 밝은 조명을 해서 밝은 분위기 속에서 말씀을 전해야 한다.

필자는 유명한 권투선수 가운데 알리식, 클래이식 복음 전파가 좋다고 생각한다. 그들은 나비처럼 날아서 벌처럼 쏜다고 했다. 설교할 때 얼굴 표정은 부드럽게 하지만, 설교의 내용은 벌처럼 쏘아야 한다.

---

28) 신성종 外 「이렇게 설교해야 교회가 성장한다」(서울:도서출판 하나, 1994). pp. 154-156.

2) 말씀 준비를 위해서 많은 사람과 접촉하라.

좋은 설교의 소재를 얻기 위해서는 사람에게 전해야 하기 때문에 다양한 계층의 현대인들을 접촉하는 것이 좋다. 무엇보다도 사람을 많이 접촉해야 한다. 어떤 사람들은 책만 많이 읽는다고 하는데, 책은 극히 부분적이고 개인의 단면적인 면만 보는 것이기 때문에 넓게 볼 수가 없다. 그래서 한 주일 설교를 위해서는 한 20-30명과의 대화를 하는 것이 좋다. 이런 설교는 그 시대의 설교가 되고 그들에게 필요한 설교가 될 수 있다.

3) 많은 곳을 가보라.

많은 곳에 가서 하나님 창조의 섭리를 깨닫고, 철학을 얻고, 진리를 발견하고, 거기 숨어있는 하나님의 소리를 듣는 것이다.

예수님께서도 자연을 많이 활용하지 않으셨는가! "공중의 나는 새를 보라. 들의 백합화를 보라"하시면서, 그리고 양을 보고 말씀하시고, 포도원을 보고 말씀하시고, 그 시대를 보시고 늘 활용하셨다.

필자는 이것을 잘 모르고 처음에는 바르트와 본 회퍼 이야기를 많이 했었다. 교인들은 본 회퍼를 잘 모른다. 목회자는 모르는 이야기를 너무 많이 한다. 성도들이 모두 알 수 있는 이야기를 해서 같이 느끼고 공감해야 한다.

4) 성경을 많이 읽어라.

많은 책을 읽어야 한다. 목회자들이 장편이나 전문서적을 읽는 것은 어렵다. 그러나 논문을 많이 읽으면 그 논문을 쓰기 위해 집필자들은 많은 책을 읽었기 때문에 그만큼 효과가 크다.

목회자가 전달하는 하나님의 말씀에는 성경 66권이 있고, 내가 전하고자 하는 내용을 다 담아야 한다. 자유를 설교해도 모든 것을 다 다루어야 한다. 구약과 신약에 있는 모든 말씀을 다 사용하여 회개할 자는 회개하고, 감사할 자는 감사하게 하고, 믿음이 없는 자에게는 믿음을 주고, 병이 든 사람은 치료를 받게 하는 갖가지 하나님의 뜻에 순종하게 하도록 하여 모든 사람에게 해당되게 해야 한다고 생각한다.

5) 주일낮 설교는 전도 설교에 가까운 설교를 하라.

주일낮 설교는 새신자들에게 쉽게 접근할 수 있는 용어를 사용해야 한다.

주일낮 설교는 평안하게 하나님의 말씀을 전하는 것이 좋다. 교회가 이미 있는 양도 구원해야 하므로 계속적인 성장을 위해서 한 영혼을 구원하는 복음을 끊임없이 전해야 할 책임이 있다고 생각한다.

6) '설교자의 고민'을 많이 하라.

설교자는 예레미야 같은 눈물, 예수님과 같은 땀, 사도 바울 같은 사랑, 이사야 같은 소망… 이런 심정을 가지고, 고민하는 마음을 가지고 전할 때에 거기에 많은 열매를 맺을 수 있다.

말씀을 전하는 자는 요리하는 요리사와도 같기 때문에 입에 맞도록 말씀을 잘 요리해야 한다고 생각한다. 참기름이 맛있지만 참기름만 많이 먹을 수 없고, 버터가 좋지만 버터만 먹을 수 없다. 그래서 싫증내지 않고 잘 먹으려면 말씀을 조금 싱겁게 하는 것이 좋다. 우리가 하나님의 말씀이 좋지만 말씀만 받아야 한다고 말씀만 먹으라고 하면 교인들은 많이 먹을 수 없다.

7) 자기의 은사를 낮추어보지 말라.

　하나님의 말씀은 나에게 주실 때 이미 나를 알고 주셨기 때문에 내게 말씀을 전할 수 있는 은사까지 같이 주신다고 생각한다. 내게 충분히 전할 수 있는 실력을 주셨고, 능력을 주셨고, 힘을 주셨다고 본다.

　그렇기 때문에 말씀 전달하는 데 남의 전달 방법을 배울 필요가 없다고 생각한다. 나의 은사를 낮추어보면 안된다. 내게 주신 은사가 가장 큰 줄 알아야 한다. 하나님께서는 최선을 다할 때 들어 쓰시고 역사하시는 분은 성령님이시다.

5. 치유목회로 교회갱신을 해야 한다.

급변하는 사회에서 한국 교회의 갱신을 위한 하나의 방법으로, 치유목회를 소개하고자 한다. 치유목회란 무엇이고, 치유목회가 어떻게 교회갱신에 이바지하며, 또한 치유목회를 통해서 우리가 구체적으로 무엇을 할 수 있겠느냐하는 실제적인 내용들을 주로 다루어 보려고 한다.29)

윌리암 클레비쉬(William Clebisch)는 그의 저서 『역사적 관점에서 본 목회상담(*Pastoral Care in Historical Perspective*)』에서 교회는 전통적으로 네 가지 목회 기능을 가지고 있다고 말했다.

첫 번째, 치유의 기능이다. 기독교에서는 이 치유의 기능에 대하여 많은 관심을 갖고 있다. 신약에 보면 여러 가지 사역 가운데서 예수님의 치유의 사역을 하신 것을 볼 수 있다. 그 외에도 기독교는 2000년 역사를 통해서 항상 치유의 사역을 해 왔다.

두 번째, 교인을 위한 지탱적인 기능이다. '지탱'이라는 것은 교인들을 돌봐주고, 붙들어 주고, 지지해 주고, 후원해 주는 기능을 가리키는 것이다. 이것은 다르게 말하면 위로의 하나님을

---

29) 이종윤, 「급변하는 사회와 교회갱신」(서울:요단출판사, 1996), pp. 231-258 인용.

부각시키는 말씀이다.

세 번째, 인도적인 기능이다. 지도하고 인도하는 것은 교육적인 측면을 부각시키는 것이다. 교회의 기능 중 하나가 교육이고, 교인들을 인도하고, 지도하는 기능이다.

네번째, 화해의 기능이다. 이 기능은 첫째, 인간과 하나님의 화해 즉 전도의 행위로 나타내는 것이다. 둘째, 이웃과 화해하는 대인 관계의 화해를 말한다. "네 이웃을 네 몸과 같이 사랑하라"는 말씀이 이를 가리킨다. 또한 마태복음 5장의 "네 원수를 사랑하라"는 말씀에 근거해서 이렇게 말할 수 있다. 이런 면에서 화해는 하나님과의 종적인 화해뿐 아니라, 횡적인 대인과의 화해도 이 목회사역에 들어간다는 말씀이다. 그렇기 때문에 목회사역에 있어서 대인관계의 문제, 갈등은 엄연히 목회 차원의 중요한 영역으로 생각해야 한다.

(1) 치유의 사역

우리는 치유라는 말을 여러 가지로 사용한다. 전통적으로 교회사에서 목회자가 심령을 치유할 때 '영혼의 치유자'라고 했다. 이 말은 시대적 변천에 따라 명칭이 변한다. 이 'cure'라는 말은 라틴어 'cura'에서 왔다. 이것은 '치유하다'라는 개념이다. 그러나 현대에는 돌본다는 개념으로, 발전적으로 의미가 어느 정도 변한 것이다.

이 치유라는 말을 헬라어에서 찾아본다면 '떼라퓨어'라는 단어인데, 이 단어는 신약에서 여섯 번 쓰여졌다. 이 단어는 두 가지 면에서 쓰여진다. '하나님을 떼라퓨어한다'고 하면, '하나님을 섬기다'라는 뜻이 있다. 그 다음에 사람하고 관계가 될 때는 '돌보다, 치료하다, 치유하다' 또는 '회복하다'는 뜻을 갖는다.

이 말은 궁극적으로 '구원'이라는 뜻을 가지고 '궁극적인 치유'라는 개념으로 쓰여질 수 있다는 것을 보여 준다. 구원이란 개념은 소위 '소테리아' 아니면 '소조'라는 단어인데, 이 단어들은 신약에서 151회 쓰여졌다고 한다. 이 중에서 16회는 귀신과 질병을 해방시키는 면에서 쓰여졌고, 40회 정도는 육체적인 죽음에서 해방된다는 뜻으로 쓰여졌다. 그리고 나머지 뜻은 '치유'라는 개념으로 쓰여졌다. 그렇기 때문에 결국 구원이란 '전인적인 치유'를 말하는 것입니다. 구원이란 성령 중심에서 인간 전체성에 치유를 가능케 하는 행위이다. 그러므로 이와 같이 성서적 치유의 개념에서는 뜻을 세분화하여 다양한 뜻으로 사용되어 있다.

그렇다면 치유와 치료를 어떻게 구분할 것인가? 치유와 치료에서 치유는 전인적이고 전체적인 온전함을 목표로 하는 것이고, 치료는 국부적인, 부분적인 회복을 말하는 것이다. 그렇기 때문에 치료는 하나의 병리적인 현상을 중심으로 하는, 하나의 문제 상황을 말한다.

그러나 치유라고 하면 전반적이고 포괄적으로 인간적 상황을 나타내려는 개념을 가지고 있다. 이런 의미에서 목회사역에 있어서 특히 치유목회와 치료사역에 더 관심을 가져야 한다. 치유목회를 통한 교회갱신을 이룰 수 있기 때문이다. 그러면 좀더 치유라는 측면을 자세히 논의해 보고자 한다.

치유목회의 역할과 기능에 있어서, 우선 3차적인 면을 보게 된다. 다시 말해서 치유라고 하면 흔히 신체적인 치유만을 생각할 수 있다. 그러나 심리적인, 정신적인 치유를 포함해야 진정한 치유가 이루어진다고 말할 수 있다. 그 다음에 우리가 치유를 말할 때 그것은 영적인 치유이다. 그런데 이 영적인 치유라는 말과 신체적인 치유와 심리적인, 장애적인 치유를 혼동해서 쓸 수 있는데, 신학의 위치에 따라서 편의상 몇 가지로 세분화해 보았다.

그러면 치유에 있어서 '치료하는 분야'와 '치유하는 분야'로 구분할 수 있는데, 특별히 치유하는 분야에는 예방의 방법이 포함되어 있다. 이를 흔히들 가리켜서 'pastoral counseling'이라고 한다.

"pastoral counseling"은 문제를 중심으로 한 학문명이 되는 것이다. 그러니까 교인들에게 상담을 받아야 한다고 권고하면, 그들은 "아니 목사님, 제가 왜 상담을 받아야 합니까?"라는 거부반응을 일으키는 것을 보게 된다. 그럴 때 우리는 오히려 그 사람 자신을 지적하는 것이 아니라, 그 사람이 갖고 있는 문제 그 자체를 제시하는 것이다. 상담이라는 것은 문제를 전제로 하는 것이다

그래서 미국에서는 현대 목회상담에 관해 예를 들때, "pastoral counseling"이라는 말에 더 추가하여 "pastoral care and counseling" 이라는 표현을 쓴다. 목회에 있어서 'care'는 예방의 측면을, 'counseling'은 치료의 측면을 말하는 것이다.

그러니까 목회상담이란 예방과 치료를 포함시키는 학문인데, 이 학문명을 따를 것 같으면, 그 영역이 제한되기 때문에 우리 나라에서는 조금 의미의 변화가 있어야겠다. 그래서 직역을 할 때 '목회 배려', 아니면 '목회 돌봄과 상담'이라고 할 수 있다.

이 돌봄에는 세 가지 예방적인 돌봄의 방법이 있다.

첫째, 문제의 발생을 예방하는 것이다.

우리가 독감에 걸리기 전에 독감주사를 맞으면 독감에 안 걸리는 것과 같다. 사전에 문제가 생기지 않도록 하는 것이다. 예방주사를 맞는 것처럼 목회에 있어서도 문제가 있는 것을 미리 예측하고, 또는 있을 것을 미리 생각하여 그것을 예방하는 것이다.

둘째, 문제가 악화되는 것을 방지하는 것이다.

문제는 이미 있는데 이 문제를 어떻게 더 악화되지 않게 방지하느냐 하는 것이다.

세 번째, 문제의 재발을 방지하는 것이다.

(2) 목회의 만병통치약:사랑

우리는 항상 무언가 결핍되어 있다. 목회에 있어서 궁극적인 약이 무엇이냐고 한다면, 결론적으로 말해서 "사랑해 달라"는 것이다.

사랑으로 해결 안되는 것이 없다. 사랑은 만병통치약이다. 어떤 심리학자는 말하기를 정신적으로 건강하지 못한 사람은 사랑을 할 수 없는 사람, 또는 사랑을 받지 못하는 사람, 이러한 사람이 정서적으로 불안하고 건전하지 못한 사람들이라는 것이다.

"예수께서 사두개인들로 대답할 수 없게 하셨다 함을 바리새인들이 듣고 모였는데 그 중에 한 율법사가 예수를 시험하여 묻되 선생님이여 율법 중에 어느 계명이 크니이까 예수께서 가라사대 네 마음을 다하고 목숨을 다하고 뜻을 다하여 주 너의 하나님을 사랑하라 하셨으니 이것이 크고 첫째 되는 계명이요 둘째는 그와 같으니 네 이웃을 네 몸과 같이 사랑하라 하셨으니 이 두 계명이 온 율법과 선지자의 강령이니라."(마 22:23-40).

우리는 모두 하나님의 피조물이요, 하나님의 작품들인 것이다. 그런데 이 작품들이 어떤 상태인가? 죄로 말미암아 모두 깨어진 상태이다. 그러면 아가페 사랑으로 어떻게 사역을 할까? 이 아가페 사랑으로 목회할 때 치유가 된다. 여기에 구체적으로 갖춰야 할 네 가지 조건이 있다.

첫째, 상대방을 무조건적으로 귀하게 존중하라는 것이다.

둘째, 상대방을 이해하는 것이다.

'이해'라 하면, 상대방 입장에 서서 그 사람의 생각과 느낌을 아는 것이다. 단순히 상대방의 느낌을 동정한다는 뜻도 아니다. 수긍한다는 뜻도 아니다. 그것을 정확히 안다는 뜻이다.

세 번째, 진실함이다.

우리는 진실한 사람을 찾기가 어렵다. 진실하다는 것은 성실함을 말한다. 진실한 사람들은 순간 순간을 대할 때 눈치를 보지 않다. 그리고 한국 사람들에게 필요한 것은 따뜻함이다. 한국 사람들은 정이 많다. 이것은 한국적인 풍토에서 옳고 그른 것을 따지는 것이 아니라, 목회자들이 교인을 위해서 따뜻함을 줄 때, 그것도 일종의 정을 주는 것이다.

(3) 치유의 사역으로 교회갱신을 한다.

정말 치유자가 되려면 목회자 자신이 치유가 돼야 한다. 치유자가 먼저 치유가 되어야 한다. 목회자가 교인으로부터 받은 그 상처를 누가 치료를 해줄 것인가? 목회자는 자신을 목회하는 또다른 목회자를 필요로 한다. 상담자는 또다른 상담자가 필요하다.

목회자들이 얻어야 할, 자신을 소생시켜 줄 수 있는, 우리가 충전해야 할 원천이 무엇인가? 헨리 뉴엔은 상처받은 치유자이신 예수님께서 십자가에 못 박혀 죽음으로써, 그가 먼저 십자가의 상처를 받았기 때문에, 그분은 우리를 부활의 능력으로 치유하신다고 한다.

그러므로 우리의 아픔과 우리의 상처가 약점이 아니고, 오히려 우리의 상처가 치유의 도구가 될 수 있는 것이다. 그래서 우리는 다 깨어진 사람이고, 금이 간 사람이고, 부족한 사람이라는 고백이 필요하다. 목회자는 부족한 것을 하나님께 맡길 때 성령님께서 우리를 통해서 사역하시는 것이다. 성령님께서는 온전한 그릇을 통해서 사역하시는 것이 아니라는 것을 우리는 잘 안다. 오히려 깨어지고 찌그러진 못난 사람들이 겸손할 때 하나님께서 역사하시는 것이다. 목회자가 치유자의 치유자로서 먼저 치유를 받으면서, 치유의 사역이 될 수 있도록 해야 할 것이다.

6. 인간관계에 성공해야 한다

(1) 인간관계의 중요성[30)

1) 신앙은 관계에서 출발하기 때문이다.

첫번째, 인간관계가 중요한 이유는 신앙은 관계에서 출발하기 때문이다. 신앙은 관계이다. 창세기 1:1에 "태초에 하나님이 천지를 창조하시니라"고 하셨는데 이는 다른 말로 "태초에 하나님이 관계를 맺으셨다"라고도 할 수 있다. 인간이 하나님과의 관계, 인간과 다른 인간과의 관계, 인간과 자연과의 관계, 그리고 인간과 그 인간 자신과의 관계가 그것이다.

죄란 이러한 관계가 단절되거나 왜곡된 상태이다. 구원이란 이러한 깨어진 관계를 다시 회복하고 정상화하는 상태이다. 특별히 하나님과의 수직적 관계를 회복하고 다른 사람과의 수평적 관계를 새롭게 하는 것이 바로 신앙의 본질이다. 그래서 성경의 모든 말씀은 "하나님을 사랑하고 이웃을 사랑하라"는 새 계명에 요약되는 것이다.

성경 66권 1,189장이 대표하는 성경 구절 두 가지가 있는데 그것은 요한복음 3장 16절의 '하나님 사랑'과 요한일서 3장 16절의 '인간 사랑'이다. 사랑이란 바로 관계이다. 그러므로 하나님을 사랑하고 인간을 사랑하는 신앙인이 되기 위해서도 우리

---

30) 명성훈, 「영적 성장 십계명」 (서울:교회성장 연구소, 1997), pp. 205-219.

는 좋은 관계를 추구하는 삶을 살아야 할 것이다.

2) 행복과 성공은 관계에 있기 때문이다.

인간관계가 중요한 두 번째 이유는 인간의 행복과 성공이 관계에 있기 때문이다. 하나님과 화해해도 사람과 화해하지 않으면 불행하다. 많은 직장인들이 일보다는 관계 때문에 힘들어 한다. 많은 가정주부들의 심각한 고민도 가사 때문에 일어난 경제문제보다는 가족과 만족스럽지 못한 관계이다. 환경적인 고통보다 더 어려운 것이 관계의 고통이다. 돈이 없고 실력이 부족하더라도 원만한 인간관계를 가진 사람들은 행복과 여유를 가지고 생활한다. 그러나 아무리 많은 것을 성취하고 소유하더라도 따뜻하고 친밀한 인간관계를 이루지 못하는 사람들은 고독과 소외감 속에 괴로운 인생을 살 수밖에 없다.

이렇게 인간관계 때문에 괴롭고 불행한 인생도 있지만 인간관계에 성공해서 행복하게 사는 사람들도 얼마든지 있다. 단 한 사람의 좋은 친구만 있어도 행복할 수 있다. 몇 사람의 좋은 인간관계만 구축해도 큰 성공을 거둘 수 있는 것이 인간 사회이다. 두뇌를 갈고 닦고 기술을 연마하는 훈련을 잘 하면 사회에서 성공할 수 있는 확률이 10퍼센트라고 한다. 그런데 대인관계를 잘하면 성공할 수 있는 확률이 85퍼센트나 된다는 것이 연구 조사의 결과이다. 직장에서도 일을 능력있게 감당하지 못해 해고당하는 것보다 대인관계를 잘못해서 해고당하는 경우가 거의 두 배가 된다는 것이다.

3) 영적 성장과 사역도 관계 속에서 이루어지기 때문이다.

인간관계가 중요한 이유는 영적 성장과 사역도 관계속에서 이루어지기 때문이다. 성경은 "보이는 바 형제를 사랑하지 않는 사람은 보이지 않는 하나님도 사랑할 수 없다"고 분명히 말씀하고 있다. 세상의 조직은 사람보다 일을 중요시하지만 하나님 나라의 사역은 사람 그 자체가 목적이다. 하나님의 복음은 사람을 살리기 위한 복음이다. 주의 일이란 곧 주의 사람이다. 전도하는 것도 관계요, 양육하는 것도 관계이다.

따라서 한 사람, 한 영혼을 귀하게 여길 줄 알아야 한다. 하나님의 사역자는 무엇보다 사람을 귀하게 여겨야 한다. 하나님의 관점으로 사람들을 바라보고 사랑할 수 있어야 한다.

이처럼 좋은 관계와 이웃사랑은 하나님의 뜻이자 명령이며 우리의 책임이다. 관계를 향상시키려는 노력은 하나님의 사역을 위해서도 필요한 것이다. 하나님은 우리를 통해 사람들을 위로하기 원하시며, 축복하기 원하시며 나아가 구원하기 원하신다. 특별히 세상에 흩어져 매일 매일을 사는 그리스도인들은 세상의 불신자들과도 가능한 한 화목한 관계를 맺어야 한다. 왜 주님께서 원수도 사랑하라고 하셨겠는가? 그것이 바로 복음이기 때문이다. 그러므로 주님을 위해서 살겠다고 하는 사람일수록 사람과 화목해야 하며 미워하는 사람이나 기피하는 사람이 없어야 할 것이다.

(2) 성공적인 인간관계를 위한 7가지 원칙

1) 자신과 화해하라

인간관계의 문제는 먼저 나 자신과의 관계와 직접적인 관련이 있다. 사람들과 어울리지 못하는 것은 실제로 나 자신과 친하지 못하기 때문이다. 다른 사람을 대하는 방법은 사실 자신을 대하는 태도를 그대로 반영하기 때문이다.

내가 나를 어떻게 생각하며 나 자신과 어떤 관계를 맺고 있느냐에 따라 다른 사람과 관계를 맺는 방식이 결정되는 것이다.

다른 사람을 대하는 데 있어서 어려움이나 장애가 있다면 그것은 먼저 자신과 문제가 있기 때문이다. 그러므로 먼저 자신과 화해해야 한다. 자신을 있는 그대로 받아들여야 남도 받아들일 수 있다. 자신을 온전하게 받아들이지 않는 이상 다른 사람을 받아들이는 일은 불가능하다. 그래서 성경은 "네 이웃을 네 몸과 같이 사랑하라"(마 22:39)고 하신 것이다. 자신의 몸을 사랑할 줄 알아야 남도 사랑할 수 있다는 것이다.

그러므로 자신을 있는 그대로 받아들이자. 자신을 미워하지 말고 사랑하자. 자신의 약점과 단점까지도 받아들이자. 하나님께서도 나를 있는 그대로 받아 주셨다. 내 몸의 주인이 하나님이시라면 하나님께서 다루시는 대로 맡기자. 그것이 바로 신앙이요, 믿음이다. 하나님은 우리로 완벽한 삶을 살게 하려고 부르신 것이 아니다. 하나님은 우리가 주 안에서 최선을 다하며 살도록 부르셨다. 그러므로 자신의 장점을 바라보며 생활하자. 그러면 다른 사람의 장점을 보는 지도자가 될 것이다.

2) 절대로 비난하지 말라.

어떤 사람이라도 비난, 비평, 불평 세 가지만 안한다면 성공할 수 있다는 말이 있다. 비판이란 참으로 쓸모없는 것이다. 비판은 인간을 방어적 입장에 서게 만들고 대개 그 사람으로 하여금 자신을 정당화하기에 안간힘을 쓰게 만들기 때문이다. 형장의 이슬로 사라지는 사형수도 자신의 행위에 대해서 비판을 받으면 어떤 이유 때문이라고 항변한다. 비판은 우리가 기대하는 것처럼 변화를 가져오는 것이 아니라 원한을 가져온다.

링컨의 성공 비결은 절대 비판하지 않는 것이었다. 그는 "다른 사람을 판단하지 말라 그러면 너희도 판단받지 않을 것이다"라는 성경말씀을 삶의 원칙으로 삼았다. 링컨은 자기 부인이나 다른 사람들이 노예제도를 찬성하는 남부사람들을 나쁘게 애기할 때조차도 "그 사람들을 책망하지 마시오. 우리들도 같은 상황에 놓인다면 그들과 같은 행동을 취할 것이요"라고 말했다. 미국 건국의 아버지 벤자민 프랭클린도 자신의 성공비결은 "나는 어떤 사람에 대해서도 나쁘게 이야기한 적이 없다. 그리고 모든 사람에 대해 내가 알고 있는 좋은 점만을 이야기 한다"고 밝힌 바 있다.

하나님께서 가만히 계시는 한 우리도 심판하는 자가 되지 말고 이해하는 자가 되어야 한다. 바울은 로마서 14:13에서 "그런즉 우리가 다시는 서로 판단하지 말고 도리어 부딪힐 것이니 거칠 것으로 형제 앞에 두지 아니할 것을 주의하라"고 말씀했다. 주님께서도 마태복음 7:1-2에서 "비판을 받지 아니하려거든 비판하지 말라. 너희의 비판하는 그 비판으로 너희가 비판을 받을 것이요 너희의 헤아리는 그 헤아림으로 너희가 헤아림을 받을 것이니라"고 말씀하셨다. 그러므로 오늘부터 어떤 경우라도 비난하거나 비판하지 않겠다고 새로운 결심을 하라. 이 결심을 지키는 자에게는 하나님의 나라가 임할 것이다.

3) 칭찬하고 세워주라

사람들과 가까워지고 원만한 인간관계를 맺는 가장 좋은 방법은 상대방을 칭찬하고 세워주는 것이다. 칭찬의 위력 앞에서 움직이지 않을 사람은 아무도 없다. 물론 여기서 칭찬이라 함은 이기적인 목적을 위한 천박한 아첨이나 비위를 맞추는 것과는 다르다. 진심에서 나오는 격려와 관심의 표현이며 다른 사람을 축복하고 성장시키고자 하는 친절한 태도의 표현이다.

칭찬에 대한 좋은 설명이 있다. "칭찬은 따뜻한 인간 정신에 대한 샛별과도 같아서 우리는 칭찬없이는 자라지도, 꽃을 피우

지도 못한다. 그럼에도 불구하고 우리는 다른 사람에게 걸핏하면 비난이란 찬바람을 퍼붓기 일쑤이고 웬일인지 우리와 함께 살아가는 사람들에게 칭찬이라는 따뜻한 햇볕을 주는데 인색하다. 칭찬을 사용하라. 일반적인 찬사를 늘어놓지 말고 구체적인 업적을 발견하여 더 깊은 의미를 담아서 말하고 표현하라. 인간은 모두 감사와 인정을 갈망하고 있으며 그것을 위해서라면 무슨 일이든 하게 된다는 점을 명심하라. 그러나 위선이나 입에 발린 칭찬을 바라는 사람은 아무도 없다는 것도 잊지 말라."

칭찬은 인간에게 양식과 같다. 자기 가족이나 종업원들에게 며칠 동안 음식을 주지 않았다면 그것은 범죄에 버금가는 행위일 것이다. 그러면서도 우리는 가족이나 동료나 아래 사람들에게 그들이 갈망하고 있는 진심 어린 칭찬과 찬사를 전혀 공급해 주지 않으면서도 아무렇지도 않게 생활한다. 일상생활에서 가장 무시되기 쉬운 미덕 중의 하나는 칭찬이다. 정직한 칭찬 비판이나 비웃음이 이룩할 수 없는 결과를 가져다 준다. 사람을 변화시키고 성장시키는 것이다. 잠언 16:24은 "선한 말은 꿀송이 같아서 마음에 달고 뼈에 양약이 되느니라"고 말씀하고 있다.

4) 잘 들어주라

노벨 평화상을 수상한 바 있으며 고아와 빈민자의 어머니로서 살아있는 성녀로 칭송되던 마더 테레사는 자신의 위대한 업적에 대한 기자들의 질문에 이렇게 간결하게 대답했다고 한다. "내가 한 일은 사람들이 와서 무언가 내게 말할 때 그 이야기를 처음부터 끝까지 잘 들어준 것 뿐이다." 인류애를 몸소 실천하는 그녀가 한 일은 잘 들어 주는 것, 경청 그 한 가지였다.

우리가 사람에게 보낼 수 있는, 혹은 줄 수 있는 가장 깊고 친밀한 격려와 도움은 바로 상대방의 이야기를 잘 들어 주는 것이다. 건성으로가 아니라 집중하여 상대방의 입장을 이해하고 수용하면서 이야기를 들어주는 것은 어떠한 격려나 위로보다 큰 것이다. 자기 애기를 열중해서 들어주는 것과 같은 은근한 찬사에 저항할 수 있는 사람은 이 세상에 한 사람도 없다는 말이 있다. 가장 훌륭한 대화술은 상대방에게 가치를 부여하는 것인데 그것이 바로 경청이다. 경청은 내가 아니라 상대방을 중심으로 하는 훌륭한 대화의 기술이다. 잠언 18:2에서도 "미련한 자는 명철을 기뻐하지 아니하고 자기의 의사를 드러내기만 기뻐하느니라"(잠 18:2)고 했다.

대개의 사람들은 '자신들이 무엇을 애기할 것인가'에 대해서 정신이 팔려서 거의 남의 애기를 듣지 않는다. 많은 사람들은 자기 애기를 들어 줄 사람이 없을 때 의사를 부른다고 한다. 자신의 애기를 진정으로 들어주는 친구를 갖게 된다면 정신병원에는 환자가 반으로 줄어들 것이다. 그만큼 사람들은 자신의 이야기를 진심으로 들어주기를 원하고 있다. 그리고 이야기를 성의껏 들어주는 것만으로도 이미 그 사람에게 필요한 모든 것을 준 것과 다를 바 없다는 것이다. 경청은 더 깊은 관계로 가는 지름길이다.

5) 상대방의 필요를 채워주라

상대방의 필요를 채울 때 사람을 얻을 수 있다. 진정한 인간관계를 맺을 수 있다.

세계적인 가수나, 연사나, 배우들은 한결같이 자기들 때문에 모인 청중들에게 깊은 감사를 드린다고 한다. 자신을 보려고 찾아 온 사람들에게 진심으로 무한한 감사의 태도를 가질 때 더욱 많은 인정과 인기를 얻을 수 있다는 것이다. 이와 같이 상대를 존중하고, 감사하고, 그들의 필요를 채우려는 자세는 그 결과에 큰 차이를 가져온다. 이러한 태도가 있을 때 교사는 학생들의 성취도를 높여주고, 간호사들의 치료는 환자의 건강을 쉽게 회복시키며, 사업가는 근로자들에게 동기를 부여하고, 판매원들은 고객을 더 만족시키는 것이다.

바람직한 부부생활, 그리고 부모 역할을 가능하게 하는 비결도 여기에 있다. 목사들이 설교에 성공하려면 청중, 즉 성도들을 사랑해야 하고, 소설가로서 성공하려면 독자들에게 반드시 관심을 가져야 한다.

사람들에게 영향을 미치는 지도자가 되려면 다른 사람을 성공시키는 삶을 살아야 한다. 사람들 속에 있는 가치와 능력을 발견하고 그들로 성공할 수 있도록 자질을 키워주는 것이다. 순수한 조력자로서 상대의 필요를 채우는 이웃은 좋은 이웃이다. 우리는 사람들이 원하고 바라는 것이 무엇인가를 깨닫고 그것을 공급하는 선한 이웃, 좋은 이웃이 되어야 한다.

6) 갈등을 해결하라.

많은 사람이 인간관계의 갈등 때문에 괴로워 한다. 인간관계에서 갈등은 정상이다. 서로의 생각과 문화가 다르기 때문에 갈등은 생겨날 수밖에 없는 것이다. 그러므로 갈등 자체를 가지고 고민하지 말고 "그럴 수 있는 것이다"라는 긍정적인 태도로 갈등을 어떻게 해결할 것인가에 초점을 두어야 한다. 나와 다른 사람이 있다면 "그 사람이 나쁘다"고 생각하지 말고 "그의 문화와 나의 문화가 다르기 때문"이라고 생각하는 것이 바람직하다.

갈등을 창조적으로 극복하고 원만한 인간관계를 맺기 위한 중요한 자질 세 가지가 있다. 그것은 순수함, 비소유적인 사랑, 그리고 공감이다. 있는 그대로 투명한 마음으로 대하는 사람은 불필요한 오해나 선입감에서 해방될 수 있다. 비소유적인 사랑, 즉 아가페 사랑은 어떤 사람을 좋아할 수 없는 조건 가운데서도 그를 사랑하는 마음이다. 공감하는 마음, 즉 시너지(synergy)는 아무리 다른 의견과 주장이 있더라도 하나될 수 있는 기회를 제공한다.

갈등 해소를 위한 가장 중요한 원칙은 상대를 있는 그대로 받아들이고 이해하는 것이다. 내 식대로 판단하고 뜯어 고치려는 생각을 버리는 것이다. 다른 사람의 의견을 존중하도록 하자. 오히려 의견이 서로 다른 것을 기꺼이 환영하자. "두 사람의 의견이 항상 일치한다면 두 사람 중 한 사람은 불필요한 인물이다"라는 말을 기억하자. 서로 다르다는 것은 서로 필요하다는 것을 의미하는 것이다. 그러므로 "당신이 틀렸소"라는 말은 절대로 하지 말자. 사람들을 강제로 윽박지른다고 해서 그들의 의견이 우리와 똑같아지지는 않는다. 우리는 아무도 남을 가르칠 수 없으며 단지 그가 스스로 발견하도록 도와 줄 수 있을 뿐이다. "한 통의 쓸개즙보다는 한 방울의 꿀로 더 많은 파리를 잡을 수 있다"는 말이 있다. 다른 사람에게 자신의 생각만을 설득시키려고 하는 사람처럼 함께 하기 힘든 사람이 없다.

7) 기도하고 축복하라

성경은 우리에게 까다로운 사람들과도 좋은 관계를 맺으라고 명령한다. 내가 좋아하는 사람만 대한다면 이 세상에서 단 한 사람도 전도할 수 없을 것이다. 내가 싫어하는 사람을 좋아하기 위해서는 내 힘만으로는 부족하다. 적극적인 기도가 필요하다. 우리를 불편하게 하고 어렵게 하는 사람들은 대개 자신에게 문제가 있는 경우가 많다. 그러므로 하나님의 눈을 통해서 그들의 상처와 문제를 보고 이해하며 나아가 그들을 향한 숨겨진 믿음의 눈이 필요하다.

인간관계의 배후에도 보이지 않는 영적인 세계가 있다. 하나님께서는 사람을 만나게도 하시고, 관계를 맺게도 하시며 또 흩으시기도 하신다. 관계의 중심은 하나님께 있다. 그러므로 인간관계도 우리가 개인적으로 연연해 하기 보다 하나님께 맡기고 감사하는 태도가 필요하다. 사람을 주신 것을 감사하고 그들과의 관계를 통해 하나님의 뜻을 이루도록 기도해야 한다. 그리고 가능한 한 구체적으로 내가 관계를 맺고자 하는 사람을 위해 축복해야 한다. 우리가 드리는 기도 중에서 가장 위대한 기도는 남을 축복하는 기도이다. 남을 축복할 때 성령께서 감동하사 서로 좋아하게 되는 기적이 일어날 것이다.

7. 지도력이 있어야 한다.

(1) 지도력의 개념

바울은 "사람이 감독의 직분을 얻으려 하면 선한 일을 사모한다."(딤전 3:1)라고 말했다. 교회 성장은 감독의 지도력에 달려 있다. 교회를 책임 맡고 있는 목회자와 평신도 지도자들이 영적인 지도자로서의 삶을 살면 살수록 교회는 성장한다. 최근 들어 지속적인 교회 성장 리더십의 역할이 그 어느 때보다도 큰 관심의 대상이 되고 있다. 성령의 역사, 훌륭한 설교, 열정적인 기도와 함께 효과적인 리더십은 교회성장운동의 영적인 차원을 대변해 주는 주요 역동성 중의 하나이다. 교회의 초자연적 속성은 인간적인 차원을 뛰어넘는 영적 리더십을 강력하게 요청한다. 지도력이란 말은 가르치고 이끌어준다는 뜻 외에도 지도자의 자질, 지도능력, 지도자의 집단과 같은 더 포괄적인 개념이다.31) 보통 영어는 우리말로 지도성 또는 지도력으로 번역되는데 통솔력이란 용어로 표현함이 타당하다는 견해도 있다.32)

리더십에 대한 기독교적 정의는 다양하다.33)

1) 우선 가장 소박한 정의부터 살펴보면 리더십이란 '영향을

---

31) 김해동, 오석홍, 정홍익, 조직형태론(서울:한국방송통신대학, 1982), p. 128.
32) 최창호, 「행정학」 (서울:법문사, 1974), p. 147.
33) 명성훈, 「교회성장의 영적 차원」 (서울:서울서적, 1993), pp. 274-286.

끼치는 과정'이라고 할 수 있다.

2) 리더십은 어느 그룹 내에서 그룹의 참된 필요를 채우기 위하여 목표를 정하고 그 목표를 향해 그룹이 나아가도록 의도적인 영향을 미치는 훈련 행위를 말한다.

3) 리더십이란 하나님의 사람이 하나님께서 주신 능력을 가지고 하나님의 백성을 하나님의 목적으로 나아가도록 영향을 끼치는 역동적인 과정이다.

4) 리더십이란 그리스도의 몸의 어떤 지체에 허락하신 하나님의 특별 능력으로서 미래를 위한 하나님의 뜻을 따라 목표를 설정한다. 그리고 이 목표를 다른 사람들에게 전달하여 자발적으로 함께 그 목표를 성취하도록 함으로 말미암아 하나님께 영광을 돌리게 하는 행위이다.

5) 리더십은 행동이 있는 용기이다

용기와 리더십이라고 말하는 것은 용기를 두 번 말하는 것이 된다. 왜냐하면 리더십은 용기이기 때문이다. 리더십은 자리나 직분을 얻는 것이 아니다. 리더십은 목적을 추구하는 것이다. 분명한 목표를 위한 생각과 마음을 얻는 싸움이다. 사람들 앞에 한 발자국 먼저 나아가면 지도자가 된다. 두 발자국 더 나아가면 개척자가 된다. 세 발자국 먼저 더 나아가면 순교자가 된다.

또 김명훈 교수는 사회적 관점이나 입장에서 리더십의 정의를 네 가지로 규정지어 설명하고 있다.[34]

---

34) 김명훈, 「리더십론」 (서울:대왕사, 1975), p. 34.

① 리더가 갖는 한 개인의 특성에 근거하여 리더십이란 특정한 인격의 소유자가 공통의 문제를 추구하는 데 있어서 그의 의지, 감성, 통솔력 등으로 다른 사람을 이끌고 다스리는 특성이다.[35]

② 리더십이란 집단목표의 달성이나 집단유지를 위해 리더가 발휘하는 영향력에 중점을 두고 집단구성원에게 자발적으로 바람직한 행동을 유도하여 집단목표에 도달할 수 있게 하는 것이다.[36]

③ 리더십이란 리더와 구성원의 행동방향의 공통성과 이해의 일치를 전제로 하는 인간관계와 상호작용의 문제를 취급하는 것으로서 집단의 어떤 특정 개인과 구성원들 간의 역할 행동이다.[37]

④ 집단에 어떤 행동을 가져오는 집단상황을 강조하여서 , 리더의 영향력과 구성원간의 인간관계를 중심으로 하여 집단상황에 크게 변화를 가져오는 활동이다.[38]

이상을 종합해서 표현하면 리더십이란 특정 리더가 갖는 특성과 영향력을 발휘하여 집단 구성원들과의 원만한 인간관계

---

35) P. Pigors, Leadership of Domination(Boston:Moughton Mifflin Co, 1953), p. 12.

36) L. Alford & H. Beatley, Principle of Industrial Management(New York:The Donald Press, 1955), pp. 109-110.

37) S. Sargent, Social Psychology(New York:The Donald Press, 1950), p. 305.

38) F. H. Allport, Social Psychology(Boston:Houghton Mifflin Co., 1924), p. 419.

를 형성함으로써 집단상황에 적극적으로 대처하거나 집단목표의 효과적 달성을 유도하는 작용이다.39)

(2) 지도력의 중요성

훌륭한 목표가 갖추어지고 조직 설계가 잘 되어 있는 조직이라 할지라도 관리자들의 리더십이 부족하면, 동기부여의 수준은 낮아진다. 결국은 조직의 성과와 성원들의 만족은 이루어지지 못할 것이다. 특히 현대적 관리의 사고개념은 인간을 중심으로 하고 있다. 따라서 경영(관리)활동을 인간을 통하여 조직의 목표를 달성하게 된다는 과정적인 관점에서 볼 때, 조직 구성원들의 노력을 조정하고 통합하여 목표달성을 하도록 하는 역할을 담당하는 관리자의 리더십의 중요성이 더욱 강조된다.40)

노벨 경제학상 수상자인 쿠즈네츠(S. Kuznets)는 "성장이란 끊임없이 버리는 과정"이라고 말한다. 이것은 낡은 법, 제도를 버리고 낡은 생활 자체를 버리는 과정이라는 뜻이다. 그리고 발전이란 인간의 창조와 극복에 의한 의도적 변혁의 과정이다. 인간의 생활이란 대단히 끈질긴 구조적 타성을 가지고 있기 때문에 그것을 깨뜨리고 변혁을 추진해 나가려면 갖가지 저항에 부딪힌다. 이러한 난관을 극복하고 새로운 역사를 이루기 위해서는 변혁의 역군, 즉 쇄신의 지도자가 필요하다.41) 이러한 변혁에 있어서 리더십은 본질적 요건이 된다.

변혁에 대한 아이디어를 개발하고 그것을 적극적으로 창조

---

39) 양승복, 교회성장에 끼친 지도자의 영향(서울:총신대 목회대학원, 1991), pp. 20-41 참조.
40) 서남수, 「경영관리론」 (서울:박영사, 1986), p. 298.
41) 이한빈, "행정개혁에 있어서 리더십의 역할", 행정농촌, 제10권 제1호(서울:서울대학교 행정대학원, 1970), p. 410.

하여 변혁을 점화, 촉매하여 쇄신적 분위기를 조성, 유지시켜 나가는 역할을 리더십이 담당해야 한다. 그리하여 타성에 젖은 일반인을 일깨워 변혁에 동조하는 발전지향적인 인간으로 이끄는 적극적이고 쇄신적인 역할을 해야 하는 것이며 여기에 리더십의 중요성이 존재한다.

(3) 교회 성장을 위한 지도력

목사의 지도력은 교회 성장의 필수적 요인이다. 오늘날 대부분의 교회 성장학자들은 목사의 역동적인 지도력이야말로 건전한 교회 성장의 제1차적인 징표가 된다고 공통적으로 말하고 있다. 즉, 목사의 지도력은 교회 성장의 적극적인 동기가 된다.

피터 와그너는 건강하게 성장하는 교회의 살아 있는 표적을 일곱 가지로 설명하였는데 첫째 표적이 적극적인 사고방식을 가진 목사가 그의 유능한 지도력을 전체 교회가 성장을 위해 행동하도록 촉진시키는 데 사용하는 것이라고 했다. 성장하고 있는 교회의 목사는 강한 권위를 가지고 있는 것이 특징인데 그 권위는 교인들과의 살아있는 관계를 통하여 주어진다. 이러한 권위는 목사가 안수를 받았다거나 학식이 많다거나 직무를 훌륭하게 수행하는 데서 오는 권위가 아니라, 목사가 교인들과의 살아 있는 관계를 통하여 얻는다. 튼튼한 교회의 유능한 목사는 자기 교회 교인들의 열렬한 충성심을 사고 있는 목사이다. 그러므로 우리는 목사의 지도력, 그의 복음주의적 신앙, 교회 성장에 관한 적극적인 자세 등을 인정해야 한다. 물론 "어떻게 해야 교회가 성장하는가?"라는 질문에 대답하기는 그리 단순하지 않다. 그것은 피터 와그너의 주장처럼 복합적인 것이며 어떤 공식이나 잘 짜여진 프로그램을 시행한다고 해서 이루어지는 것이 결코 아니기 때문이다. 그러기에 교회 성장을 이룩하기 위한 방법론적 제시들도 어느 하나만의 원칙을 고집하지는 않는다. 그러나 교회 성장을 가져오는 핵심적인 표적은 성장하는 교회에는 반드시 유능한 목사가 있다는 점이다.

피터 와그너가 지적한 '건강한 교회를 식별하는 7가지 표적' 중 그 첫 우선 순위가 바로 목사에게 달려 있음을 상기하지 않을 수 없다. 미국이나 한국의 경우 개교회의 성장을 주도하는 기본적인 촉매 역할을 분명히 목사가 하고 있다.[42] 유능한 목사가 있는 곳에 교회 성장이 있다. 그렇다면 과연 "어떤 목사가 교회성장을 가져오는가?" 피터 와그너는 교회 성장과 관련지어 적어도 다음 몇 가지의 요소를 지니고 있어야 한다고 말한다.

첫째, 성장철학을 지닌 목사

둘째, 성장철학을 이루기 위한 영혼 구원의 열정을 지닌 목사

셋째, 그것을 성취하는 강한 지도력과 권위를 지닌 목사

다시 말해 성장하기를 원하고 그리스도의 지상명령 실천을 위하여 복음전도에 열심이며 그러한 일들을 성취하기 위한 능력을 지닌 목사가 있는 곳에 성공적인 교회 성장이 달성된다.[43]

---

42) 이한빈, "행정개혁에 있어서 리더십의 역할", 행정농촌, 제10권 제1호 (서울:서울대학교 행정대학원, 1970, p. 410.
43) 양승복, op. cit., pp. 38-40.

8. 동기를 부여하라

(1) 동기유발이란?

믿는 자의 닫힌 마음을 여는 노래가 찬송이다.

"네 맘의 문 곧 열어라 네 사사로운 일 그치고 그 나라 일 이루도록 주 계실 성전 삼아라 오 나의 주 내 맘속에 곧 드사 함께 계시며 그 큰 사랑 베푸시사 늘 동행하여 주소서 아멘."[44]

사람이 자신의 직무에 대하여 다음의 3단계를 거치면 그것은 대성공이다. 즉 처음에는 믿음을 두고, 가운데는 즐거움을 두며, 끝에는 기쁨을 둔다는 말이다. 마음의 문을 열지 않고서는 믿음과 즐거움과 기쁨이 없다.

상대방으로 하여금 마음의 문을 열게 하려면 상담하고, 그 상대의 현실을 이해해 주고, 동기를 유발시키는 것이 필요하다. 동기란 각 사람의 내부로부터 행동을 유발하는 것이다.

결국 행동요인은 내적인 소원이다. 내적 동기부여가 성공한 후 외적 동기부여를 할 수 있다. 본래 경영학에서 동기유발 이론은 사원들이 직무에 만족하도록 하며, 인간성 소외현상이나 사기 내지 근로 의욕의 저하, 또는 욕구불만 등을 해소시키고

---

44) 오픈 해설찬송가 107장, "영원한 문아 열려라,", 2-3절.

협동심을 확보하는 방법으로 이 동기부여 이론이 대두되었다.

동기부여란 일반적으로는 개인이나 집단이 자발적 내지 적극적으로 책임을 지고 일을 하고자 하는 의욕이 생기도록 그 행위의 방향에 영향력을 행사하는 것으로써, 조직의 목표달성을 위한 행동을 유발시키는 역동과정이라 할 수 있다.[45]

동기부여의 성격은 인간욕구[46]와의 관련성, 기대도 유인과의 상승효과이다.

동기부여의 강도 = 욕구 × 유인(보상)

성서에서 보면 동기에는 두 가지 측면이 있다.

1) 선한 동기
① 구제 등에 있어서 올바른 동기가 요구됨(마 6:1-18)
② 자기 이름을 위하시는 하나님(시 106:8)
③ 하나님의 구원의 동기는 큰 사랑(엡 2:4-5)
④ 바울 사도의 사역의 동기(고후 5:1-15)

2) 악한 동기
① 성령을 속이려 함(행 5:1-10)
② 가인의 살인(창 4:7-8, 요일 3:12)
③ 사탄에 의한 자극(대상 21:1, 마 16:22-23)
④ 마음으로 인한 살인(민 35:20-21)
동기유발은 인간의 욕구 구조와 관련하여 욕구의 발생, 동기

---

45) 황영익, 「경영관리론」 (서울:한국로고스연구원, 1995), p. 119.
46) A. H. Maslow는 인간에게 동기를 부여할 수 있는 욕구는 다섯 가지 계층을 형성하고 있는 것으로 파악하였다. 그는 이를 인간 욕구의 5단계라 하고, 다음과 같이 분류하였다. 즉 생리적인 욕구, 안정의 욕구, 소속감과 애정의 욕구, 존경의 욕구, 자기실현의 욕구이다.

의 유발, 목표달성의 세 단계를 거쳐 실현된다.

(2) 동기유발(동기부여)의 방법

교회 성장에 어떤 장애를 만났을 때 지니고 있는 힘 모두를 발휘해서는 안된다. 마지막으로 극복해 내지 않으면 안될 결정적 걸림돌을 만났을 때를 위해 정신적 여유를 남겨 두어야 한다.

그리고 될 수 있으면 성도의 잘못을, 그것도 개인적인 잘못을 강단에서 벌하거나 꾸짖지 말아야 한다. 개인적으로 조용히 권면하는 것이 좋다. 무릇 나의 뜻대로 되지 않음은 스스로의 부족함에서 온다는 것을 생각해야 한다.

남을 위한 손해는 손해가 아니며, 나를 위한 이익은 이익이 아니다. 아는 것을 남에게 가르쳐 주지 않는 것은 빌린 돈을 갚지 않는 것과 같다.

일반적으로 경영학이 취급하는 동기부여 수단(기법) 내지 유인은 다음과 같다.[47]

1. 금전적 소득의 증대를 주라
2. 사회적 지위와 존경을 주라
3. 안정감을 주라
4. 직의 매력성을 주라
5. 성장의 기회를 마련하라
6. 인적 권한의 부여나 영향력을 인정하라
7. 취미, 종교 등 종업원 '개인으로서의 배려'를 하라
8. 자기 직무에 대한 발언권을 주라
9. 공정하고 진지한 감독 활동을 하는 것 등이다.

마찬가지로 교회 성장을 위해서 이 이론을 적용시킬 때에

---

47) 김원수, 「경제학사전」 (서울:법문사, 1978), pp. 585-590.

목회자는 유급직원의 기대를 충족시켜 주도록 노력해야 한다.[48]

이를 위해서 직무내용의 풍성함, 목표관리의 실시, ZD의 도입, 경력관리제도의 확충, 임금지급방법의 개선, 자주적 활동의 촉진, 인간관계 개선 등을 해야 한다.

그리고 목회자가 일반 평신도들에게 동기부여하는 방법은 아래와 같다.[49]

1) 현실상황에 부딪히게 하여 필요를 깨닫게 하라.

마가복음 4:35-41에서 바다의 풍랑을 잠잠케 하신 경우가 좋은 예이다. 예수께서는 믿음에 관한 가르침을 주셨다. 그리고 가르침 후에 그것을 실제 생활 현장에 적용시켰다. 예수께서는 "우리가 저 편으로 건너가자."라고 말씀하셨다. 제자들은 모두 배에 올랐다. 바다 가운데 도달하자 풍랑이 일어 배가 가라앉게 되었고, 한 제자가 말했다. "주여, 우리가 죽게 된 것을 돌아보지 않으십니까?" 그러나 주님은 바람과 바다를 꾸짖으셨다. 아무 일도 없었던 것처럼 잔잔해졌다. 그때 주님은 제자들을 둘러보시며 "너희가 어찌 믿음이 없느냐"고 말씀하셨다.

복음서를 읽을 때 흥미로운 점은 제자들이 실제로 어려움에 부딪히고 나서야 비로소 하나님을 신뢰하는 법을 배웠다는 사실이다.

2) 책임감을 심어주고 키워주라.

사람들은 이 점을 잘 알고 있는 듯하다. 투자를 많이 하면

---

48) 편저, 「경제학 연습」 (동문관, 1981), pp. 182-183.
49) 스테판 더글라스 외, 「교회경영 이렇게 한다」 op. cit., pp. 11-121.

이익도 크다고 여긴다. 누군가 상대방 스스로 할 수 있는 일을 대신해 주면 상대방은 정서적인 불구가 된다. 타인이 도와 주는 것보다 그들 스스로 할 수 있도록 계발시켜 주어야 한다.

3) 인정과 격려를 아끼지 말라.

자신감을 키워주는 방법이다. 자신감이 없다면 크게 계발될 수 없다. 격려해 주는 것이 자신감을 키워주는 가장 좋은 방법이다.

4) 방법을 가르치라.

예컨대 전도강습회에 참석시키거나, 다른 사람들이 전도하는 것을 보고 전도를 하는 방법을 배우게 하라.

5) 개인적인 열정을 보여 주라.

목회자는 주장하는 것에 심취해야 한다. 목회자의 열정적인 태도는 성도들에게 곧 전염된다.

6) 친밀한 인간관계를 유지시켜라.

친밀한 사이일수록 동기를 유발시킬 수 있는 가능성이 커진다.

7) 정서적인 장애들을 해결해 주라.

마가복음을 강의하던 시간이었다. 한 학생이 불쑥 질문을 했다. "저기요, 잠깐만! 지금 말씀하신 내용이 설마 예수가 하나님이라는 말씀은 아니겠죠." 이런 경우 당신은 어떻게 답하게는가? "여기 참으로 문제를 알고 싶어하는 학생이 있군요."라고 말하거나, 아니면 "참 좋은 질문이군요. 우리 함께 그 해답을 생각해 볼까요?"라고 말하는 것이 좋다. 당신이 만드는 격려와

포용적인 분위기는 학습 효과에 상당히 큰 영향을 미칠 것이다.

8) 무조건적으로 사랑하라.

예수께서 "나를 따르라."고 말씀하시자, 제자들이 모든 것을 떨쳐 버리고 그를 따랐던 이유는 무엇이었을까? 내가 이해하는 유일한 해답은 주님께서 그들을 사랑하셨기 때문이라는 사실이다. 주님은 그들을 있는 그대로 사랑하고 용납하셨다.

9) 하나님께서 그를 중요한 인물로 만드실 수 있다고 믿으라.

더글라스 하이드는 공산주의자들의 집회에 갔던 때를 회고한다. 저들은 어떤 사람이든지 공산당에는 중요한 인물이라는 기본원칙을 되풀이하여 인식시켜 주었다. 그는 소그룹 모임에서 당을 위한 선전문구를 외쳤다. 그것이 끝나자 청중 가운데 한 사람이 다가와서 더듬거렸다. "저- 저- 저도 고- 고- 공산당원이 될 수 있을까요?" 선전원은 속으로 '한심한 사람이군.'이라 생각했다. 선전원이 상관에게 이를 보고했다. 상관은 말하기를 "그를 믿어 보아야지."라고 했다. 그들은 더듬거리던 자를 데려와서 그가 매우 필요한 인물이라고 느끼도록 만들었다. 더듬거리던 자는 나중에 공산당에서 당대에 가장 유능한 언론인으로서 다섯 번째 서열을 가진 당원이 되었다.

로버트 슐러는 동기를 부여해 주는 아홉가지 수단을 다음과 같이 말하고 있다.50)

① 결과를 따져보라.

② 긴박감을 지녀라.

③ 시간표를 짜라.

---

50) 강문호 편역, 로버트 슐러, 「불가능은 없다」 (서울:한국가능성계발원, 1996), pp. 132-142.

스케줄을 만들어 보자. 계획 기간 동안, 의사 결정을 위한 회의, 문제 해결을 위한 회합 등과 같은 계획표를 짜 보자. 당신의 개인용 카렌더에 그것을 기록해 두자. 이렇게 함으로써 장래의 시간을 보증하게 된다. 계획의 실행에 능률을 올리기만 하면 반드시 성공할 수 있다. 만일 시간표를 짜 놓지 않는다면 틀림없이 실패하고 만다는 사실을 잊지 말아야 한다.

④ 기초를 튼튼히 다져라.

그렇다면 이번에는 기초를 쌓는 일에 착수해야 한다. 천천히, 착실하게, 열심히, '믿음만 있으면 어떤 일도 할 수 있다'는 말이 있다. 그리스도의 이 가르침은 그러나 모든 것을 즉시 할 수 있다고는 말하지 않았다.

⑤ 동기부여의 이유를 추가하라.

그 다음에 당신이 해야 할 일은 동기 부여의 수준을 높이는 것이다.

⑥ 도울 사람을 찾아라.

도움을 청하라. 자진해서 도와달라고 말하자.

⑦ 정신의 발동을 걸어라.

마음을 작용시켜야 한다.

⑧ 즉각적으로 행동하라.

온갖 문제에 대한 해결책이 발견될 때까지 시각을 미루고 있어서는 안된다. 일을 잘 할 수 있는 사람으로 평가되는 사람은, 많은 기대를 재빨리 분별하고 커다란 결점을 신속히 하여 즉시 행동을 옮겨가는 사람이다. 움직임이 늦은 사람은 성취도 늦은 사람이다. 그때까지 그들은 모든 문제를 해결할 수 있을는지 모르지만 기회는 이미 지나가 버리게 된다.

⑨ 적극적인 충동에 따르라.

적극적인 충동이 일어나면 그 충동에 따라야 한다. 행동에 대한 소극적인 생각은 될 수 있는 대로 완강히 저항하고, 적극적인 생각에는 즉석에서 강력히 반응해야 한다. 적극적이면서 충동적인 사람이 되어야 한다.

9. 청년 대학부를 이렇게 키워라

<21세기 한국 교회 청년 대학부 부흥을 위한 제언>

(1) 청년 대학부의 교회교육의 문제점

지금 한국 교회는 위기를 맞고 있다. 부흥은 먼 옛날의 이야기처럼 회자되고 있다. 각 교회들이 약화되고 있다고 아우성이며, 최근 몇 년 동안 실제 교인의 수가 줄어들고 있다. 또 서울의 강남과 강북, 지방을 구별할 것 없이 주일학교 학생들이 모이지 않는다고 교회에 청년들이 줄어든다고 이구동성으로 외친다.

거의 모든 교회가 겪고 있는 고민 거리 가운데 하나가 바로 교회 학교 고등부 졸업생들의 상당수가 졸업한 후에 대학부나 청년부에 연결되지 못하고 슬그머니 자취를 감추어 버린다는 사실이다.

대학 진학에 실패한 재수생들이나 대학 진학을 포기하고 직장 생활을 선택한 이들의 경우에 흔히 나타나는 현상이다. 어렵게 대학에 진학한 학생의 경우에도 안심할 수는 없다. 많은 학생들이 교회 학교에서 신앙 교육을 받고 대학에 들어간 후 신앙의 변질, 세속화, 교회에 대한 비판과 반박 가운데 심지어는 신앙을 포기하고 교회를 등지는 경우를 자주 접하게 되는데, 교회에서는 아직도 이에 대한 근본적인 대책을 세우지 못하고 있다.

그 원인을 여러 가지로 생각할 수 있겠으나 근본적으로는 교회학교 시절에 그들을 복음으로 무장시키지 못하였다는 것과 고등학교를 졸업한 이후의 청년과 장년들을 위한 양육과 훈련 과정이 대부분의 교회에 마련되어 있지 못한데 있다고 볼 수 있다. 또한 오늘의 현실을 보면, 고등학교 시절까지 온갖 규제에 얽매어 있던 학생들이 고등학교를 졸업하면서 모든 것을 자신의 의지에 의하여 결정할 수 있는 자유를 누리게 되자 너무나도 쉽게 세속적인 문화에 빠져 들어가는 것을 보게 된다.

그 대표적인 것이 술, 담배 문제이다. 대학에 들어간 후 신입생 오리엔테이션 과정에서부터 그 문제로 인해 세속화의 도전을 받게 되는데, 그 도전을 견디어 내는 교회학교 출신 학생들이 극히 드물다는 것이다. 이러한 현상은 군에 입대하거나 고교 졸업 후 곧바로 사회에 진출한 청년들 사이에서도 비일비재하여 나타난다.

교회에 남아 있는 청년들이라고 해서 문제가 없는 것은 아니다. 교사나 성가대원으로 봉사하는 청년들은 그들의 연령과 신앙 수준에 맞는 양육과 훈련을 받지 못한 채 봉사하고 있다. 그래서 조금만 시간이 지나면 그리스도인으로서 자기 정체성마저 흔들리는 가운데 주위의 눈총과 체면에 못이겨 억지로 교회에 매여 있는 자신을 발견하고 고민하는 이들을 종종 대하게 된다.

대학부나 청년회에 가입한 경우에도 별로 다를 바가 없다. 오늘날 거의 모든 교회의 대학부나 청년회가 전통적으로 전해 내려오는 프로그램에 몇 가지 새로운 아이디어를 가미하는 식으로 활동하고 있는 실정이다. 그들에게 맞는 특별한 커리큘럼

없이 각종 선교 단체에서 출판되는 성경 공부 교재를 그때 그때 선택하여 공부하는 것이 그들을 위한 양육과 훈련의 전부인 양 생각하고 있다. 이러한 활동과 성경공부가 그들의 필요를 제대로 충족시키지 못한다는 사실을 청년들 몇 사람만 만나 보아도 쉽게 감지할 수가 있다.

교회에 적을 둔 채 각종 선교 단체에서 활동하고 있는 대학생 청년의 경우를 보면 신앙의 기초나 선교적인 열정은 다른 대학생 청년들에 비하여 월등히 나은 편이지만, 적을 두고 있는 교회 안에서는 별로 도움이 되지 못하여 자칫하면 교회에서 백안시하게 되기가 쉽다. 이 점에 대하여는 교회적인 차원에서 검토하여 교회와 선교 단체 사이의 상호 협력 방안을 강구할 필요가 있다고 본다. 또한 심각한 문제 중의 하나는 청년 대학부를 지도할 자질을 갖춘 지도자다운 지도자의 부재 현상이다.

전반적으로 볼 때 한국 교회는 아직도 대학생과 청년들에 대하여 크게 관심을 기울이지 못하고 있는 실정이다. 교회와 민족의 앞날이 오늘의 대학생과 청년들에게 달려 있는 것이 분명한데도 교회 내의 젊은이들에게 좀더 적극적인 관심과 투자를 하지 못했다고 본다.

지금까지 한국 교회는 신앙과 생활을 청지기 사역에 있어서 그리스도의 인격을 가진 성숙한 사람으로 성도들을 양육, 훈련시키는 일에 대해 소홀했던 것이 사실이다. 그 결과 한국의 온갖 부정과 부조리에 예수를 믿는 그리스도인이 반드시 개입되어 있는 불명예스러운 현장을 우리는 착잡한 심정으로 목도하고 있다. 이제부터라도 교회 학교 고등부 졸업 이후의 청년들을 위한 특별한 대책이 세워지지 않는다면 교회의 대학 청년부는 활성화되지 못하고 그 결과 교회가 활력을 잃고 노령화되는 비극을 초래할 수밖에 없을 것이다.

이제는 교회도 달라져야 한다. 이제부터라도 성도 한 사람 한 사람을 위한 생활훈련을 강화시켜 나가야 하고, 특히 내일의 주인공이 될 청년들로 하여금 청년시절부터 자신을 '깨끗한 그릇'(딤후 2:20-21)으로 지켜 나가도록 거듭 강조해야 할 것이다.

대학생과 청년들을 제대로 훈련시키지 못한 결과 오늘날 많은 크리스천 대학생과 청년들이 필요없는 방황과 방탕과 무절제와 나태함 속으로 빠져 들어가 내일의 사역을 위해 빈틈없이 준비해야 할 20-30대를 허송하다가 장차 지도자의 자리에 서게 되었을 때 치명타가 될 수도 있는 흠집을 스스로 만들게 되는 것이다. 이 점을 소홀히 한다면 한국 교회는 교회의 도덕적인 수준이 세속 사회의 수준으로까지 낮아지는 '영적 엔트로피 현상'으로 말미암아 세상의 빛과 소금으로서의 역할을 제대로 감당 못하는 죽은 교회로 전락될 수밖에 없을 것이다.[51]

(2) 청년 대학부 부흥을 위한 제언

1) 예배의 갱신이 필요하다.

교회 부흥의 요체는 예배에 있다. 예배가 살아나면 죽었던 영혼들이 살아나고, 예배가 살아나면 사라졌던 하나님의 임재를 맛보게 될 것이다. 성경은 분명하게 말하고 있다. "아버지께서는 이렇게 자기에게 예배하는 자들에게 임재하시며, 예배하는 자들을 통하여 일하신다. 하나님은 예배하는 자들을 통해 영광받기 원하시고, 예배하는 자들에게 축복하신다."

인류 역사 초기에 택한 백성과 버림받은 백성으로 갈라진 원인은 무엇 때문이었는가? 아벨은 인정을 받고, 가인이 버림

---

51) 홍정길 외 4인, 「청년 대학부를 살려라」(서울:도서출판 두란노, 1995), pp. 60-95 참조.

받은 것은 무엇 때문이었는가? 그것은 '예배 문제'였다. 아벨은 하나님이 기뻐하시는 예배를 드렸고, 가인은 하나님이 거부하는 예배를 드렸다. 인간의 운명이 예배를 통해 갈라지게 된 것이다. 세상 만사의 성패가 예배에 달려 있으며 교회 부흥의 관건도 예배에 달려 있다. 열납되는 예배가 있는 교회는 부흥할 것이요, 거부되는 예배를 드리는 교회는 침체하게 될 것이다.

한국 교회의 위기는 예배에 대한 기대가 사라진 데 있다. 예배에 더 이상의 기대도 없고, 감격도 없고, 하나님의 임재를 바라지도 않는다. 그러니 신앙 생활이 피곤해지는 것이다. 예배는 의례적인 절차가 아니다. 예배는 하나님을 만나는 시간이요, 영육간의 약한 것을 치유받는 시간이요, 잃었던 능력을 회복하는 시간이다.

현대는 '마르다의 시대'이다. 예배는 없고 분주함만이 남아 있다. 특별히 청년 대학부 문제의 핵심은 여기에 있다. 성경 공부도 좋아하고 세미나와 봉사도 하려고 하는데 예배드리기는 거부한다. 각 교회 청년 대학부의 모임 명칭을 보면 많은 교회에서 '예배'라는 말은 사라지고 '집회'라는 표현이 등장해 있다. 무슨 의미인지는 잘 모르겠으나 예배하고는 다르다는 것을 강조하는 듯하다. 성도가 모여서 예배드리지 않고 뭐 하겠다는 것인가? 노래부르고, 교제하고, 잠시 성경 논평 듣고, 자신들의 위대한 지성에서 나오는 토론의 외침을 들으라는 것인가? 예배의 회복 없이 청년 대학부의 부흥은 기대하지 말아야 한다.

필자는 1980년대 한국 교회에 가장 기여했던 것이 무엇이냐고 물으면 자신있게 '제자 훈련'이라고 말한다. 제자 훈련은 무질서하고 감정적이었던 한국 교회에 신앙의 체계와 지성화를 가져다 준 충격적인 영향력이었다.

2) 교회 부흥, 설교에 달려 있다.

예배의 중심은 설교에 있다. 하나님께서는 설교를 통해 하나님의 뜻을 그의 백성들에게 전달하시고, 설교를 통해 심령들을 변화시키신다.

필자는 매우 젊은 나이임에도 많은 교회를 다니며 여러 목사님들의 설교를 들을 기회가 주어졌다. 그러면서 내린 결론은 "설교가 부흥하는 교회와 부흥하지 못하는 교회로 갈라 놓는다."는 사실이다. 부흥하는 교회의 공통점은 설교에 있다. 한국 교회의 위기는 강단의 위기이다. 각 교회의 강단에서 울려 퍼지는 메시지가 매주일 살아난다면 교회는 부흥하게 될 것이다. 매설교마다 기도가 있고, 그리스도의 피가 묻어 나오고, 자신의 심장을 터뜨리며 외치는 설교가 된다면 한국 교회는 다시금 부흥하게 될 것이다. 부흥의 비결은 설교에 숨겨져 있다.

그러므로 우리는 사도들의 고백으로 돌아가야 한다. "우리는 기도하는 것과 말씀 전하는 것을 전무하리라"(행 6:4). 우리도 이런 결심을 해야 한다. 심방이나 행정이 문제가 아니고 프로그램 개발이 문제가 아니다. 기도와 말씀에 능력의 핵심이 있다. 교회의 위기는 조직화, 행정화, 관료화되는 데 있다. 점점 서류가 늘어 가고 시간을 빼앗기게 될 때 교회는 무력함에서 결코 벗어나지 못할 것이다.

3) 청년 대학부의 부흥을 위해 기도해야 한다.

우선 예배를 위한 기도가 끊이지 않는다. 필자 자신이 주일 예배를 바라보며 일주일 내내 하나님의 임재와 하나님의 영광이 그 예배에 나타나도록 부르짖는다. 그리고 수요일 성경공부를 마치고 난 다음에 예배를 위한 기도가 있으며, 금요일 철야 기도회 시간에 예배를 통해 심령이 새롭게 변화받도록 기도한다. 이렇게 되면 예배에 임하기 전에 이미 기도로써 여러 차례의 예배를 경험하게 되는 것이다.

예배에서 찬양의 가치는 결코 무시될 수 없다. 찬양은 우리 감성의 문을 열어주는 힘이다. 예배에서 찬양의 중요성은 무디, 빌리 그레이엄의 사역을 통해서 극명하게 드러났다. 찬양은 그 자체가 예배이며 예배를 섬기는 중요한 요소이므로 우선 찬양 인도자를 기도하는 사람으로 훈련시켜야 한다.

영적 능력이 없는 지도자는 오히려 예배의 방해자가 될 수 있다. 성가대의 찬양은 폭발적인 힘이 있기 때문에 성가대에서 음악성보다 중요한 것은 영성이다. 잘 부르는 노래보다 영적인 노래를 부르라고 요청한다. 그래서 찬양하다가 울어도 좋으니 하나님 면전에서의 찬양을 하라고 강조한다. 예배에서 놓쳐서는 안되는 것이 영적 긴장감이다. 예배의 시종을 감동 안에 놓이게 만드는 것이 목회자들의 사명일 것이다.

4) 청, 장년을 위한 교육 투자를 강화한다.

어느 교회가 어떠한 일에 관심을 가지고 있는가는 그 교회 예산 편성의 내용을 보면 알 수가 있다. 교회는 교회의 중점적인 관심사에 대하여 우선적으로 투자하게 마련이다. 요즘 교회의 예산 편성은 예배, 선교, 교육, 교회의 유지 관리 등 분야별 예산 항목으로 대별되면서 어느 정도 균형이 잡혀가고 있다. 그러나 교육부의 예산을 보면 거의 모든 예산이 교회 학교 고등부까지의 교육에 집중되어 있고 대학생 및 청, 장년 교육을 위한 투자에는 형식적으로 소액의 예산만을 배정하고 있는 형편이다.

내일의 지도자가 될 대학생, 청년들과 오늘의 교회와 한국을 이끌어가고 있는 장년들을 위한 과감한 교육 투자가 정책적으

로 우선되어야 할 것이다. 교회는 모름지기 대학생, 청년들에
대한 관심을 과감한 예산 편성으로 보여 주어야만 한다.

5) 청년 대학부 전담 지도자가 있어야 한다.

요즘 교회마다 대학생과 청년들을 위한 부서가 따로 있고,
그 부서에 지도자를 배정하는 교회가 늘어나고 있다는 것은
매우 바람직한 현상이다. 그러나 특별한 경우가 아니고는 청년
대학 생들을 위한 전문적인 지도자를 배정하지 못하고 부목사
나 교육 전도사들이 다른 업무와 겸하여 함께 담당하고 있는
실정이다.

두 가지 원인으로 인하여 이러한 현상이 나타나는데, 첫째는
교회 예산상의 문제로 별도의 건물을 배정하지 못하는 경우이
다. 그리고 청년 대학생을 위한 전문적인 지도자를 구하기가
힘들다는 데에 또 하나의 원인이 있다.

거의 모든 교회에서 말하고 있는 청년 대학부 지도자를 보
면, 신학대학에서 일반 목회를 위한 교육을 받는 사람들로서
신학교를 졸업하면 일반 목회의 길로 들어설 사람들이다. 간혹
목사 안수를 받은 지도자도 더러 있으나, 이런 경우에도 본격
적인 일반 목회 사역으로 들어서기 이전에 잠시 동안 그 부서
를 맡고 있는 것이지 그 방면의 전문가로서 일생을 헌신하겠
다는 사람은 극히 드문 형편이다.

그 이유는 아주 단순한 데 있다. 신학교를 졸업한 후에 어느
특수 분야의 전문가로서 입신할 수 있도록 보장해 주는 제도
적인 뒷받침이 없다는 것이다. 교회에서는 담임목사 이외의 모
든 사역자(부목사)가 임시직으로 되어 있어서 매년 한 번씩은
노회에서 '청원, 허락'을 받아야 사역할 수 있도록 되어 있다.
이런 불안정한 제도 속에서 특수 분야의 전문가가 양성될 수

는 없다고 본다.

이런 상황 가운데 한국 교회 형편을 보면 교회가 성장하여 대형 교회가 되고 목회자의 수가 많아져도 특수 분야의 전문가가 없기 때문에 장차 어느 교회의 담임 목사로 청빙받기를 기다리는 일반 목회자들이 임시 방편으로 부서 하나씩을 맡아서 아마추어 수준으로 부서를 지도하고 있는 실정인 것이다. 다시 말해서 한국 교회는 세계적인 대형 교회가 속출하고 있는데도 불구하고 교회 내에는 전문가가 없다. 비유컨대 한국 교회는 '전문의'없이 '일반의'만 모여 있는 종합병원과 같다고 말할 수 있을 것이다.

한국에도 외국의 경우처럼 특수 분야의 전문가가 '동시 목사'로서 위임받아 그 분야의 전문가로서 평생을 바칠 수 있는 제도적인 뒷받침이 필요하다고 본다(옛날에는 한국 교회에도 '동시목사'제도가 있었으나 지금은 그 제도가 없어진 형편이다).

6) 지도력과 조직의 갱신이다.

교회의 부흥은 지도자의 그릇과 긴밀한 관계를 맺고 있다. 영적 지도자가 성장하면 교회는 성장한다. 반면에 지도자가 성장하지 않으면 그 지도자의 존재가 성장에 장애가 된다. 교회의 부흥을 위해서 역설하는 분들을 많이 보았다. 그런데 자신이 부흥의 장애라는 사실은 알지 못하는 것 같다. 자라지 않는 지도자 밑에 있는 양떼는 불쌍하다.

교회 부흥의 80%의 책임은 목사에게 있다고 해도 과언이 아니다. 이전보다 더욱 더 기도하고, 말씀을 연구하고, 실력을 갖추라. 이것이 부흥을 위한 최선의 몸부림이다. 지도자의 성장이 없는 교회 성장은 자신에게 크나 큰 위험이 되기도 한다. 자신의 성장 없이 교회 부흥만을 외치다가 성장 후 그 교회에서 배척받게 되는 경우를 필자는 너무나도 많이 보아왔다. 목회자는 끊임없이 견문을 넓히고, 성경을 읽으며, 쉬지 않고 공부해야 한다.

현재 각 교회에 존재하는 조직은 처음에는 나름대로의 역할이 있었다. 그런데 시간이 흐름에 따라 그 역할이 퇴색하게 되었다. 남, 여전도회는 왜 존재하는가? 말 그대로 전도하는 데 사용하자고 조직한 것 아닌가? 그런데 지금은 전도의 전위 조직이 되기보다는 전도와는 관계없는 감투의 일종이 되었다. 그래서 따로 전도 특공대니, 전도 위원회니 하는 것들을 만들게 된 것이다.

현대 교회는 분명히 조직면에서 새로운 본보기를 맞고 있다. 현대와 장차 맞게될 21세기는 정보화 시대이므로 급변하는 상황에 대한 신속한 대처가 없으면 낙오된다.

교회마다 각 기관장의 임기는 거의 1년이다. 옛날 같이 변화가 느린 시대에는 1년의 임기 중에 크나큰 사건이 많이 발생하지 않았다. 그런데 지금은 그때와는 달리 급변하고 있다. 한 사람의 능력으로 1년 간의 모든 일을 감당할 수 없을 정도로 급변하고 있다. 어느 교회의 대학부는 기존의 임원 조직이 없고 필요성을 느끼지도 않는다고 한다.

다만 각 행사마다 프로젝트 팀이 있을 따름이다. 이 프로젝트 팀은 올림픽 준비위원회로 생각하면 쉬운데 기획부터 결산까지 한 위원회가 모든 것을 전담한다.

7) 일꾼을 키우라

영적 싸움의 현장에 있는 사람은 일꾼의 필요성을 절감한다. "…추수할 것은 많되 일꾼은 적으니 그러므로 추수하는 주인에게 청하여 추수할 일꾼들을 보내어 주소서 하라"(마 9:37-38

는 주님 말씀이 가슴 깊숙이 와닿는다. 일꾼의 수가 부흥을 좌우한다. 하나님의 방법은 사람을 통해 이루어지므로 교회는 사람을 키우는 데 집중해야 한다.

영적 일꾼에게 제일 중요한 것은 영적인 능력이다. 기도하는 사람만이 기도하는 사람을 만들 수 있고, 생명 있는 사람이 생명을 낳을 수 있다. 조지 뮬러같은 기도의 사람이 되거나 자신의 양떼를 기도의 사람으로 만들지 않고서는 부흥을 기대할 수 없다. 필자는 종종 기도하다가 죽으라고 말한다. 기도는 목숨 걸고 할 일이며 마지막 호흡을 다해서 외쳐야 할 일이다. 기도는 역사를 바꾸는 능력, 난관을 뚫는 능력이 있고 불가능을 가능케 한다. 하나님께서 된다고 하신 것은 무엇이든 되는 것이다. 또한 미래의 영적 일꾼에게 필요한 것은 어학 실력이다.

청년 대학부에서 영어성경의 사용 또는 중국어 훈련을 시키는 일이 전세계 복음화운동이 초석이 된다고 생각한다.

8) 현장 훈련 제자양육에 힘써라.

현장이 없는 목회는 헛된 것이다. 많은 교회가 하나님의 일하심과 하나님의 영광을 맛보지 못하는 이유가 여기에 있다. 성경은 이렇게 강조한다. "제자들이 나가 두루 전파할쌔 주께서 함께 역사하사"(막 16:20). 부활 승천하신 예수님께서 제자들의 복음 증거 현장에서 함께 역사하신다고 강조하고 있다. 왜 '주께서 함께 역사하는 것'을 체험하지 못하는가? '나가 두루 전파함'이 없기 때문이다. 나가면 된다. 부딪히면 된다. 증거하면 된다.

청년, 대학부가 복음을 들고 필리핀, 대만, 제주도, 낙도, 농어촌으로 나가도록 한다. 그러면 "제자들이 나가 두루 전파할쌔 주께서 함께 역사하사"라는 구절을 몸으로 실제 체험하게 될 것이다. 술 주정뱅이가 눈물을 흘리며 회개하고, 이방신을 믿던 중국 백성들이 십자가 앞에 무릎 꿇는 모습을 보게 될 것이다. 복음으로 제주의 한 마을이 완전히 성령의 도가니로 변화되는 것, 악한 귀신이 예수 그리스도의 이름으로 쫓겨가는 것을 확인하게 될 것이다. 현장이 없는 곳에 주의 역사는 없다.

교회가 사명을 다하기 위해서는 생명 살리는 일에 모든 자원을 집중해야 한다. 제일 유능한 인재를 생명 살리는 데 투입해야 한다. 모든 재정이 생명 살리는 데 집중되어야 한다. 현장에 있는 사람들이 기도한다. 기도란 현실의 벽에 부딪힌 자들이 부르짖는 절규이다. 마귀의 강력함을 맛본 자들이 주께 부르짖고, 위로부터의 능력으로 마귀의 일들을 멸하는 것이다(요일 3:8).

9) 청년, 대학부의 '필요'에 맞춰 교육과정을 만든다.

교육내용과 방법을 결정함에 있어서는 전문가의 도움이 필요할 것이다. 내용과 방법은 교단이나 교회마다 차이가 있을 수 있으므로 이를 고려하여 각 교회의 실정에 맞는 과정이 되도록 하되 전문적 관점의 객관성도 유지하여야 한다.

교육과정을 만들어 가는 과정에 부원들을 참여시키는 것이 바람직하다. 교재를 만드는 일에만 목적이 있는 것이 아니라 교육과정에 참여하여 공감대를 형성해 가는 것이 더욱 중요하기 때문이다. 참여를 통해 이루어지지 않은 교재는 사용되기 어려울 것이다.

교사와 리더의 지속적인 교육이 요구된다. 교육의 관건은 교재보다 사람(교사와 리더)에게 달려있는 것이므로 이들의 전문성과 영성을 위한 체계적이고도 지속적인 교육이 요구되는 것이다.

이러한 대학부 교육 과정에 대한 작은 시도가 보다 나은 젊은이들의 교회 교육을 위하여 지속되기를 바라는 마음 간절하다.

각 교회의 당회는 물론 노회, 총회 내지 교단차원에서 학원선교 단체와 협력하여 대학생, 청년들을 지도하기 위해서는 그들의 '경험'과 그 분야에서 '훈련받은 전문가들'을 교회에서 활용하는 방안이 필요하다. 또한 그릇이 깨끗한 내일의 지도자로 대학생, 청년들을 양육훈련을 시키는 일 등에 구체적인 방안이 강구되어야만 한국교회의 미래가 서구 유럽교회의 정체를 닮지 않을 것이라고 제언한다.

제 7 장
영적 회복운동을 일으키라

1. 성도의 수준과 교회의 건강도 점검

많은 교회가 성장하지 않는 원인은 스스로 영적 개발을 하지 못하고 놀림을 받고 있기 때문이다. 즉, 성도들이 주님 안에서 성장하지 못하고 다른 성도들간의 관계에서도 문제가 많아지면 교회의 경건도가 떨어지고 교회는 성장하지 못한다.[1]

앤드류 머레이(1828-1917)는 크리스천 작가로서, 그의 저서 『보혈의 능력』에서 "예수님의 보혈이 존중히 여겨지고 높임을 받는 곳이면 어디든지 성령께서 역사하시고 성령께서 역사하실 때는 언제든지 영혼들을 예수님의 보혈로 인도하신다."라고 말했다.[2] 그리스도인들이 생기가 넘치는 영적 삶을 누리는 것이야말로 매우 매력적인 일이다. 영성이란 은둔하여 명상과 예배에 전념하며 하나님과의 연합을 끊임없이 거룩하게 체험하는 것에서 정점을 이루는 것과 관계되어 있다. 웨스터호프 3세와 유드는 "영성은 가장 완전한 의미에서의 통합된 인간이 되는 것과 관계가 있다."라고 주장하였다.[3]

키팅이 마련한 '영적인 교리문답서'에서는 복음서에서 되풀이하여 확인한 바 있는 참 그리스도인의 영성의 표준을 바로

---

1) 명성훈, op. cit, pp. 49-75.
2) 베니힌, 오복수 역, *The Blood*(서울:은혜출판사, 1994), p. 102.
3) 로렌스 리처드, 지사우 역, 「신앙성숙과 영적 훈련」(서울:여수룬, 1989), pp. 1-14.

이웃에 대한 구체적인 사랑을 실행하는 것으로 보았다.[4) 한 마디로 '성령, 기도, 설교, 리더십'의 조화로 역동성있게 변화하는 교회만이 성장할 수 있다는 주장이다.

와그너 교수는 성도들이 영적 성숙도와 교회의 건강도를 살펴보는 체크리스트를 다음의 여덟 가지로 지적한 바 있다.

① 목회철학

목회철학이 분명하고 생산적이면 교회가 힘이 있다는 징표이다.

② 목양적 돌봄

목회자가 어떻게 목회하느냐에 따라서 교회의 건강과 성장이 결정된다.

③ 하나님의 말씀

기독교 신앙은 하나님의 말씀을 연구하고 실천하는 것을 통해 이루어진다. 성숙한 신자란 성경을 바로 알고 그것을 삶의 중심에 두는 것이다.

④ 개인적 경건과 영적 훈련

말씀과 기도를 통한 하나님과의 대화는 영성을 개발시키고 훈련시킨다.

⑤ 성령의 은사

교회가 영적으로 짓눌리는 가장 큰 이유 중의 하나는 성령

---

4) Ibid., p. 16.

의 은사에 대해서 무지하기 때문이다. 그러므로 성령의 은사를 올바로 개발하고 활용하는 것은 교회 성장의 부진을 치료하는 가장 좋은 방법 중 하나이다.

⑥ 성도의 교제

영적 성장의 부진은 교회에서 참된 교제가 이루어지지 않을 때 많이 발생한다. 많은 교회가 교회를 찾아오는 성도들의 큰 욕구 중의 하나인 교제의 문제를 해결하지 못하기 때문에 성장하지 못하고 있다.

⑦ 예배

냉랭한 예배 분위기가 교회 성장과 영적 개발의 부진을 가져오는 경우가 많다. 예배를 드리는 자는 그들의 공통 목적인 하나님과의 만남을 확실하게 체험할 수 있어야 한다.

⑧ 세상을 향한 비전

교회는 자기 만족을 위해 존재하는 것이 아니라 세상의 필요를 채워주기 위해 존재한다. 교회의 중심 사역은 타자, 곧 세상을 향하여 방향 설정이 되어 있어야 한다.

이처럼 교회가 성장하기 위해서는 이 여덟 가지 분야에서 갱신이 일어나야 한다. 영적으로 짓눌린 것을 풀고 교회의 성장을 가져오기 위해서는 갱신이 필연적이다.

2. 성령의 개인적 체험

(1) 성령과의 동역

성령은 우리들이 느낄 수 있는 위대한 능력이다.5)

미가 선지자는 "오직 나는 여호와의 신으로 말미암아 권능과 공의와 재능으로 채움을 얻고…"(미 3:8)라고 말했다. 성령님은 삼위일체 하나님의 능력이다. 예수님이 탄생할 즈음 천사가 마리아에게 "성령이 네게 임하시고 지극히 높으신 이의 능력이 너를 덮으시리니"(눅 1:35)라고 말했다.

이처럼 성령은 탁월한 능력이시다. 성령님은 또한 시련에서의 방패다. 사탄에게서 우리를 보호하시는 분도 바로 성령님이시다.

"적들이 홍수와 같이 몰려올 때에 주님의 영이 그들의 대항하여 군기를 높이 드시리라"(사 59:19).

"육신을 좇는 자는 육신의 일을, 영을 좇는 자는 영의 일을 생각하나니"(롬 8:5).

교회 성장은 성령의 역사하심과 인간들이 성령의 동역자로 성령과 함께할 때 성취되는 작품이다. 훌륭한 목회자는 매일 예배시에 "성령을 살아계신 하나님으로 인정하고, 환영하고, 모셔들이고, 의지합니다."라고 고백을 하도록 인도해야 한다.

예수 그리스도를 믿는 것은 곧 예수가 보내신 성령을 체험

---

5) 베니힌, 안준호 역, 「안녕하세요 성령님」(서울:열린책들, 1991), p. 116.

하는 일이다. 기독교 신앙생활은 처음부터 마지막까지 성령의 임재 및 역사와 동떨어질 수 없다.

(2) 성령세례

세례 요한은 "나는 너희로 회개케 하기 위하여 물로 세례를 주거니와 내 뒤에 오시는 이는 나보다 능력이 많으시니 나는 그의 신을 들기도 감당치 못하겠노라 그는 성령과 불로 너희에게 세례를 주실 것이요"(마 3:11)라고 했다. 또한 "예수께서 세례를 받으시고 곧 물에서 올라오실쌔 하늘이 열리고 하나님의 성령이 비둘기같이 내려 자기 위에 임하심을 보시더니"(마 3:16)라는 말씀 속에서 성령세례를 볼 수 있다.

일반적으로 세례는 영적으로 거듭나는 체험, 중생과 성령을 받는 체험 곧 성령세례로 구분된다. 조용기 목사에 의하면 중생은 죄인의 죽은 영혼을 하나님의 생명으로 다시 살아나게 하는 성령의 역사다. 성령세례는 하나님의 일을 하기 위해 성령에게서 끊임없이 능력을 받는 영적 체험의 출발점이라고 할 수 있다. 성령의 은사는 성령의 세례 후에 하나님의 능력이 외부적으로 나타나는 것이고, 성령의 열매는 그 은사의 내부적인 결과로써 그리스도를 닮아가는 평생 작업에 해당된다. 우리가 성령의 외적 은사와 내적 열매로 지속적인 승리의 생활을 해나갈 때 그것을 성령충만이라고 부른다(<그림 1> 참조).

중생　　　성령의 은사(외적)　　　　하나님께
　성령세례　　　　　　　성령충만　　영광
　　성령의 열매(내적)

<그림 1> 중생과 성령세례, 은사 열매, 충만과의 관계

성령을 받는다, 혹 성령으로 세례를 받는다는 것은 성령을 소유하는 것이 아니다. 오히려 성령이 우리를 점령하셔서 세상에서 구별된 자로 삶의 모든 영역에서 능력있는 삶을 살 수 있도록 하시는 성령의 역사를 말한다.

바울이 고린도 교회 사람들에게 성령을 설명할 때 "직임은 여러 가지나 주는 같으며 또 역사는 여러 가지나 모든 것을 모든 사람 가운데서 역사하시는 하나님은 같으니"(고전 12:5-6)라고 했다. 또한 "각 사람에게 성령의 나타남을 주심으로 유익하게 하려 하심이라"(고전 12:7)고 편지했다.

한 마디로 예수님은 관리자이며, 하나님 아버지는 경영자이고, 성령은 표현자이다. 성령은 우리들을 돕는 분이다. 또한 우리들에게 없어서는 안될 생명과 치유와 자유함을 주시는 조력자이다.

기도는 청원을 의미하기도 한다. 진실로 교회 성장을 바란다면 "귀하신 성령님, 도와주십시오. 성령님, 당신은 우리의 교회를 돕는 분입니다. 저희 모두에게 성령세례가 필요합니다. 지금 저희를 도와 주시겠습니까?"하고 간절히 기도해야 한다.

(3) 성령충만

"무릇 하나님의 영으로 인도함을 받는 그들은 곧 하나님의 아들이라 너희는 다시 무서워하는 종의 영을 받지 아니하였고 양자의 영을 받았으므로 아바 아버지라 부르짖느니라"(롬 8:14-15). 성령은 우리의 보혜사이시며, 선생님이시며, 인도자이시다. 성령은 인간들이 따라야 할 길의 인도자 역할을 하신다.6)

---

6) Ibid, p. 31

성령은 하나님의 능력이다. 성령은 성부 하나님과 성자 하나님의 능력이다. 그분은 성자 하나님의 수행을 행동으로 나타내시는 분이며, 성령 없이는 아버지나 아들과 접촉할 수 없다(엡 2:18). 성령의 임재를 아는 자는 항상 예수님을 영화롭게 찬미할 수 있다. 예수님은 오직 성령으로 충만한 가운데 영화롭게 되셨다.

예수님을 믿으므로 우리는 성령이 통제하시는 삶을 살기 시작한다. 그러나 좀더 강력하게 성령이 통제할 수 있는 삶이 기다리고 있다. 그것은 성령으로 충만함을 입는 것이다. 성령충만이란 우리의 삶에서 두 가지 결과를 가져오는 체험이다.

첫째, 성령충만을 받았다는 표적으로 방언을 말하게 된다.

둘째, 우리가 주님을 위해 살 때 다른 사람에게 복을 나눠 주게 된다. 그러나 방언하는 것이 곧 성령으로 충만한 상태에 있음을 의미하지는 않는다.

성령은 개개인 신자나 개 교회에게 능력으로 채우시사 그들이 하나님의 뜻을 실현해 나가는 통로가 될 수 있도록 하신다. 성령이 충만한 공동체는 힘있게 복음을 전달할 수 있다. 무엇보다도 증인의 희망을 효과적으로 수행하기 위해서는 교회가 직접적인 체험을 가지고 말할 수 있어야 한다.

하나님은 자신의 성령을 부어 주길 원하신다.

"필경은 위에서부터 성신을 부어 주시리니 광야가 아름다운 밭이 되며 아름다운 밭을 삼림으로 여기게 되리라 그때에 공평이 광야에 거하며 의가 아름다운 밭에 있으리니"(사 32:15-16).

하나님을 경외하고, 예수님의 거룩을 마음과 뜻과 정성을 다해서 따라가는 노력을 넘어서서, 온전하게 갱신된 영성을 가져야 한다. 그것은 마음의 내면적 비전으로 불붙는 하나님을 향한 강력한 사랑이다.

히폴리투스는 "참 예언자들은 자기의 능력으로 말하지도 않고, 자신들이 소원하는 것을 선포하지도 않았다."라고 말했다.[7] "예언은 언제든지 사람의 뜻으로 낸 것이 아니요 오직 성령의 감동하심을 입은 사람들이 하나님께 받아 말한 것이니라"(벧후 1:21).

성령은 하나님의 말씀인 성경의 저자이다(고전 2:4; 2:12-13, 요 4:26). 성령으로 충만한 사람은 성경으로 충만한 사람이다. 성령은 사람들을 하나님의 말씀으로 인도하고 계신다(눅 1:67; 2:10-16).

"보혜사 곧 아버지께서 내 이름으로 보내실 성령 그가 너희에게 모든 것을 가르치시고 내가 너희에게 말한 모든 것을 생각나게 하시리라"(요 14:26).

성령은 우리들 자신이 이미 교육받은 진리를 타인에게 능력을 가지고 전달되는 설교자가 될 수 있게 한다.

"빌기를 다하매 모인 곳이 진동하더니 무리가 다 성령이 충만하여 담대히 하나님의 말씀을 전하니라"(행 4:31).

성령 받지 않고는 교회 성장 사역을 감당할 수 없다.

(4) 성령과의 교통

성령은 인격이시기 때문에 우리는 그 인격적인 하나님과 깊은 교제, 곧 코이노니아를 가져야 한다. 성령충만의 참된 모습은 성령과의 끊임없는 교제 가운데 있는 상태이다.

"주 예수 그리스도의 은혜와 하나님의 사랑과 성령의 교통하심이 너희 무리에게 함께 있을지어다"(고후 13:13). 분명 성령은 교통하시는 분이며 나와 교제를 하는 분이다.

---

7) 서재신, 「성령충만한 생활」(서울:기독교문서선교회, 1986), p. 55.

성경에서 말하는 교통하심의 뜻을 다음 일곱 가지로 정리할 수 있다.

첫째, 임재를 뜻한다. 성부 하나님은 성령의 임재하심이 우리에게 함께 하시기를 원하신다.

둘째, 친교를 뜻한다. 목마른 자가 광야에서 물을 구하듯 성령과 교통하심을 구하여야 한다.

셋째, 나눔을 뜻한다.

넷째, 동역을 뜻한다. "그들과 같이 일하고" 혹은 "성령과 우리는" 등과 같은 구절에서 성령의 일이 우리와 함께 하는 것임을 분명히 보여주고 있다.

다섯째, 친밀함을 뜻한다. 성령 없이는 하나님을 사랑할 수 없다.

여섯째, 우정을 뜻한다. 성령은 우리들과 가장 가까운 친구가 되길 원하신다.

일곱째, 지시를 뜻한다. 희랍어로는 지휘관을 뜻한다. 성령은 사랑과 우정을 가진 선장, 통솔자, 상관 등과 같다고 할 수 있다. 그러므로 우리들의 개인적인 일을 지시할 수 있도록 그분에게 허용해야 한다. 그리스도께서 떠나신 후에 성령이 이 땅 위의 일을 담당하고 계심을 기억해야 한다.

교회의 가장 큰 필요는 무엇인가? 모든 성도들이 마음과 뜻과 정성을 다하여 구하고 찾고 두드려야 할 것은 무엇인가? 그것은 성령충만함을 입는 것이다. 예수 그리스도의 교회는 매일매일 새로운, 혹은 계속적인 오순절이 되어야 한다.

3. 신유와 축사

신유란 하나님께서 질병을 치유하여 주신다는 뜻이다.[8]

하나님께서 질병을 치유하실 때는 일반 신유(건강과 질병치유를 위하여 하나님께서 만들어 주신 일반 자연의 법칙)와 특별신유(하나님께서 일반 자연법칙을 초월하여 특별기적을 베풀어 치유하여 주시는 특별법칙)를 함께 사용하신다.

오늘과 같이 그 어느 때보다도 병과 문제가 많은 사회에서는 성령의 치료 능력이 더욱 필요하다. 하나님의 능력이 초대교회 시대 뿐만 아니라 오늘날도 강력하게 역사함을 나는 확실하게 믿는다. 예수님은 어제나 오늘이나 영원토록 동일하시기 때문이다. 신유의 역사는 그리스도께서 본을 보이신, 계속되어야 할 하나님의 사역이다.

"내 아들아 나의 법을 잊어버리지 말고 네 마음으로 나의 명령을 지키라 그리하면 그것이 너로 장수하여 많은 해를 누리게 하며 평강을 더하게 하리라"(잠 3:1-2).

"스스로 지혜롭게 여기지 말지어다 여호와를 경외하며 악을 떠날지어다 이것이 네 몸에 양약이 되어 네 골수로 윤택하게

---

8) 오성진, 「질병치유와 건강의 올바른 성서적 방법」(서울:요단출판사, 1986), pp. 41-48.

하리라"(잠 3:8).

"마음의 즐거움은 양약이라도 심령의 근심은 뼈를 마르게 하느니라"(잠 17:22).

<표 1> 질병의 원인과 치료방법

	질병의 원인	치료 방법
일 반 신 유	1. 정신(마음)으로 인한 질병 (신경성) 2. 영양 섭취의 잘못과 부족 3. 적당한 운동 부족 4. 적당한 휴식 부족 5. 위생적 생활 부족 6. 안전사고 예방 부주의 7. 공해(오염된 공기, 물, 식품), 잘못된 약물복용	1. 하나님의 자녀로 중생하여 믿음충만한 신앙생활을 할 때 진정한 편안함을 누리게 됨 2. 균형잡힌 올바른 영양 섭취 3. 적당한 운동 4. 적절한 휴식 5. 위생적 생활 6. 안전사고 예방 7. 오염된 공기, 물, 식품주의, 약물복용주의…
특 별 신 유	1. 하나님께서 성경과 기도를 통하여 사람이 이해할 수 있도록 알려 주시는 내용 1) 죄를 회개케 하기 위하여 2) 하나님의 뜻을 깨닫게 하기 위하여 3) 사도 바울과 같이 자고(교만)하지 않게 하기 위하여 4) 귀신들림으로 인한 질병	1. 죄를 회개하고 병낫기 위하여 기도하면 하나님께서 치유하여 주심 2. 하나님의 뜻을 올바르게 깨달아 순종하고 병 낫기 위하여 기도하면 하나님께서 치유하여 주심 3. 고후 12:9 말씀과 같이 바울이 간증을 할 때 유익이 됨 4. 예수 그리스도의 이름으로 귀신을 쫓아냄
	1. 사람으로서는 도저히 이해할 수 없는 분야가 있다.	1. 기도 응답으로 치유받음 2. 병 고치는 은사를 통하여 치유받음

※ 온전한 치유 = (일반신유 + 특별신유) + 하나님의 도와 주심을 항상 기도

축사란 '사귀나 사기를 물리쳐 내쫓음'[9]을 일컫는다. 성경적으로는 예수의 이름과 말씀으로 귀신들을 쫓아내는 것을 의미한다.

"저물매 사람들이 귀신 들린 자를 많이 데리고 예수께 오거늘 예수께서 말씀으로 귀신들을 쫓아 내시고 병든 자를 다 고치시니"(마 8:16).

와그너가 지적하듯이 병자를 고치고 귀신을 내어 쫓는 초자연적 역사는 잃어버린 자들을 예수 그리스도에게 인도하는 절대적인 조건은 아니지만 엄청난 도움을 주는 것은 사실이다.

그렇다면 귀신은 어떤 존재인가?

"귀신이란 사람의 육체에 직접적으로 침입하여 병의 원인이 되기도 하고 저주의 신이 되기도 하는 불신자의 사후 존재들을 말한다."[10]라는 견해도 있다. 성경에서는 이것과 관련하여 "그러나 성령이 밝히 말씀하시기를 후일에 어떤 사람들이 믿음에서 떠나 미혹케 하는 영과 귀신의 가르침을 좇으리라 하셨으니"(딤전 4:1)라고 말하고 있다. 귀신은 미혹하게 하는 영들이라는 뜻이다.[11]

(1) 하나님의 뜻으로의 신유

예수님은 그의 제자들에게 하나님의 나라를 말씀하셨을 뿐만 아니라 병자를 치료하고 귀신을 내어쫓을 것도 명하셨다(눅 9:1; 10:8-9, 마 10:7-8, 막 6:12-13).

하나님은 우리가 자유하게 되어 몸과 영혼이 회복되기를 얼

---

9) 신기철 신기용, 「새 우리말 큰 사전」 (서울:삼성출판사, 1979), p. 3301.
10) 김기동, 「성서적 신학적 현상과 마귀론」 (서울:도서출판 베뢰아, 1988), p. 2.
11) 원세호, 「베뢰아 귀신론 비판」 (서울:국제신학연구소, 1989), p. 53.

마나 원하셨던지 그의 아들 예수께서 우리 죄를 담당하사 고난을 당하시고 우리의 몸의 치료를 위하여 그의 몸이 채찍에 맞을 때 얼굴을 돌리셨다.

존 윔버가 지적한 것처럼, 병자들을 위해 기도해야 하는 가장 호소력 있는 이유 중 하나는 예수 그리스도가 먼저 많은 사람을 치료하셨다는 사실 때문이다. 예수님이 병을 고치셨기 때문에 우리도 병자를 위해서 치료 사역을 해야 한다. 예수님이 믿음과 행실의 모델이라면 예수님의 치료 사역을 무시할 수 없다. 우리는 병자를 위해서 기도해 주어야 한다. 왜냐하면 우리의 주인이신 예수 그리스도가 복음을 전할 뿐만 아니라 병자를 치료해 주도록 명령하셨기 때문이다.

하나님은 교회를 온전하게 세우는 데 도움이 되기 위하여 병 고치는 은사를 주셨다(마 15:21-28; 20:30-34). 성경에 보면 가나안 여자와 소경 두 사람은 예수님께 육체의 고통을 고쳐 주시기를 간절히 부르짖었다. 그리고 계속 꾸준히 간구하였다. 그 결과 예수에게서 치유함을 받게 되었다.

믿음의 기도가 응답되어 치유받으려면 질병치유는 하나님의 뜻이라는 것을 확실히 깨달아야 한다. 그리고 죄를 회개하고, 굳센 믿음을 가지고, 간절한 마음을 가지고 계속 꾸준히 기도해야 한다.

"이러므로 너의 죄를 서로 고하며 병 낫기를 위하여 서로 기도하라 의인의 간구는 역사하는 힘이 많으니라"(약 5:16).

"내 이름을 경외하는 너희에게는 의로운 해가 떠올라서 치료하는 광선을 발하리니 너희가 나가서 외양간에서 나은 송아지같이 뛰리라"(말 4:2).

그러므로 하나님의 자녀가 신유와 건강을 누리지 못하는 가장 큰 이유는 하나님의 뜻에 대한 분명한 지식의 결핍 때문이다. 문제는 치료를 위한 하나님의 능력이 아니라 우리의 의지와 믿음의 유무이다.

이사야 53장의 고난의 종은 구속자일 뿐만 아니라 치료자이다. 예수는 우리의 죄만을 위해 십자가에서 죽으신 것이 아니라 우리의 육신과 생활을 위해서도 십자가의 고난을 받으셨다(고후 5:14).

성경을 자세히 연구해 보면 예수가 설교한 것보다 병자를 고치고 귀신을 내어 쫓으신 시간이 더 많음을 볼 수 있다. 사복음서의 3,774절 가운데서 12퍼센트가 되는 484절이 육체나 마음의 질병을 고치고 죽은 자를 살리신 사건의 기록이다. 예수님이 병 고치신 사역은 다른 어떤 사역보다도 훨씬 더 시간과 열정을 드린 최대 관심사였다.

신유의 역사와 복음전파의 상관관계에 대해서 와그너는 확신있게 말하고 있다. 복된 소식은 예수가 옛날에 죽으시고 다시 사셨을 뿐만 아니라 지금 하나님의 보좌 우편에 앉아 계시며, 지금도 이 땅에 살아 역사하신다는 사실이다. 그것은 무엇을 말하는가? 오순절 설교에서 베드로는 약속하기를 사람들이 회개하고 세례를 받으면 하나님의 두 가지 선물, 즉 죄사함과 성령을 얻게 될 것이라고 했다. 이것이 바로 하나님의 현재적인 권능의 역사이다.

천국의 모든 표적은 매우 중요하기 때문에 우리가 깊은 관심을 가져야 한다. 천국의 표적 가운데서도 병고침과 귀신 쫓음의 역사는 가장 대표적이다. 그러므로 교회에서 신유의 사역을 수행하는 것은 예수와 그의 나라가 임재함으로써 나타나는 자연적인 결과라고 할 수 있다. 잃어버린 영혼에게 복음을 전파하는 것과 함께 병든 자를 치료해 주는 것이 하나님 나라의 사역임을 깨닫는 것이 절대적으로 필요하다.

(2) 귀신을 내어쫓음

예수께서는 "내가 만일 하나님의 손을 힘입어 귀신을 쫓아 내는 것이면 하나님의 나라가 이미 너희에게 임하였느니라"(눅 11:20)고 말씀하셨다. 성경은 귀신의 영향을 받게 되면 지체없이 "너희는 믿음을 굳게 하여 저를 대적하라"(벧전 5:9)고 가르친다.

1) 그리스도의 생애에 나타난 귀신들

① 그들은 그리스도를 알았다(막 3:11, 눅 4:43, 행 16:16).

② 그들은 그리스도를 두려워 하였다(눅 8:28).

③ 그들은 그리스도께 복종하였다(막 5:13).

④ 그들은 예수로 말미암아 사람들에게서 쫓겨났다.

· 가버나움의 더러운 귀신들린 사람(막 1:25, 눅 4:35)

· 귀신들린 벙어리 된 자(마 9:33)

· 귀신들린 소녀(마 15:28, 막 7:29)

· 귀신들린 아이(마 17:18, 막 9:25, 눅 9:42)

· 귀신들린 눈멀고 벙어리 된 자(마 12:22, 눅 11:14)

· 18년 동안 귀신들려 앓던 여자(눅 10:17)

· 막달라 마리아(눅 8:2)

"그가 채찍에 맞음으로 우리가 나음을 입었으며"(사 53:5), "네 모든 죄악을 사하시며 네 모든 병을 고치시며"(시 103:3).

이와 같이 예수님께서는 우리 죄와 병을 담당하셨다.

2) '귀신 추방'을 하는 경우

① 귀신의 능력을 부인하고, 귀신의 정체를 드러낸다.

② 기도로 귀신을 쫓는다.

"기도 외에 다른 것으로는 이런 유가 나갈 수 없느니라"(막 9:29).

기도하는 자가 "귀신아, 예수의 이름으로 명하노니 나가라."고 명령하면 귀신은 나간다.

③ 귀신을 쫓기 전에 귀신들린 자의 마음을 평안하게 하라.

④ 귀신을 심하게 꾸짖으라.

⑤ 목회자들은 손을 얹으라.

"병든 사람에게 손을 얹은즉 나으리라"(막 16:18).

⑥ 정신병자에게서 귀신을 쫓기 전에 먼저 상담하라.

귀신이 나간 후 다시 강한 힘을 힘입지 않으면 귀신이 또다시 들어올 수 있다고 한다. 그래서 온전히 육체를 지켜주고, 성령으로 충만케 해달라고 기도해야 한다고 조언한다. 그리고 말씀을 읽거나 찬송가를 부르거나 찬송가 테이프를 틀어 듣도록 해야 한다고 한다.

우리가 영적인 싸움을 피하게 되면 복음의 특권을 포기하는 것이요, 예수 그리스도의 승리의 능력이 절대적으로 필요한 사람들을 저버리는 것이다. 또한 마땅히 드려야 할 하나님의 영광을 사탄에게 빼앗기게 되어 사탄만을 기쁘게 하는 결과가 된다.

결론적으로 말하면 신유와 축사가 교회 성장에 보탬이 된 사례는 여의도 순복음교회를 비롯하여 우리 주위에 많다는 사실이다.

4. 거룩한 산 제사

(1) 산 제사로서의 예배

"그러므로 형제들아 내가 하나님의 모든 자비하심으로 너희를 권하노니 너희 몸을 하나님이 기뻐하시는 거룩한 산 제사로 드리라 이는 너희의 드릴 영적 예배니라"(롬 12:1).

이 말씀은 바울 사도가 이신칭의의 실제적인 적용을 하면서, 의롭다 하심을 입은 신자가 하나님께 대하여 취할 태도를 설명한 부분이다. 칼빈은 본문의 '몸'이라는 말은 우리의 피부와 뼈 뿐만 아니라 우리를 구성하고 있는 전체를 의미한다고 하였다.[12]

바울은 이 제사가 다음과 같은 특성을 지녀야 한다고 언급하였다.

1) '산' 제사

즉, 신자 속에 있는 새 생명에서 시작된 것이어야 한다.

2) '거룩한' 제사

즉, 성결케 하는 성령의 감화를 입은 그 소산으로써의 제사이어야 한다.

---

12) 윌리엄 핸드릭슨, 황여철 역. 헨드릭슨 성경주석 로마서 하(서울:아가페 출판사, 1988), p. 143.

3) 하나님께서 '기뻐하시는' 제사

하나님께서 받으실 뿐만 아니라 진심으로 환영하시는 제사이며 신자가 자신을 드리는 제사이어야 한다. 바울 사도는 또한 "너희의 드릴 영적 예배니라"고 부언한다.

본래 '예배'란 유일하신 하나님께 대한 참된 경배[13]이고, 예배의 본질은 "은혜의 계약이 기초해서 주 예수 그리스도를 중보로 한 하나님과 사람, 곧 예배자와의 교제 혹은 만남이다."[14]라고 할 수 있다. 교회 성장을 위한 간구의 예배는 마음을 바치고 영혼과 뜻과 말과 행위를 바치는 의식이다. 사실 이것들은 오직 하나님만을 위한 것이며, 하나님께 드려져야 한다.

(2) 역동적 예배

예배는 모든 교회 생활의 본질적 요소이다. 살아있는 교회는 예배하는 공동체이다. 교회는 무엇보다도 하나님께 예배드리기 위해 부름받은 하나님 백성의 공동체이다. 하나님의 백성을 갱신시키고 부흥시키는 가장 탁월한 수단을 신령과 진정으로 드리는 예배의 체험이다.

역동성 예배의 있는 특성은 무엇인가?

1) 최우선으로서의 예배

예배에 출석하는 것과 예배를 위한 영적인 열정에 최우선을 두는 것이다. 특히 주일예배에 불참하는 것은 영적으로 자살하는 것과 같다. 일찍이 종교개혁과 칼빈은 "우리가 종교에서 떨어져 나가거나 쇠하는 것을 막기 위해서는 부지런히 거룩한 모임에 참석해야 하며 하나님께 드리는 예배를 증진시키는 모

---

13) Ibid, p. 24.
14) 대한예수교 장로회 총회신학교, 「예배학」, p. 2.

든 방법을 동원해야 한다"고 말했다.

예배에 실패하는 교회는 참 사명을 이루는 데에 실패하는 교회이다. 전도를 아무리 많이 하고 사람들의 필요를 아무리 채워준다고 하더라도 교회의 가장 큰 사명은 여전히 하나님께 나아가는 예배에 있다.

2) 축제로서의 예배

예배는 하나님과 그 백성의 대화라고 존 헉스터블은 말한다. 예배는 살아있는 움직임이다.

헤어포드가 말한 대로 역동적인 예배는 먼저 하나님의 임재가 전체 분위기를 휩쓸며, 성도들은 하나님 안에서 참으로 즐거워한다. 또한 하나님의 말씀과 하나님을 향한 믿음이 살아나는 것이 특징이 되어야 한다.

부흥회 등을 통하여 많은 사람들이 모이도록 계획하고 마음을 다하여 기도를 하는 행위는 죄의 어둠을 몰아내고 성령의 역사하심을 준비하는 일이 된다. 이것은 특별히 집단 개종한 사람들을 영적으로 돌보는 최선의 방법이다. 지속적으로 재헌신하는 것은 영적인 생명의 비결이다. 그러나 냉담하고 형식적인 교회는 성장하지 않는다.

3) 하나님 나라의 참여로서의 예배

신앙생활에서 하나님 체험, 천국 체험은 절대적으로 중요하다. 교회는 아직 완성되지 않았지만 이미 임하여 있는 천국을 예배를 통하여 체험할 수 있어야 한다. 교회가 천국은 아니지만 천국의 맛을 볼 수 있는 자리가 될 수 있어야 한다. 모든 전통과 조직과 교리는 이 목적을 위한 수단에 불과하다. 그것들은 성령을 통하여 하나님과 대면하도록 도와주는 통로이다.

성령의 갱신 사역은 이러한 천국 체험을 통하여 시작된다.

모든 예배에는 한 가지 공통적인 목적이 있다. 그것은 예배를 드리는 자가 하나님을 만나는 것이요, 그 결과 하나님의 임재가 예배자에게 실재가 되는 것이다. 너무나도 많은 교회에서 이러한 일이 일어나지 않고 있다. 주일예배가 즐기는 예배가 아니라 참아야 하는 예배가 되고 있다. 교회는 무엇보다도 예배에 최우선권을 두어야 한다. 예배는 교회의 모든 프로그램들과 성도들의 모든 상황의 정점이 되어야 한다. 빈약한 예배는 교회 성장을 방해하고 영성개발을 묶어버리는 결정적인 요소가 될 수 있다.

한 마디로 말해서 말씀을 따라 하나님을 예배하게 되면 하나님께서 반드시 역사하신다. 하나님의 직접적인 임재와 천국의 다스리는 영광이 모든 것을 자유롭게 하는 능력으로써 임하신다. 사람들이 하나님의 말씀을 경외하고 하나님의 아들을 경배하며 하나님의 영을 모셔들일 때마다 하나님의 직접적이고 놀라운 복이 하늘에서 쏟아진다.

4) 영적 무장으로서의 예배

진정한 예배는 하나님께 영광을 돌릴 뿐만 아니라 예배를 드리는 자에게 덕을 세우도록 한다. 즉, 예배는 형식적인 신자를 변화시켜 그리스도의 몸과 세상을 위한 전위부대로 만들어 준다. 선교 중심적인 설교를 들을 때마다 성도들은 확신을 가지게 되고 자기 혼자 있지 않다는 사실을 깨닫게 된다. 강단에서 성령의 임재와 능력에 대해서 배우기 때문이다.

목회의 주체는 평신도이다. 그리고 목회의 우선순위는 예배와 교제로 말미암은 전도이다. 평신도로 하여금 전도하게 하는 것이 목회의 본질이다. 그리고 전도는 예배와 교제로 건전하게 양육된 성도만이 보여줄 수 있는 영성의 부산물이다.

5. 교회 성장에서의 성령의 역할

하나님께서 왜 우리에게 성령을 보내셨을까? 그것은 성령을 통하여 우리 안에 새로운 초자연적 생명을 창조하시기 위함이다. 성령 강림으로 우리는 믿음의 공동체로서 특별한 교제를 나누고 참된 기쁨으로 하나님께 경배를 드리게 된다.

신약성경을 면밀히 검토해 볼 때 성령 강림은 하나님의 백성으로 하여금 세상을 향한 전도와 선교를 통해 어떻게 교회 성장에 참여할 것인가를 알게 한 사건임을 알 수 있다. 보혜사 성령은 위로자로서 사람들을 위로하기 위해 오셨을 뿐만 아니라, 사람들을 선교사로 만들기 위해서 오신 것이다. 데이비드 왓슨이 말한 대로, 오순절의 첫째 목적은 보잘 것 없는 사람들로 하여금 "선교의 영"을 대면케 하여 예수 그리스도의 복음을 담대하게 전할 수 있도록 하기 위함이었다. 성령, 하나님의 백성, 선교, 이 세 가지는 교회 성장의 본질적 조건이고 성경은 이들의 상관관계를 기록한 책이라고 할 수 있다.

사도행전 2장의 오순절 사건은 하나님의 사람들을 위한 성령의 역사에 있어서 클라이맥스라고 할 수 있다. 왜냐하면 오순절에 성령 강림으로 인하여 교회가 그리스도의 몸으로서 출발할 수 있었기 때문이다. 구약의 제한된 역사 혹은 복음서의 메시아에 초점이 맞추어졌던 것과 달리 오순절 이후에는 성령께서 보편적인 사역을 행하시게 되었던 것이다. 무엇보다도 그리스도의 교회가 성령의 임재와 생명과 사역 안에서 성령의 능력을 지속적으로 경험할 수 있게 된 것이다. 해리 보우어 (Harry Boer)는 초대교회에 나타난 오순절 체험의 중요성에 대해서 "오순절날 성령의 충만함이 쏟아졌으며 그 결과 창조 시에 역사했던 하나님의 인간에 대한 보편적인 관심이 구원의 개념으로 새롭게 시작되었다."고 말한다.

교회의 최대 사명은 사람들에게 성령을 알게 하는 것이다. 그러나 이 점에 있어서 오늘의 많은 교회가 실패하고 있다. 그러므로 현대교회에 있어서는 하나님과 대면하는 영적 쇄신을 촉진시키는 분위기가 그 어느 때보다도 시급한 실정이다. 성령이 개개 인간의 체험을 통해 새 생명의 영으로 알려지게 될 때 현대교회는 다시 한번 초대교회의 생명력을 가질 수 있으며, 성령의 도움이 있을 때 비로소 교회는 세상을 변화시킬 수 있는 것이다. 그러므로 성공적인 교회 성장을 바란다면 모든 교회마다 오순절의 체험이 계속되어야 할 것이다.

성령의 역사, 하나님의 백성, 하나님의 구속적 선교, 이 세 가지는 하나님의 공동체(구약의 이스라엘과 신약의 교회)의 총체적 성장을 위해서 필수적인 요소이다. 여기서 성령은 하나님의 선교를 이루기 위해 부름받은 하나님의 백성에게 선배동역자가 되신다. 이 특별한 동역 혹은 협력 사역에 있어 성령께서는 교회 성장과 선교를 위한 주도자, 전략가, 격려자로서 일하시는 것이다.

(1) 교회 성장의 주도자이신 성령

교회 성장과 선교를 위한 성령의 첫째 역할은 성령의 주도적인 창조의 역사이다. 누가는 우리에게 선교의 주도자가 사도들이었다고 가르치지 않는다. 예수의 제자들은 예루살렘에서

하나님의 선교

　　교회
　(신앙공동체)
　의 성장

　　　　　　　　　　　　　　· 성장의 주도자
　　　　　　　　　　　　　　· 성장의 전략자
하나님의 백성　　　　하나님의 성령　· 성장의 격려자

〈총체적 교회 성장의 요소〉

능력있는 선교 사역을 위해 성령을 기다리고 있었다. 사실 120문도들에게는 선교사역을 어떻게 수행할 것인가 하는 문제보다도 어떻게 자신의 신앙생활을 지켜나갈 수 있을 것인가가 더 다급한 문제였다. 그들은 갑작스럽게 일어난 일련의 예수 사건들(죽으심과 부활과 승천)에 당황하고 낙심되어 주님의 마지막 말씀에 매달릴 수밖에 없었다. 그러나 제자들이 성령으로 충만했을 때, 그들은 두려움에서 확신과 담대함으로, 불신앙에서 생명력있는 신앙으로 바뀌게 되었다. 즉각적으로 그들은 자신들을 위협하는 사람들 앞에서 확신을 가지고 담대하게 복음을 선포하기 시작했다. 성령께서 그들로 하여금 자기의 백성들은 물론이거니와 이방인들에게도 복음을 전하게 하사 언어와 문화와 종교적인 관습까지도 초월하게 하셨던 것이다. 성령은 빌립을 사마리아 지역에, 베드로를 고넬료에게, 그리고 바울과 바나바를 이방지역으로 보내셨다. 로랜드 알렌(Roland Allen)은 이 점을 명쾌하게 설명한다.

"제자들에 임하신 성령은 제자들의 마음 속에 복음을 전해야겠다는 뜨거운 사명감을 불러일으키셨다. 그 결과 제자들은 '우리는 전하지 않을 수 없노라'라고 고백하게 된다. 사도행전 전체를 통해 성령께서는 무엇보다도 받은 바 은혜를 전하도록 하나님의 백성들에게 사명을 불러일으키고 강력하게 일을 시키시는 영으로 소개되고 있다."

문자 그대로 성령은 예수 그리스도의 복음을 전할 메신저들을 직접 택하시고 파송하셨다. 성령은 선교의 주도자 혹은 창시자인 제자들로 하여금 안디옥을 이방인을 위한 세계선교센타로 만들도록 역사하셨다. 전도와 교회 개척에 있어서 성령은 항상 주도자로 역사하신다. 성령은 베드로의 사역을 통하여 고넬료의 집에 이방인 오순절이 일어나도록 주도하셨다. 초대교회 최대의 신학적 선교학적 논쟁이었던 할례의 문제도 성령의 주도적 사역으로 말미암아 해결될 수 있었다(행 15:28).

어떤 경우에는 성령께서 제자들에게 강요하기도 하셨다. 바울이 아시아에서 복음을 전하기를 원했을 때 성령께서는 허락하지 않으셨다(행 15:6, 7). 이 사건은 선교의 주도자가 인간이 아닌 성령이라는 사실을 웅변적으로 보여준 실례이다. 성령은 아시아에 앞서 유럽에 먼저 선교하시기 원하셨던 것이다. 바울이 최후로 예루살렘을 방문하려고 할 때 그는 여러 어려움과 핍박에도 그 곳에 갈 수밖에 없었는데 그 이유는 성령께서 가도록 강요하셨기 때문이다. 이처럼 모든 선교 확장의 발전 과정에 있어서 성령은 항상 주도권을 행사하셨다. 선교의 시작은 인간에 의해 이루어지는 것이 아니라 성령의 주도에 의해 이루어진다. 웨슬레가 그의 설교 "은혜의 수단"에서 말한 대로 성령은 우리 앞에 먼저 행하사 선교의 길을 닦으시는 분이시다.

(2) 교회 성장의 전략가이신 성령

성령으로 충만한 제자들은 자신들의 선교 전략을 따르지 않고 성령의 인도를 따라 복음을 전했다. 빌립 집사가 에디오피아의 내시에게 복음을 전할 때 성령은 빌립에게 일일이 지시하셨다(행 8:26, 29, 30). 고넬료를 전도한 베드로의 사역도 성령의 지시에 의해 수행된 것이다. 성령은 우선 이방인에 대한 베드로의 편견부터 바꾸셨다. 성령께서 베드로에게 말씀하시기를 "두 사람이 너를 찾으니 일어나 내려가 의심치 말고 함께 가라 내가 저희를 보내었느니라"(행 10:19, 20)고 하셨다. 안디옥 교회에서 바울과 바나바를 처음 선교사로 내보낼 때에도 성령께서 말씀하셨다. "내가 불러 시키는 일을 위하여 바나바와 사울을 따로 세우라"(행 13:2).

성경에 나오는 사역자들과는 달리 오늘 많은 교회에서는 이른바 "프로그램"이 성령의 임재와 전략을 대신하고 있다. 실력 있는 교회지도자일수록 우리 주 예수 그리스도의 육체적 임재를 대신하는 하나님이신 성령을 무시하고 잊어버리는 경향이 있다. 우리가 프로그램이라고 부르는 모든 것은 하나님이 행하셨고 또 지금 행하시는 것에 대한 응답이어야 한다. 교회성장형 사람들은 그랜트 맥클렁(Grant McClung)이 "성령은 전도와 선교에 있어서 교회의 우두머리 전략가이시다. 인간의 계획은 하나님의 마음을 반영할 때에만 그 실효성이 있다."고 한 말에 귀를 기울일 필요가 있다.

성령은 각 시대와 장소를 위한 전략을 가지고 계신다. 이러한 전략을 분별하고 실행하는 것이 곧 교회의 책임이다.

구약에서조차 우리는 성령께서 사람들과 협력하사 사람들로 하여금 성령의 전략을 사용하게 하셨음을 볼 수 있다. 성령은 요셉에게 은사를 주사 이스라엘을 구원할 전략을 사용하게 하셨다. 70인의 장로들을 지도자로 사용한 모세의 전략도 성령의 전략에서 나온 것이다. 또한 기드온은 여호와의 성령이 임하셨을 때 삼백 용사들을 일으켜 전쟁에 참여하게 하는 전략을 사용하여 기적적인 승리를 거둘 수 있었다. 그밖에 다윗, 솔로몬

등 많은 하나님의 일꾼들과 선지자들이 하나님의 일을 위한 전략을 이행할 때 성령의 인도를 직접 받았다.

일부 선교신학자들은 바울이 선교를 위해 실제로 자기 자신의 전략을 가졌는지의 여부에 대해 논란을 제기하고 있다. 마이클 그린(Michael Green)에 의하면 복음의 전파는 전혀 예기치 않은 상황에서도 성령의 인도하심에 순종하는 사람들에 의해 이루어졌다(1975:174). 그에 의하면 바울은 자기 자신의 선교 전략이 없었던 사람이다. 그러나 도날드 맥가브란은 바울이 광대한 지중해 지역에서 복음을 전할 때 자신의 전략을 세웠다고 주장한다. 이러한 사실은 우리가 선교를 위해 인간적인 전략을 세울 것인지 아니면 인간적인 전략을 배제하고 오직 성령의 지시만을 기다릴 것인지에 대하여 질문을 제기하게 된다.

이 질문에 대한 해답으로써 만약 전략을 성령의 인도에 기꺼이 따르려는 사람들에 의해 개발된 가변적 방법론이라고 본다면 바울도 선교전략을 나름대로 가졌다고 해도 틀린 말이 아닐 것이다. 그런 의미에서 본다면 바울의 인간적인 전략조차도 성령의 지시에 따라 이루어진 것이라고 할 수 있다. 이 근본적인 문제에 대해 핫지의 결론적인 진술이 가치있게 느껴진다.

선교사들은 사람들의 필요를 채우기 위한 하나님의 은혜와 축복의 채널임을 알아야 한다. 예수님께서는 추수를 위하여 필요한 일꾼들도 영적인 방법으로 채워져야 할 것임을 지적하셨다. "그러므로 추수하는 주인에게 청하여 추수할 일꾼들을 보내어 주소서 하라"(마 9:37). 궁극적으로 세계복음화의 위대한 사명은 어떤 인위적인 프로그램이나 인간의 노력만으로는 이루어질 수 없다. 왜냐하면 이는 "힘으로 되지 아니하며 능으로도 되지 아니하고 오직 나의 신으로 되느니라"(슥 4:6)고 하셨기 때문이다.

(3) 교회 성장의 격려자이신 성령

성령의 역사에 있어서 밀물과 썰물은 구원사의 현상이다. 성경은 하나님의 백성 가운데 나타나신 성령의 밀고 당기시는 역사를 기록하고 있다. 성령은 항상 새로운 시대를 창조하사 새로운 방법으로 하나님의 백성을 도우셨다. 예루살렘 멸망과 포로 이후 신앙체험 즉 "성령의 영적 능력의 차원"이 결정적으로 썰물의 현상, 다시 말하면 쇠퇴하게 되었음을 대표적으로 보여준다.

예수의 부활 후 성령께서 강림하신 것은 신약 역사에 나타난 성령의 엄청난 밀물의 역사, 곧 부흥의 사건이 된다. 이것이 구약의 성령의 역사와 다른 점은 어떠한 구별없이 성령께서 모든 하나님의 백성들 위에 충만하게 임하시게 되었다는 점이다(마 11:11, 12:25; 행 2:17, 18). 이것은 성령께서 우리와 함께 하실 것이라는 주님의 약속이 성취된 것이다(요 14:16). 신약을 통해서 우리는 성령께서 어디에나 임하여 계심을 보게 된다. 예언의 말씀에서, 설교와 말씀의 가르침에서, 방언과 기사와 표적에서 그리고 거룩한 윤리적 행위에서 성령의 임재를 발견하게 된다.

성령은 교회 성장과 선교를 위해 모든 그리스도인들에게 본질적인 능력을 허락하시는 격려자 혹은 동기부여자가 되신다.

성령은 세계복음화를 위한 그리스도 교회의 힘의 원천이시다. 성령의 강림으로 말미암아 초대교회는 무덤에서 부활하신 그리스도를 증거하는 증인의 사명을 감당할 수 있게 되었다. 사도들은 어떤 이론의 타당성 때문이 아닌 성령의 영적 충만에 의해서 지배받고 행동하였다. 로랜드 알렌은 누가가 성령을 모든 사역의 진정한 고취자로서 소개한 것에 대하여 다음과 같이 말하고 있다.

"누가는 사도행전에서 복음이 어떻게 세상에 전파되었는가에 대해 말하고 있다. 그는 성령이 어떻게 결정적인 순간마다 사도들의 마음과 행동을 주장했는지에 대해서 기록하고 있다. 누가는 성령이 선교 사역에 있어서 거의 독재권을 행사하여 사도들의 마음을 감화감동시킨 사건에 대해서 주로 다루고 있다."

성령의 은사들은 특별히 복음을 전파하기 위해 주어졌다. 빈슨 사이난(Vinson Synan)의 충고처럼 우리는 교회를 행정기관으로서가 아닌 은사와 봉사의 살아있는 유기체로서 볼 줄 알아야 한다. 성령은 모든 그리스도인들에게 주어졌으되 특별히 각 사람에 따라 다른 은사를 주셨다. 즉 몸 전체를 위한 지체의 사명을 다하도록 성령의 은사는 각양 다른 모습으로 사람들을 고취시키고 동기를 부여해 주신다.

성령은 그의 백성들에게 동기부여를 해주시되 시간과 장소의 영적, 문화적 장벽을 뛰어 넘어 내적인 차원뿐만 아니라 외부적인 측면에서도 그의 능력으로 넘치게 채워주신다. 보쉬(Bosch)는 이러한 성령의 총체적 사역에 대해서 다음과 같이 묘사하고 있다.

"신약성경 특히 바울서신은 성령께서 신자와 교회의 외부뿐만 아니라 내부를 위해 역사하는 영으로 묘사하고 있다. 성령은 외부적으로 능력을 주어 봉사하게 하실 뿐 아니라 내부적으로 신자와 교회를 성화시키신다. 처음에는 이 두 가지 면이 서로 역동적인 관계로 이해되었다. 그러나 얼마 가지 않아서 성령의 외부적 역사가 점차로 소홀히 여겨지게 되었고, 주후 2세기 이후부터는 대부분 신자들과 교회가 성령에 대하여 소유하는 것으로 강조되기 시작하였다. 본래 성령의 임무는 신자들을 정화시키고 깨닫게 하는 일이었다. 특히 동방교회에서는 성령을 진리, 빛 그리고 생명의 영으로 이해하고 있었다."

6. 영적 회복을 위한 여섯 가지 원리

(1) 진정 위기의식이 있는가?

요즘 우리 교회 부교역자들이 자주 평신도 지도자들에게 강조하는 몇가지 슬로건이 있다. 첫째, 인생의 방황은 하나님을 만나면 끝이 나고 신앙생활의 방황은 좋은 교회를 만나면 끝난다. 둘째, 목회자가 바뀌면 교회가 바뀌고 평신도가 바뀌면 세상이 바뀐다. 셋째, 모이면 축제의 예배를 드리고 흩어지면 소그룹을 통해서 훈련받는다. 넷째, 아무리 많은 정보를 가졌다 해도 내 것이 되지 않으면 쓰레기에 불과하다.

영적 원리가 든든하게 뒷받침되기 위해서 우리에게 필요한 의식중 하나는 '창조적인 위기감의 존재 유무'에 대한 것이다.

오늘날 한국교회의 신자들의 문제는 무엇인가?

형식과 틀에 얽매인 도그마티즘 때문에 사람들이 교회에 나와도 하나님의 자녀로서 누리는 기쁨보다는 고착화된 율법적인 메시지로 죄책감이 너무 심하여 그냥 괴로워만 하다가 교회를 떠나고 마는 경우가 많다.

또한 탈진현상이 일어난다. 대부분의 전통적인 교회의 공통적인 현상은 일하는 사람들만 앞에서 뛰다 보니 기진맥진한 상태가 된다는 것이다. 교회 일을 피곤하게 생각하고 좀 쉬고 싶어하는 평신도 지도자들이 의외로 많다.

이런 상태의 지속이 신앙의 스타일 자체를 너무 수동적으로 만들어 버렸다.

영적인 회복은 우리가 창조하는 것이 아니라 오직 성령만이 하실 수 있다고 믿고 간절한 마음으로 참여할 때 일어난다. 먼저 교회가 영적 회복을 진심으로 원한다면 영성 회복과 목회자의 신학적 바탕이 깊이 관련되어 있음을 알아야 한다. 이것은 단순히 어떤 테크닉이 아니다. 영적 회복에 관한 시중의 많은 책들이 테크닉을 중심으로 쓰여졌다. 그러나 나는 영적인 회복은 어떤 테크닉을 통해서가 아니라 신학적 바탕을 재확인하여야 얻을 수 있으리라고 확신한다.

생명력있는 신학과 영적 회복은 긴밀한 관계에 있다. 다음의 6가지 원리들은 기독교 역사에서 일어났던 기본적인 원리들이다. 이것이 탄탄해야 흔들림없는 창조적인 사역을 지속할 수 있다. 주 안에서 사역자와 성도 서로가 성령이 주장하시는 그리스도의 몸을 이루고 있음을 기억하므로 성령님을 통한 생명의 역사가 회복되어야(시 86:5) 계속 창조적인 사역을 할 수가 있다. 다시 한번 강조하건대 창조적 목회를 위해선 영적 회복이 반드시 필요하다.

(2) 영적 회복을 위한 여섯 가지 원리

1) 기독론의 재검토

영적인 회복을 위해서는 먼저 철저하게 기독론을 재검토해야 한다. 교회의 믿음의 대상이 예수 그리스도라는 사실이 흐려지면 안된다. 이것이 너무나 당연하고 쉬운 이야기 같지만 실제로는 그렇지 않다. 중세 시대에 종교 개혁자들이 예수 그리스도를 강조했기 때문에 이단으로 간주된 적도 있었다. 마틴 루터가 구원이 예수 그리스도를 믿음으로 온다고 해서 교회로부터 추방당했고, 요한 웨슬레는 믿음을 통한 구원을 강조하는 설교를 하다가 더 이상 설교를 못하도록 족쇄가 채워졌다. 우리는 지금 후기기독교 시대이자 반기독교 시대에 살고 있다.

오늘날 혼동은 예수 그리스도가 어떤 분인지를 제대로 모른 데서 비롯된다. 오늘날 교회가 이 세상에서 예수 그리스도가 하나님의 유일한 해답이요, 소망이요, 해결자요, 임재요, 능력인 것을 얼마나 제대로 깨닫고 전하느냐에 달려 있음을 알아야 한다. 날마다 영적 회복에 충일했던 사도행전의 교회들은 예수 그리스도를 가감없이 전하고 그의 부활을 선포했다. 사람들이 예수 그리스도를 개인적으로 대면하면 반드시 변화된다. "예수가 주님이시다."는 일세기 기독교인들의 가장 강력한 세 단어였다.

기독론의 실천적인 핵심은 주님되심(Lordship)에 있다. 주님이란 주인 됨을 의미한다. 그 당시 주님(큐리오스)이란 용어는 종이 주인을 부를 때, 신하가 로마 황제 가이사를 부를 때 이 두 가지 경우에만 사용되었다. 이 주님이란 뜻은 절대적인 주권을 가진 주인이란 뜻이다. 다시 말해 나의 인생의 주가 내가 아니라 예수님이란 뜻이다. 영적 회복을 통한 창조력은 이 예수님의 주인되심에서 찾아야 한다.

2) 성서론 회복

영적 회복의 두 번째 신학적 원리는 성서론을 회복하는 것이다. 오늘이 이 시대에 가장 긴급한 일이라면 우리의 믿음과 행함의 지침인 성경으로 속히 돌아가는 것이다. 혼란했던 시기를 정리한 요시야 왕은 그들의 정체성의 원천을 하나님의 말씀에서 재발견했다. 이스라엘 백성을 위한 청사진이자 원리였던 하나님의 말씀을 통하여 다시 회복되었던 것이다.

20세기 말인 오늘날의 경제력, 정치적인 불안 속에서 많은 사람들은 가감없는 순결한 하나님의 말씀을 갈망하고 있다. 인종 차별, 에이즈, 폭동, 전쟁 등의 위기 속에서 하나님이 어디 있느냐고 질문하고 있다. 지금 X세대나 심지어 Y세대라고까지 불리는 젊은이들은 절대적인 진리와 해답을 갈망하고 있다. 누군가가 권위를 가지고 인생의 답을 주길 목말라 하는 것을 직시할 수 있어야 한다.

성경은 우리의 지식의 깊이를 위한 것이다. 하나님의 음성을 듣고 성경에 따라 합당하게 살도록 주어진 것이다.

3) 언약의 원리

다음으로 회복되어야 하는 신학적 원리는 언약의 원리이다. 이것은 이론적인 것이 아니라 예수 그리스도와의 관계에서 대가를 지불해야 하는 약속의 문제로 다루어져야 한다.

목회자 자신부터 영성 회복을 통한 창조력을 얻기 위해서 예수 그리스도의 제자가 되는 것이 무엇인지, 그의 몸된 교회의 한 가족이 된다는 것이 어떤 대가를 요구하는지 언약과 계약적 차원에서 이해해야 한다. 예수 그리스도의 사람들은 그의 제자가 되므로 무엇인가 대가를 지불해야 된다는 것을 깊이 깨달아야 한다. 예수님은 오늘도 제자를 세우기 위해 우리를 부르셨지 세상적인 조직이나 일종의 친목클럽의 일원으로 우리를 부르지 않으셨다.

결혼을 할 때 부부가 서약을 하는 것처럼 그리스도의 몸된 교회의 구성원이 되는 것은 거룩한 언약이다. 교회와 성도들이 영적인 회복을 원한다면 그리스도 안에서 한 가족이 된다는 멤버십에 대하여 심각한 자문을 해봐야 한다. 예수 그리스도가 누구신지, 성경과 성령에 대해, 그리고 교회는 무엇인지 생명력있는 기독교의 핵심을 나누어야 한다.

교회를 왜 다니는가에 대해서 분명하게 배울 수 있는 기회를 마련해 주어야 한다. 예수님 모시고 신앙생활을 잘 할 수 있는 길도 안내해 주고, 자신이 출석하는 교회가 어떤 비전을 가지고 있는지를 명확하게 가르쳐서 한 식구가 된 언약의 관계를 설명해 주고, 빨리 소속감을 갖고 정착할 수 있도록 이끌어주어야 한다. 뿐만 아니라 그 언약을 통한 멤버십에는 책임이 있다는 것을 제대로 가르치고 실천할 수 있게 해야 힘들 때도 곧 바로 영적 회복이 가능할 것이다.

4) 유기적인 교회론

교회는 조직적이라기보다는 유기적이다. 우리 그리스도인들은 모두 문자 그대로 그리스도의 몸이다. 상징적인 것도 아니고 표현만을 위한 것도 아니다. 정말 교회는 성령이 주장하고 역사하시는 그리스도의 몸이다. 예수님의 몸, 입, 손, 발은 더 이상 이 땅에 없지만 제 2의 성육신인 교회가 그의 몸의 역할을 한다. 이것이 오순절 성령강림의 첫번째 이유이다.

몸에 있어서 제일 중요한 것은 '생명'이다. 그러므로 유기적인 교회의 생명은 세포에 있는 것이지 위원회나 조직에 있는 것이 아니다. 따라서 생명이 있는 교회에 믿지 않는 사람이 들어오면 성령을 통해 생명에 접붙여진다.

사역을 하는 데 이러한 생명과 연결된 유기적 교회론을 재정립하지 않으면 역동적인 사역의 방향이 잡히지 않는다. 교회에 생명이 싹틀 때까지 목회자는 해산의 고통을 겪어야 한다.

목사가 생명 변화에 둔감하고서는 사역이 안된다. 생명 탄생에 목숨을 걸어야 한다. 산소가 풍부한 곳에는 물고기가 모이게 마련인 것처럼…, 혹 교회 내부의 조직을 유지하기 위해서 쏟아붓는 에너지가 있다면 오히려 생명 탄생을 위한 것으로 완전히 방향을 전환시켜야 한다. 될 수 있으면 각종 불필요하게 많은 회의들을 절제해야 한다. 그리고 오히려 생명탄생을 위해서 서로 섬기고 세워주는 사역에 더 많이 투자해야 한다.

단순히 교회라는 조직의 지탱을 위해서가 아닌 예수님의 지상명령 성취와 생명 탄생을 위해서 그 사역의 초점을 맞추어야 한다. 그렇게 될 때 예배의식 하나라도 습관적인 것에 머물지 않고 역동성있게 드리는 참다운 예배자들이 배출될 것이다. 새로 교회에 나온 사람들의 숫자가 교회 기존 신자들의 숫자를 능가할 것이다. 그러므로 이런 유기적인 교회론은 자연스럽게 형식에 치우치지 않는 생명력있는 예배를 드리도록 한다.

5) 성직의 회복

신약, 즉 새로운 언약에는 더 이상 레위 지파가 없다. 우리 사역자들은 이것을 이미 알면서도 실제 사역의 장에서는 인정하지 않는 경우가 있다. 성직자는 꼭 영적 세계의 엘리트들 같고, 평신도는 음악회나 운동경기의 관람자들처럼 만들어 놓았다. 이제는 평신도 자원을 목회자와 함께 뛸 수 있도록 동역화시켜야 한다. 현대 교회가 평신도들의 소명과 잠재력을 과소평가함으로써 얼마나 많은 성도들을 그저 무력한 주일 군중으로만 남겨놓고 말았는가?

오늘날 우리 목회자들은 평신도 한 명 한 명을 부름받은 거룩한 공동체 안에서만 안주하는 사람 그리고 신앙의 특권의식에 젖은 사람으로만 만들지 말고, 보냄받은 제자로서의 소명의식이 투철한 사명자로(요 20:21) 살도록 도와줘야 한다. 성령은 그리스도의 몸인 교회를 세우기 위해서 오셨을 뿐 아니라 평신도 한 명 한 명을 세상에 보내시기 위해서 오셨다. 이제는 정말 평신도를 보는 시각이 달라져야 한다. 소명받은 평신도 지도자들이나 장로들이 의식을 갖고 뛰면서 너무나 멋있게 변하는 것을 보면 입이 절로 벌어질 때가 있다. 목사 혼자 뛰는 목회는 이제 정리하고 함께 뛰어야 한다.

평신도들을 더 이상 방치하거나 방목하지 말고 복음증거자로서의 특권을 갖고 그들의 은사가 최대한 활용되도록 이끌어야 한다. 머리 되신 예수 그리스도를 중심으로 협력 사역을 해야 하는 필연성이 강조되어야 한다. 목회자와 평신도 서로가 "너 없이 나 못 살고, 나 없이 너 못산다."는 상호의존 관계가 확인될 때 창조적인 생각도 나올 수 있다. 그럴 때 모든 평신도가 성령의 주권 하에서 쓰임받을 수 있고 그 어떤 사람도 쉽게 탈락될 수 없을 것이다. 우리로 하여금 창조적인 사역을 하게 하시고 늘 새롭게 하시는 성령의 사역에 어느 누구도 제외될 수 없다.

성령님은 어떤 분이신가? 그분은 평신도들과 손잡고 창조적으로 개혁하시는 분이시다. 그러므로 목회자는 지금까지 잃어버린 평신도의 제사장직을 고민하면서 회복시켜 주어야 한다. 신약의 교회들을 자세히 연구해 보면 분명한 사실이 하나 발견되는데 그들은 모두 오늘날의 신학교 역할을 하고 있었다는 것이다. 교회마다 평신도들을 키우고 세워왔다. 또한 교회는 그들을 교회 밖으로 담대하게 파송했다.

사도 바울은 가는 곳마다 교회를 개척하고 평신도 지도자들을 세워놓고 그 선교지를 떠났다. 사역자를 찾는 청빙위원회도 없었고, 감독관들이 후임 감독관을 정한 것도 아니었지만, 평신도 지도자들 가운데서 교회를 짊어지고 나갈 일꾼들이 나왔던 것이다. 그러므로 오늘날의 교회는 이제 영성 회복을 위해서 신학교처럼 성도들이 소명을 가지고 주님이 맡기신 일에 헌신적으로 봉사할 수 있도록 준비시켜야 한다.

6) 창조적 사역 센스 회복의 원리

① 신뢰하라

창조적 사역을 위해서 먼저 필요한 것은 사역자들과 평신도 지도자들 간의 신뢰도이다. 신뢰는 서로의 감정을 접붙여주는 강력한 접착제이다. 그리고 신뢰는 확신을 가져다 주고 이런 확신은 다른 사람들에게 새롭고도 창조적인 일들을 감당할 수 있도록 용기를 심어준다. 반대로 서로에 대한 불신은 모든 사역을 침체시키며 사람들을 지루하게 하고 창조력을 떨어뜨린다.

일관성있는 사역은 신뢰를 쌓는다. 로마는 하루 아침에 세워지지 않았다. 전 세계 100대 교회를 관찰해 보면 담임목사가 최소한 20년 이상 오래 사역해 왔던 교회임을 알 수 있다. 버섯은 60일 만에 자라지만 단단한 참나무는 60년이란 긴 시간이 걸린다. 따라서 단기간에 실패한다고 좌절할 필요도 없고, 단기간에 성공했다고 자만할 수도 없다. 오랫동안 일관성있는 사역을 통해서 신뢰가 회복되면 훈련도, 창조적 사역도 가능하다.

② 기쁘게 일하게 하라.

모든 일을 기쁘고 유쾌하게 만들어야 한다. 다시 말하면 재미있게 해야 한다는 뜻이다. 우리 주위에 성공했다고 하는 사람들을 가만히 살펴보라. 그들은 자기가 좋아하는 일을 하면서 다른 사람들로 하여금 돈을 내게 만드는 사람들이다.

③ 인정하라.

너무나 당연한 말이지만 다른 사람들이 한 일을 인정해 주고 감사하라. 인정을 받으면 창조력이 나온다. 인간의 가장 원초적인 본능은 다른 사람들에게 인정받는 것이다. 샌프란시스코에는 칭찬해 주는 전화회사가 있다. 그 회사로 전화를 걸면 전화를 건 사람을 무조건 칭찬해 주고 심지어 찬양까지 해준다.

지금 사람들은 인정받는 것에 굶주려 있다. 잘해 나가면 진심으로 축하해 주고 기뻐해 주고 점심도 사주어야 한다. 목회자 자신이 직접 쓴 친필의 편지를 보내거나 그들의 배우자에게 남편을 칭찬하는 편지를 보내도록 격려하고, 필요하면 교회 신문에 실어서 인정하고 칭찬하는 것을 독려하도록 한다.

사역하면서 서로 스타일이 달라도 나름대로 독특한 은사를 인정해 주어야 한다. 서로 다른 것도 때로는 괜찮은 것이고 같지 않다는 그 자체도 하나님 앞에서 감사기도의 제목이 될 수 있다.

④ 실수에 대해 용감하라.

창조적인 사역자는 실수를 다루는 법을 안다. 실수가 아주 유익할 때가 많다. 왜냐하면 어떤 것들이 잘못되었는지를 알게 하고, 어떤 것들이 더 이상 쓰여지지 말아야 하는지를 가르쳐 주기 때문이다.

나는 가끔 부교역자들에게 한 번씩 실수도 해보라고 한다. 단, 실수를 하되 전과 똑같은 실수를 하면 안된다고 말한다. 실수를 통해서 제대로 배우면 누구든지 성장할 수 있다. 실수를 두려워하면 창조적인 사역의 센스가 없어지게 된다. 실수에 대해 용감하라. '사역에 대한 실수'란 말을 '사역에 대한 실험'이라고 바꾸어 보라. 창조적인 계획들이 쏟아져 나올 것이다.

⑤ 보고서를 제출하게 하라.

우리 교회 사역자들은 창조적 사역의 센스를 위해서 매주일 사역자 보고서를 제출한다. 감시하기 위한 보고서가 아니라 창조적 사역을 위한 보고서이다. 특별히 부목사들과 전임 사역자들에게 두 가지 보고서를 제출하게 한다.

주로 네 가지 영역에 대한 보고로, 첫째 영역은 지난주 동안의 사역 가운데 진보, 전진한 것들이고, 둘째 영역은 사역에 있어서 어려웠던 부분들(풀어야 할 과제), 셋째 영역은 담임목사가 결정해야 할 일들(담임목사의 최종 결정이 필요한 것), 마지막으로 네 번째 영역은 보고자의 개인기도 제목과 그 응답들이다. 그 중 두 번째 보고서 양식은 매주 예배 평가서인데 모든 사역자들에게 매주 예배에 대한 30여 가지의 평가를 갖도록 항상 평가서를 성경책 안에 휴대하고 다니면서 예배 준비 상황, 찬양, 새교우 환영, 설교, 주차장, 화장실, 게시판, 유아실, 주일학교 등등에서 개선해야 할 내용들을 적어 매주 보고하게 한다. 그렇게 한 후 화요일 아침 교역자 모임에서 이 보고서를 가지고 서로 토의, 평가하고 고쳐나가고 있다. 이런 과정을 통해서 주일 예배의 수준이 계속 높아지고 있음을 하나님께 감사드린다.

또한 교회의 여력이 있으면 주일 방문자들의 평가서를 받아 보는 것도 많은 도움이 될 것이다. 새로 온 분들에게 담임목사가 감사편지를 보내면서 그 안에 반송봉투를 넣어 우리 교회를 방문하고 느꼈던 좋았던 점, 불편했던 점, 고쳤으면 하는 점 등을 물어본다. 당연히 이름은 묻지 않고 반송하도록 하지만 나이는 참고를 위해서 묻는 것이 좋다.

⑥ 계속 배우는 기회를 가지라

끊임없이 배우는 기회를 가져야 창조적 사역의 센스가 퇴화되지 않는다. 잠언 18:15에 말씀하듯이 지혜로운 자는 지식을 구한다. 성장하는 교회는 배우고 성숙한 담임목사와 부교역자들을 필요로 한다. 교회의 지도자들이 성장하지 않으면 교회가 자랄 수 없다. 담임목사의 중요한 사역 중 하나는 사역자들과 평신도 지도자들이 서로간에 계속 배우고 자랄 수 있도록 환경을 마련하는 일이다. 좋은 책들을 추천하고, 좋은 강의나 설교 테이프도 듣게 하고, 역동력있다고 인정되는 세미나에도 참석하도록 독려한다.

7. 영성훈련과 교회 성장과의 관계

(1) 상관성의 이유

영성 훈련과 교회 성장은 서로 밀접한 관계성을 가진다. 왜냐하면 영성 훈련을 통해서 교회가 성장하기 때문이다.

어떤 의미에서 영성 훈련은 교회 성장이라는 말로 표현할 수 있다. 초대교회의 탄생이 오순절 성령강림으로 되었고, 교회가 성장하여 온 것도 성령의 역사와 더불어 되어졌다.

오늘날의 교회에 있어서도 성령이 역사하고, 생명이 약동하며, 활발하게 성장하는 교회마다 영성 훈련과 상관관계를 가지고 있다. 이러한 사실을 성경이 증거하고, 기독교 역사가 증명하는 동시에 현실교회가 증명하고 있다.

(2) 영성훈련이 교회성장에 끼친 영향

선교 2세기를 맞이하는 한국교회는 세계 기독교 선교사상 그 유례를 찾아볼 수 없는 획기적인 성장을 하였다. 이러한 한국교회의 성장요인이 과연 무엇인가 라는 물음에 대하여 다양한 답변이 제시될 수 있을 것이다.

물론 교회의 성장요인은 다양하나 국가에 따라서 다르고, 지역사회에 따라 다르고, 문화적, 정치적 영향도 있을 것이다.

한국교회의 상장요인을 다음과 같이 생각할 수 있다.

첫째, 선교사들이 우리말 성경의 보급과 성경공부

둘째, 초기 신자들의 철저한 훈련과 불붙는 전도의 열정

셋째, 한민족의 역사적 위기의식

넷째, 순교자들의 터 위에 세워진 교회

다섯째, 선교사들의 뜨거운 선교 열정 등을 들 수 있다. 물론 이것은 성령의 역사하심의 결과임을 전제로 하는 것이다

한국의 신흥교회 세력의 확장과 영성 운동을 통한 교회 성장은 성령의 역사에 의한 것이라고 그 해석의 차이를 자타가 공인하고 있으며, 한국교회의 성장은 영성훈련이 밑거름이 된 성장이었다.

영성 훈련의 구체적인 영향은 무엇인가?

우선 신자들이 회개하여 구원받고, 성령체험으로 정예한 신자가 되었고, 그 신앙이 성경에 기초한 뿌리 깊은 신자로 변하였으며, 철저한 훈련으로 뜨겁게 전도하고, 복음과 진리를 위해서는 목숨을 버리는 순교의 반열에까지 나아가게 되었다는 것이다. 그리하여 은혜받은 그들의 삶의 현장에서 믿지 않는 가족들과 친지들에게 다시 생기를 되찾게 하는 모습을 드러낼 때 급속한 교회 성장이 이루어졌다.

(3) 바람직한 교회 성장

교회 성장을 논함에 있어 이미 세계 교회 성장에 광범위한 영향을 끼친 미국 훌러신학교의 도날드 맥가브란 박사를 떠나서는 생각할 수 없다.

맥가브란은 그의 교회 성장에서 "교회가 최대 다수의 영혼을 구원하는 일을 위해서는 숫자상의 통계치를 잘 사용할 줄 알아야 한다. 교회는 통계를 비웃기 쉬우나, 교회는 셈할 수 있는 사람들로 구성되었고 그들을 셀 수 없을 만큼 신령한 것은 아무 것도 없다. 사람들은 모든 가치있는 인간적 노력에 있

어서 숫자를 사용하고 상업, 재정, 연구, 정부, 발명, 기업들이 계속적인 측정으로 거대한 이윤과 안정을 추구한다. 마찬가지의 원리가 교회의 성장, 발전에 적용되어야 할 것이다. 사도행전에서 누가가 숫자 등을 크게 강조한 것과 교회의 숫자적 증가에 대한 그의 조심스러운 기록이 무시되어서는 안될 것이다."라고 말했다.

이렇듯 '교회 성장'이란 용어는 맥가브란 박사에 의해서 처음으로 쓰여졌다. 그러나 그 용어가 전혀 새로운 무엇을 가리키는 것은 아니었다. 다만 '선교와 복음전도'라는 용어들이 자유주의자들과 극단적 보수주의자들에 의해서 그 의미가 왜곡되어 버린 상황에서 자신의 사상을 담을 새로운 말을 찾다가 가장 평범한 두 개의 단어 '교회'와 '성장'을 결합하여 쓰게 된 것이다. 그래서 '교회 성장'이라는 말 속에는 일반적인 경우 교회 자체의 성장이 교회의 가장 큰 목표가 되어야 하며, 그리고 그것이 결국 가장 유효한 대 사회적 봉사가 될 수 있음을 뜻하는 것이다.

한편 그의 제자인 피터 와그너에 의하면 교회 성장이라는 용어의 참 의미는 예수 그리스도와 아직 아무런 개인적인 관계를 가지고 있지 않은 사람들로 하여금 그와 더불어 교제를 가지도록 해주며, 책임있는 교인이 되도록 만들어 주는 데 관련된 모든 사항을 의미하는 것이라고 하였다. 즉, 교회성장학이란 모든 족속으로 제자를 삼으라는 하나님의 명령을 효과적으로 수행하는데 관련된 교회의 설립, 확장, 기능, 건전성을 조사하는 학문으로써 교회가 왜 성장하고 어떻게 성장하는가를 진단하는 일종의 진단과학이라고 할 수 있다.

한국교회의 바람직한 성장을 다음과 같이 살펴보고자 한다.

1) 복음적 각성

복음적 각성은 신약 기독교의 부흥을 유발하는 그리스도의 교회 내에서의 성령의 활동이다. 그러한 각성은 어떤 개인만을 두드러지게 변화시킬 수 있고, 일단의 사람들에게 영향을 미칠 수도 있고, 한 회중, 혹은 한 도시나 지역의 교회들 혹은 한 나라나 대륙의 신앙인들 전체, 혹은 전세계의 신앙인들 전체에게 영향을 미칠 수도 있다.

그러나 이것의 주된 결과는 언제나 사도행전의 현상 등이 반복되는 것이다. 사도행전에서 우리는 복음적 각성에 대한 간단한 기사에 접한다. 그것은 신앙인을 소생시키고 죄인들을 하나님께로 귀의시킨 복음적 각성이다. 한편 비기독교인들로 하여금 모든 각성을 유발하는 하나님의 영과 활발하게 접촉하게 한다고 말할 수 있다.

그러나 복음적 각성은 '그리스도의 교회 내에서의 성령의 활동'이다. 따라서 전능한 하나님의 주도로 이루어지는 것이지만 대개는 그것을 열렬히 구하는 사람들에게 주어진다. 그런고로 복음적 각성은 하나님의 선물이다. 인간은 그것을 마음대로 할 수도 없고, 달라고 강요할 수도 없다. 하나님은 독자적 판단에 의해 자신이 원하는 때에 자신이 원하는 곳에서 이 선물을 주신다. 그것은 '갑자기 생겨나고', '갑자기 닥치고', '교회를 각성시키고', '여름 하늘의 벼락처럼 갑자기 오고', '홀연히 나타나고', '은혜의 사역을 시작하고', '하나님의 백성에게 축복을 가져다 준다'. 그러나 하나님은 계속적으로 드려지는 진지한 기도에 응답하신다. 기도는 하나님이 자기 백성으로부터 받기를 바라는 것이다.

2) 철저한 성경연구

성경에 대한 지식은 절대적으로 필요한 것이다. 성경에 대한 지식이 반드시 교회 성장을 가져오는 것은 아니다. 그러나 성경에 대한 지식이 없으면 전통적 의미에서의 교회 성장이 일어나지 않는다. 유럽과 아메리카 교회들의 성장은 오랜 세월에 걸쳐 가정과 교회에서 주의깊게 성경을 읽은 결과였다. 뿐만 아니라 한국교회의 성장에 있어서도 큰 원동력으로 작용한 것은 장로교회의 1895년 한국에 이식되었을 때부터 교회치리의 본질적 부분을 형성했던 철저한 성경연구였다.

"모든 성경은 하나님의 감동으로 된 것으로 교훈과 책망과 바르게 함과 의로 교육하기에 유익하니 이는 하나님의 사람으로 온전케 하며, 모든 선한 일을 행하기에 온전케 하려 함이니라"(딤후 3:16-17).

사람이 지, 정, 의를 갖출 때에 온전한 인격을 형성할 수 있는 것처럼 교회 성장도 지, 정, 의적인 면을 갖추어야 한다. 지, 정, 의의 삼자중 어느 하나에만 치우쳐서도 안되고, 어느 하나를 소홀히 해도 안된다. 여기서 어느 한 곳으로 치우치지 않기 위해서 성경에 대한 지식이 있어야 한다.

한국교회는 성장하는 초기부터 사경회라 이름하여 성경을 공부하므로 교회 성장의 전통을 이루었다.

구약시대의 요시야왕 때에 성전을 수리하다가 발견된 율법책에 의하여 왕을 비롯하여 온 국민적인 부흥과 개혁이 이루어졌던 것도 성경 연구의 결과였다. 그러므로 오늘날에도 건전하게 성장하는 교회는 철저한 성경 연구로 양육을 받는 교회이다.

3) 복음전도의 비전

구약성경에 있어서 이스라엘의 목적은 하나님의 목적하심을 증거하는 것이었다. 그러나 신약성경은 역사 속에 나타나시는 하나님의 행위와 예수 그리스도에게 나타난 지고의 계시가 하나님께 모든 충만으로 그리스도 안에서 화평케 하사 모든 사람들에게 알려진 것이라고 명백히 나타내고 있다.

안디옥 교회에서 바나바와 사울을 선교사로 보낼 때, 금식하며 기도하고 두 사람에게 안수하여 보낸 것같이(행 13:1-3) 교회 성장은 선교를 위한 목적이어야 한다. 바울이 로마서 9:1-3에서 "내가 그리스도 안에서 참말을 하고 거짓말을 아니 하노라 내게 큰 근심이 있는 것과 마음에 그치지 않는 고통이 있는 것을 내 양심이 성령 안에서 나로 더불어 증거하노니 나의 형제 곧 골육의 친척을 위하여 내 자신이 저주를 받아 그리스도에게서 끊어질지라도 원하는 바로라"고 하였다. 즉, 사람들에게 그리스도의 복음을 전하는 것을 생의 주요 목적으로 삼고 있는 것이다.

이와 같이 신앙이 성숙한 사람들은 그들의 이웃들과 사랑하는 사람들에게 복음의 구속 능력을 나누어 받게 했으며 이 거룩한 열망에 사로 잡힌다.

오순절 때 성령을 받은 사람들처럼 그들은 어디를 가나 복음을 전하고, 사람들을 그리스도에게로 끌어들이려고 노력한다.

1970년에 일어났던 한국 초기의 부흥운동도 개인의 심령부흥으로 인하여 죄의 회개, 열심있는 기도, 성령의 은사로 인해서 한국교회는 성장하였다. 그리고 그들이 한국사회에 있어서 지도세력으로 민족을 이끌어갈 수 있었다.

8. 영적 성장 십계명

(1) 영적 성장의 의미

영적 성장이란 한 마디로 '예수님을 닮아가는 것'이다. 에베소서 4장 15절에 "범사에 그에게까지 자랄지라"고 했는데, 그것은 "예수님에게까지 자라가라"는 의미이다. 성장이란 예수 안에서 변화하고, 개발하고, 완성되는 것이다. 그것은 구원의 칭의와 성화와 영화로써도 설명될 수 있다. '의롭다' 칭함을 받은 것으로 만족하지 않고 예수님처럼 거룩하게 살고, 일하다가 영화로운 몸으로 완성되는 것을 목표로 한다.

'성장'이란 영어 단어가 GROWTH인데 이 'GROWTH'라는 글자의 알파벳 머리글자로 여섯 가지 개념을 구체화시킬 수 있다.

성장이란 첫째, 'G' Goodness, 즉 '좋은 것'이다. 하나님이 좋으신 하나님인 것처럼 영적으로 성장하는 사람은 좋은 사람이 되어야 한다.

둘째 글자인 'R'은 Revival, 혹은 Renewal, 즉 '부흥과 갱신'을 상징한다. 성장하는 사람은 내적으로 새로워지고 외적으로 열매가 나타나는 사람이다. 어제보다 오늘이 나아지고, 오늘보다 내일이 나아지는 사람이다.

셋째 글자인 'O'는 Obedience, 즉 '순종'을 의미한다. 성장하는 사람은 순종하는 사람이다. 사무엘상 15:22에는 우리가 잘 아는 말씀으로 "순종이 제사보다 낫고 듣는 것이 수양의 기름보다 나으니"라고 기록되어 있다. 성장할수록 하나님의 권세에 순종하고 하나님께서 위임하신 권세에 순종한다.

성장의 넷째 글자 'W'는 Word, 즉 '성경말씀'이다. 베드로후서 3:18에 보면 "오직 우리 주 곧 구주 예수 그리스도의 은혜와 저를 아는 지식에서 자라 가라"고 했다.

성장의 다섯째 글자 'T'는 Thanksgiving, 즉 '감사'이다.

성장이란 날마다 감사로 제사를 드리는 자의 몫이다. 감사, 즉 예배에 성공해야 인생에 성공한다. 성장하는 사람의 최대 관심사는 하나님의 뜻인데 감사야말로 "예수 안에서 우리를 향하신 하나님의 뜻"이라고 바울은 데살로니가전서 5:18에서 말씀하고 있다. 성장하는 사람은 기도와 찬양으로 감사하고 물질과 헌신으로 감사하는 사람이다.

성장의 마지막 여섯째 글자 'H'는 Humility, 즉 '겸손'이다. 야고보서 4:10에 "주 앞에서 낮추라 그리하면 주께서 너희를 높이시리라"고 말씀하셨다. 성장하는 사람은 늘 더 배울 것을 추구하는 겸손의 사람이다. 나는 이제 더 배울 것이 없다고 교만하게 자신을 높이는 사람은 더 이상 성장할 수 없다.

(2) 영적 성장의 중요성

그러면 성장이 왜 중요할까? 성장이 중요한 이유는 세 가지이다.

1) 성장은 하나님의 뜻이다.

생명을 주신 하나님은 그 생명이 자라기를 원하신다. 우리의 영적 생명이 자라기 원하시고, 우리의 가정이 자라기를 원하시고, 우리의 교회가 자라기를 원하신다. 자기 성장, 가정 성장,

교회·성장을 통해 하나님의 나라가 자라는 천국 성장이 이루어지기를 심히 원하신다. 우리는 하나님의 뜻과 소원을 이루어 드리는 성도가 되어야 마땅하다.

2) 성장은 우리를 행복하게 한다.

인간은 동물과 달리 배우는 기쁨을 누리는 존재이다. 똑같은 삶을 반복하는 것을 거부한다. 갈수록 나아지는 삶을 추구한다. 왜냐하면 그래야 행복하기 때문이다. 옛날보다 더 잘 살게 되어야 행복하지 옛날보다 못살게 되었는데 행복할 리가 없다. 물론 행복이란 물질의 넉넉함에만 있지 않다. 여기서 나아진다는 것은 물질적인 것 뿐만 아니라, 정신적인, 영적인 세계를 포함하는 성장을 말한다.

3) 성장은 다른 사람을 돕는 길이다.

어린 아이가 일할 수 없는 것처럼 영적으로도 성장해야 다른 사람을 도울 수 있다. 많은 성도들이 교회에서 봉사하고 일하다가 시험드는 이유는 영적 성장을 무시한 채 일꾼이 되었기 때문이다. 성장과 훈련이 없이 일하는 것은 남을 돕는 것이 아니라, 오히려 남을 불행하게 할 뿐이다. 이처럼 영적 성장은 하나님의 뜻이고, 나를 행복하게 하고, 남을 돕는 길이 되기 때문에 중요한 것이다.

(3) 영적 성장 십계명

1) 거룩한 소원을 가지라.

영적으로 성장하기 위해서는 무엇보다도 영적으로 성장하겠다는 간절한 소원이 있어야 한다. 무슨 일이든지 소원이 없으면 소득도 없다.

성경 빌립보서 2:13에서 바울은 "너희 안에서 행하시는 이는 하나님이시니 자기의 기쁘신 뜻을 위하여 너희로 소원을 두고 행하게 하신다"고 하였다. 무슨 일이든지 가치있는 일은 하나님이 주신 소원을 가지고 해야 성공한다. 영적 성장도 하나님의 소원, 즉 거룩한 열망이 있어야 가능하다. 영적인 성장에 대한 소원과 열망이 없다면 무엇보다 먼저 거룩한 욕망을 달라고 기도하자.

요한복음 5장에 보면 38년된 중풍병자의 이야기가 나온다. 베데스다 연못가에 누워있는 그 병자를 고치실 때 예수님께서는 "네가 낫기를 원하느냐?"고 물으셨다. 38년 동안 죽지 못해 누워있는 병자에게 낫기를 원하느냐고 묻는 것은 사실 불필요한 질문일 것이다. 당연히 낫기를 원하고 있었을 것이다. 그러나 예수님께서는 그 병자가 낫기를 진실로 원하도록 다시 한번 물음으로써 확인하신 것이다.

2) 열린 마음이 되라.

열린 마음, 즉 개방성이야말로 성장의 열쇠이다. 고린도후서 6:11-13에 보면 "우리의 입이 열리고 우리의 마음이 넓었으니… 너희도 마음을 넓히라"고 기록하고 있다. 성장의 자리는 인간의 마음이다. 이 마음을 얼마나 넓히느냐에 따라 성장의 분량이 결정된다. 국가의 경우에도 개방적인 나라가 성장한다. 남한과 북한의 경우 이것을 극명하게 보여주고 있다.

영적 세계에서도 마찬가지이다. 열린 교회가 성장하고 열린 성도가 성장한다. 전통만 강조하고 새로운 성장전략에 부정적인 태도를 가진 교회나 성도는 고인 물이 썩고 말 듯이 정체되고 후퇴할 뿐이다. 태도가 사실보다 중요하다. 긍정적이고 적극적인 태도를 가진 사람은 끊임없이 성장하고 발전할 수 있다.

가나안 정복을 위한 12정탐꾼 중 여호수아와 갈렙처럼 긍정적이어야 한다.

열린 마음을 가진다는 것은 끝없이 배우려는 자세를 가지는 것을 의미한다. 계속 배우는 자가 성장하는 자요, 성장하는 자는 지도자가 될 수 있다. 그러므로 성장을 원한다면 책을 읽어보자. 성경 뿐만 아니라, 좋은 책을 많이 읽어야 한다.

3) 목표를 분명히 하라.

목표설정은 모든 성공의 기초이다. 성장이란 분명한 방향과 목표가 있을 때 평가할 수 있다. 내가 얼마만큼 성장했는가를 측정하기 위해서는 어디를 향하여 얼마나 나아갔는가를 살펴보아야 하기 때문이다. 사도 바울이야말로 영적으로 크게 성장한 영적 거인이다. 그는 빌립보서 3:13-14에서 목표설정의 중요성을 이렇게 지적했다. "내가 앞에 있는 것을 잡으려고 푯대를 향하여 하나님의 부르신 부름의 상을 위하여 좇아가노라."

목표는 행동을 결정한다. 목표가 있어야 인생이 움직이는 것이다. 목표가 없으면 방랑자이지만, 목표가 있으면 순례자이다. 목표없는 인생은 곡선인생이지만, 목표있는 인생은 직선 인생이다. 아무데나 가겠다고 하는 사람은 사실상 그 어느 곳도 갈 수 없다. 분명한 목표는 에너지를 집중시킨다. 평범한 사람이라도 목표가 분명하면 엄청난 역사를 이룰 수 있다. 겨울 햇빛은 매우 약하다. 그러나 돋보기에 초점을 맞추어 빛을 모으면 종이에 불을 붙일 수 있다. 명확한 목표에 전심전력하면 기적이 일어날 수 있는 것이다.

예컨대, 전도 목표를 정해보자. 한 달에 한 명, 혹은 일 년에 열 명씩 전도하겠다고 목표를 정해야 전도의 열매를 맺을 수 있다. 기도 목표를 정해 보자. 하루에 30분, 혹은 1시간씩 기도 하겠다는 목표를 세워야 기도의 사람이 될 수 있다. 헌금 목표를 정해 보자. 십일조를 얼마 이상 하겠다거나, 일 년에 얼마의 헌금을 드리겠다고 목표를 정해야 재정적인 면에서 성장할 수 있다. 봉사 목표를 세워 보자. 일 주일에 몇 시간 이상 봉사하겠다고 목표를 세워야 봉사의 사람으로 성장할 수 있다. 꿈과 비전과 목표가 분명한 사람은 반드시 성장한다.

4) 건전한 자화상을 가지라.

영적 성장이란 속사람의 성장이다. 성경은 그리스도인의 겉 사람은 후패할지라도 속사람은 날로 새로워질 수 있다고 했다. 에베소서 3:16에서도 성령께서 우리의 속사람을 능력으로 강건하게 하실 것을 기원하고 있다. 그러므로 우리는 우리 속사람의 자화상에 대해서 분명한 그림을 가지고 있어야 한다. 구원받은 나의 모습이 무엇인지 분명하게 아는 사람은 그렇지 못한 사람보다 훨씬 더 크게 영적으로 성장할 수 있다.

그리스도 안에서 구원받은 우리 속사람의 자화상은 세 가지 특징을 가지고 있다.

첫째, 본질의 변화이다. 구원받았다는 것은 우리의 본질, 즉 신분이 달라진 것을 의미하다. 구원받기 전에는 마귀의 종이었지만 구원받은 후에는 하나님의 자녀가 된 것이다.

둘째, 목적의 변화이다. 구원을 받은 사람은 인생의 목적이 달라진다. 구원받기 전과 똑같이 먹고 마시지만 그 먹고 마시는 목적이 달라진다는 것이다. 생계수단이나 입신양명이 목적이 아니라 하나님의 나라와 의를 이루고 하나님께서 시키신 일을 이루는 것이 우리 삶의 목적이 되는 것이다.

셋째, 능력의 변화이다. 구원을 받은 속사람은 그 능력이 인간의 능력 이상이 될 수 있다. 성령의 능력이 우리 속사람 안에 내재하기 때문이다. 인간적으로는 불가능한 일도 하나님의 능력으로 가능할 수 있다. "할 수 있거든이 무슨 말이냐 믿는 자, 즉 속사람에게는 능히 못할 일이 없느니라"는 말씀이 이루어진다. "내게 능력주시는 자 안에서 내가 모든 것을 할 수 있느니라"는 말씀이 체험되어지는 것이다

이처럼 본질, 목적, 능력이 달라진 그리스도인은 주 안에서 구원받은 자신의 자화상에 대해 자부심을 가져야 한다.

5) 성결된 삶을 살라.

영적 성장의 최대 장애물은 죄악이다. 성장한다는 것은 결국 거룩하게 사는 것이다. 성경은 "하나님이 거룩하니 너희도 거룩하라"고 명령하신다. 그러므로 우리는 우리의 거룩한 성장을 위하여 어떠한 죄든지 죄사함의 확신을 가지고 회개하고 고백하는 것이 필요하다. 요한일서 1:9은 "만일 우리가 우리 죄를 자백하면 저는 미쁘시고 의로우사 우리 죄를 사하시며 모든 불의에서 우리를 깨끗케 하실 것이요"라고 했다.

'거룩'이란 죄로부터의 철저한 분리이다. 암덩어리를 잘라 내듯이 죄를 잘라내어 우리의 삶에서 분리하지 않는 한 거룩한 성장은 불가능하다. '죄'란 무엇인가? 하나님의 뜻에서 벗어나는 모든 것이다.

영적으로 성장하기 원하는 자마다 이러한 죄에서 자신을 깨끗하게 해야 한다. 죄가 습관성으로 자라기 전에 청산해야 한다. 죄도 그대로 방치하면 자라게 된다. 야고보서 1:15에 "욕심이 잉태한즉 죄를 낳고 죄가 장성한즉 사망을 낳느니라"고 했다.

6) 헌신하라

성서의 원리는 헌신의 원리이다. 고린도전서 4:2에서 "맡은 자들에게 구할 것은 충성이니라"고 했고, 출애굽기 32:29에서는 "헌신하면 여호와의 복을 받는다"고 했다. 헌신이나 희생이 없이는 생명과 성장도 없다. 한 알의 밀이 땅에 떨어져 그대로 있으면 한 알밖에 없게 되지만 썩어지면 30배, 60배, 100배의 결실을 맺을 수 있다.

성경의 법칙은 '심은 대로 거두는 법칙'이다.

헌신에는 세 가지 영역이 있다.

첫째, 그리스도에 대한 헌신이다. 우리는 그 무엇보다도 예수 그리스도에게 헌신해야 한다. 그리스도와의 관계와 교제에 우리의 존재를 드려야 한다. 예배와 기도와 묵상 등의 시간을 내는 것이 필요하다.

둘째, 그리스도의 몸에 대한 헌신이다. 그리스도의 몸이란 교회를 말한다. 교회를 위해서 헌신하는 것은 곧 그리스도에 대한 헌신의 연장이다. 보이지 않는 그리스도에 대한 헌신은 보이는 그의 몸이신 교회에 대한 헌신으로 증명되어야 한다.

셋째, 세상에서 그리스도의 일에 대한 헌신이 있다. 우리의 헌신은 골방이나 교회에만 국한되어서도 안된다. 우리가 발을 딛고 사는 세상에서도 주의 일을 해야 한다.

7) 은사를 개발하라.

성장한다는 것은 성경지식을 많이 축적하는 것이 아니다. 실제적인 능력을 키우는 것이 되어야 한다. 영적 발전의 원동력은 성령의 은사이다. 디모데전서 4:14-15에서 "네 속에 있는 은사를 조심없이 말며 이 모든 일에 전심전력하여 너의 진보를 모든 사람에게 나타나게 하라"고 했다.

은사로 일해야 지속적인 성장이 가능하다. 무슨 일이든지 좋아서 해야 성공한다. 영적인 일도 마찬가지인데 좋아서 하기 위해서는 은사로 해야 한다. 은사와 일과 취미가 같은 자는 이 세상에서 가장 행복한 자이다.

8) 시간을 관리하라.

성장하는 사람의 특징은 시간 관리를 잘 한다는 것이다. 시간은 생명 자체이다. 시간은 물질과 재능보다 더 귀하다. 물질과 재능은 시간만 있으면 얼마든지 회복할 수 있지만 시간은 한번 지나면 다시 찾을 수 없기 때문이다. 그래서 성경은 "세월을 아끼라 때가 악하니라"(엡 5:16)고 했던 것이다.

순위 결정은 결국 시간 안에서의 능률에 좌우된다. 사람들은 1등은 기억하지만 2등은 기억하지 못한다. 1등과 2등의 차이란 사실상 작은 시간의 차이이다. 100미터 달리기에서의 등수 차이는 0.0001초 차이로 결정이 난다. 그러므로 우리는 주어진 시간에서 최선을 다해야 한다. 이 세상에 사는 동안 예수를 믿어야 구원을 받는다. 죽은 다음에는 아무 소용이 없다. 하루 24시간, 1,440분을 쪼개고 또 쪼개어서 주님의 가치를 이루는 데에 사용해야 한다.

9) 인간 관계에 성공하라.

영적 성장이란 수평적 관계의 복합적 산물이다. 믿음의 수직과 사랑의 수평이 함께 만날 때 십자가의 소망이 가능하다. 예수를 잘 믿을 뿐만 아니라, 사람들과도 좋은 관계를 유지해야 한다. 요한일서 4:12에 보면 "어느 때나 하나님을 본 사람이 없으되 만일 우리가 서로 사랑하면 하나님이 우리 안에 거하시고 그의 사랑이 우리 안에 온전히 이루느니라"고 했다.

예수를 믿어도 인간관계가 복잡하고 갈등이 심하면 절대로 행복할 수 없다. 갈등이 전혀 없을 수 없다. 갈등은 어떤 면에서 정상이다. 그러나 우리는 갈등을 극복할 수 있다. 갈등을 극복하기 위해서는 5대 지침을 활용하는 것이 좋다.

첫째, 용서하고 용서받아야 한다. 용서는 모든 창조적 관계의 기초요, 출발점이다.

둘째, 남의 장점만 보려고 결심하고 그 장점을 최선을 다해 칭찬해야 한다. 우선 다른 사람을 있는 그대로 받아들이자.

셋째, 갈등의 대상을 위해 억지라도 중보기도해 주어야 한다. 상대를 위해서 할 수 없겠거든 자기 자신을 위해서라도 기도하자.

넷째, 사람에게 감사해야 한다. 나 혼자 고독하게 살게 하지 않고 함께 살 수 있는 사람을 주신 것에 감사하자.

다섯째, 모든 사람에게 인정과 칭찬을 받으려고 하지 말아야 한다. 누구에게나 반대자가 있게 마련이다. 예수님조차도 반대자가 있었다는 것을 기억하자.

10) 규모있는 삶을 살라.

성장이란 조화와 중용과 균형의 결과이어야 한다. 좌로나 우로나 치우치는 것은 진정한 성장이라고 할 수 없다. 영적 성장이라고 해서 영적인 것만을 주장해서는 안된다.

옛날에 우물가에는 나무 두레박이 있었다. 여러 개의 나무조각을 철사로 엮어서 만든 두레박이다. 그 수십 개의 조각에 단한 조각만이라도 빠지면 물을 길어 올릴 수 없게 된다. 마찬가지로 우리의 영적 성장에는 모든 분야에서 빠짐이 없는 총체적인 성장이 되어야 한다.

영혼 뿐만 아니라, 정신과 육체와 삶의 환경 전반에 걸쳐 전인적 성장이 이루어져야 한다. 자기 개인뿐만 아니라, 가정과 교회, 그리고 직장과 사회에서 골고루 하나님의 뜻이 이루어져야 한다. 조화야말로 오늘의 현대 그리스도인이 가장 관심을 가져야 할 덕목 중의 하나이다. 성령충만이라고 모든 것을 다 그만두고 기도원이나 교회에서만 사는 것은 어리석은 것이다. 삶의 건전한 상식에는 무지몽매한 채 성경책만 파는 것도 비정상이다. 가장 중요한 성경의 원리는 바울이 하신 말씀이다. "모든 것을 적당하게 하고 질서대로 하라"(고전 14:40).

제 8 장
계속적인 전도 전략을 세우라

1. 후기 산업사회의 특성

"여호와로 자기 하나님을 삼은 나라 곧 하나님의 기업으로 빼신바 된 백성은 복이 있도다"(시 33:12).

우리는 지금 21세기의 문턱에 서 있다. 2천년을 도도히 흘러온 복음의 물결은 100년 전 이 땅에 전해진 이래 주님의 뜻과 축복으로 42,000교회에 1,200만 성도라는 교회 역사상 유래를 찾아볼 수 없을 만큼 열매를 맺었다.

지금 우리 시대는 정치, 경제, 사회, 과학, 문화, 종교 등 모든 분야에서 매우 빠른 변화를 보이고 있다. 우리가 살고 있는 한국에서도 앞으로도 21세기에 이르는 기간 동안 얼마나 많은 변화가 일어날 수 있는가를 예측할 수 없는 불확실성의 기대가 전개되고 있다.

산업화사회는 다방면의 지식과 정보 뿐만 아니라 계층간의 갈등, 여러 분야에서 사회 분쟁 등이 사회적 현상으로 나타난다. 변화라는 것은 미래가 우리 생활에 침투하는 과정이다. 우리 시대에는 변화의 가속화 그 자체가 하나의 기본적인 요소를 이루고 있다. 우리가 변화에 의해 압도당하지 않고 미래에 적용하는 대비를 서두르는 일은 중요하다.

왜냐하면 앨빈 토플러가 그의 첫 저작인 『미래 쇼크(*Future Shock*)』에서 다룬 중심 테마 "미래에 예상되는 기술적, 사회적 변화가 그 속도를 점차 가속화함으로써 이에 대한 개인이

나 집단의 적응이 한층 어려워진다."는 것을 생각해 볼 때 우리가 미리미리 적응력을 기르고 그 대응책을 세워 가는 것이 지혜있는 일이기 때문이다.

항상 다가올 미래를 대비하는 것은 현명한 일이다. 일찍이 갤브레이스(John Kenneth Galbraith)는 『풍요한 사회(*The Affluent Society*)』(1958), 『신산업국가(*The New Industrial State*)』(1967), 『불확실성의 시대(*The Age of Uncertainty*)』(1976) 등의 저서를 통해 경제학자의 입장에서 비관론에 빠진 1950-1960년대에 새로운 방향을 모색했다. 앨빈 토플러의 『미래 쇼크』(1970)와 『제 3물결(*The Third Wave*)』(1980)은 넓은 사회, 문명 비평가의 안목으로 한 시대의 위기상황을 분석하고 낙관적인 미래상을 제시하고 있다.

앨빈 토플러는 한국에 대해 "한국은 지금 역사에 있어서 가장 큰 격동기의 한 시기를 살아가고 있다."고 이야기한다. 한국은 지난 세대 동안에 눈부신 경제발전을 이룩했다. 한국은 많은 사람들을 어리둥절하게 만들고 깜짝 놀라게 할 정도의 속력으로 농업사회에서 산업사회 또는 굴뚝사회로 탈바꿈했다. 정치적으로는 지금 한창 군사문화 청산과 역사 바로 세우기 작업이 진행중에 있다. 따라서 우리는 경제와 정치의 두 가지 전환점에 직면해 있다.

오늘도 수많은 목회자들은 도시와 농어촌에서 교회 부흥을 위하여 새벽부터 밤늦게까지 심방과 전도에 전력하고 있으며, 기도의 땀을 흘리고 있다. 그러나 최근 한국 교회는 성장이 둔화되고 오히려 침체국면에 들어가고 있다는 점에서 위기상황이라고 볼 수 있다. 산업화의 현상 속에서 한국은 소비사회가 되어 버렸다. 사회는 더욱 개인화되고 다원화되는 과정 속에 있다. 세속화의 과정이 가속화되었다. 많은 사람들에게 있어서 종교란 신뢰할 만한 대상이 아니다. 이러한 모든 것들이 소리 없이 교회를 잠식해 나가고 있다. 때문에 일부 선교학자들과 교회사학자들은 한국 교회가 21세기로 진입하면서 성장과 발전의 둔화현상이 나타날 것이라고 진단하고 있다. 이것은 오늘의 교회를 책임지고 있는 한국 목회자들에게 성도의 질적 교육과 관리에 소홀해서는 안된다는 경고인 것이다.

(1) 세기말의 현상

우리 나라에서는 1970년대를 기점으로 해방신학이 등장했다. 이를 근간으로 민중신학의 태동과 더불어 이른바 반체제, 반자본주의 이데올로기 현상이 두드러졌다. 이때에 유물론적 사상과 철학이 사회 각 분야에 팽배했던 것도 사실이다.

그러나 1980년대 들어 소련의 고르바초프가 제창한 개혁에 의하여 동구권의 공산주의가 무너졌다. 사회주의 종주국인 소련까지도 파산된 채 자본주의적 시장경제를 도입하고 있는 것은 몇 해 전만 해도 우리의 상상을 뒤엎은 20세기 말기적 현상이라고 할 수 있다.

이 광야 속의 교회가 세상, 즉 구원받아야 할 사람들을 생각할 때, 유명한 신학자 칼 바르트가 "목회자는 항상 오른 손에는 성경, 왼손에는 신문을 들고 다녀야 한다."라고 했듯이 '목회자와 사회문제'가 중요하게 대두되고 있는 현실이라고 할 수 있다.

앞으로 모든 사회조직은 이익추구를 위하여 생산성을 조직화하여 합리화하고, 능률과 효율성을 높이기 위하여 분업을 전문화할 것이다. 심지어 문화까지 최첨단 기술에 의존하게 됨으로써 다양한 현상이 두드러질 것이다. 이에 따라 비인격적이고 물질만능주의적 사고가 팽배하게 되어 가치관이 자연히 흔들리게 될 것이다.

만일 생산성과 이익추구에만 모든 가치를 부여하는 현대사회에서, 최첨단화된 기계화의 늪에서, 인간 사회가 윤리적·도덕적 사회에로 개선의 키를 돌릴 수 없다면 인류의 문명은 몰락의 위기에 놓일 것이다.

오늘 우리는 21세기의 문턱에 바짝 다가서고 있다. 자동화, 기계화된 최첨단 기술이 지배하는 현대 사회에 살고 있으면서 획일적 사고와 효율성 위주의 가치 체계, 기계화의 거대한 도전 앞에 이 문제를 근본적으로 해결하는 것은 정치도, 경제도, 전문인력양상을 위주로 한 교육도 아님을 알 수 있다. 그렇기 때문에 새로운 기독교문화를 창달할 수 있는 참된 복음이 요청된다. 여기에 복음주의 목회자들의 일차적 사명이 있다.

지역사회 변화는 목회자의 지도력에 비례해 왔다는 것을 서구 개척사가 입증하고 있음을 눈여겨 볼 필요가 있다.

(2) 가치관의 전도와 혼란

후기 산업사회의 영향은 전체 사회구성원의 인식과 사고 패턴에서 나타난다. 교인들과 목회자도 현대사회의 일원이기에 그 영향권에서 멀다거나 그렇지 않다고 부정할 수 없다. 우리 속에 의식적이거나 무의식적이거나 이윤추구와 효율성 중심의 의식, 황금만능주의 사회풍조, 세속화의 근성 등이 잠재되어 있다.

오늘 한국 교회에서 유행하는 성경속독, 성경 암기법 등은 능률과 실질을 숭상하는 시대풍조를 대표적으로 받아들인 예라고 할 수 있다.

또한 후기 산업사회에서 평신도들은 성직자를 기능인이나 생활인으로 본다. 성직의 소명성이나 존귀성은 인정하지 않는다. 여기에 문제의 심각함이 있다. 큰 교회의 목회자가 되려면 외국에서 신학박사 등 학위를 받고 오는 것이 중요하다. 신령한 은사나 믿음의 태도는 그 다음 조건이 된다. 참된 권위는 상실되고 형식이 중요한 사회가 되어 버렸다.

그리고 인간적 권위에 젖어 있기도 하다.

대표기도하는 신자들의 기도내용이 하나님을 영화롭게 하는 내용보다 목사에게 아부하는 내용을 좋아하는 목회자들도 있다(목회자가 진실하면 권위가 생긴다). 이러한 기도는 기도의 단계도 없다. 신앙고백, 간구, 찬미, 친밀의 시간, 중보기도, 감사, 찬양이 없이 중언부언하는 기도이다. 고린도전서 1장을 보면 바울이 "그리스보와 가이오 외에는 너희 중 아무에게도 내가 세례를 주지 아니한 것을 감사하노니"라고 하였다. 그러니까 당회장만 세례를 주어야 한다는 것도 인간적인 권위에 속한다.

목사가 성례식을 집행하는 것이지 당회장이 하는 게 아니다. 인간의 권위를 높일 때 성부, 성자, 성신의 이름이 가리워질 위험이 있다. 부목사에게 맡기는 것도 좋다.

2. 현대인의 10대 특징

새신자 정착에 성공하려면 잠재적 새신자인 비신자를 이해하려는 노력이 필요하다. 비신자는 세속인이다. 현대 세속인의 특징은 무엇일까? 현대교회는 현대인의 세속적 특징을 올바로 파악해야 그들을 얻을 수 있다. 세속화된 현대인의 특징은 열 가지로 요약된다.

(1) 현대인은 기독교와 복음에 대해서 잘 모른다.

교회가 많고 복음전파가 일반화되어 있기 때문에 현대인이 기독교에 대해서 어느 정도의 지식이 있고 복음에 대해서도 잘 알고 있다고 생각하는데, 사실상 그렇지 않은 경우가 대부분이다. 대다수 현대 세속인들은 기독교 국가의 사람들일지라도 기독교의 기본 진리와 복음의 기초에 대해서 무지하다. 심지어 교회를 출석하는 사람들 중에도 복음의 핵심을 제대로 파악하고 있지 못한 경우도 있다. 그러므로 새신자 정착에 성공하려면 복음을 제대로 전달하고 가르치는 일에 세심한 관심을 가져야 한다.

(2) 내세보다는 현세에 더 관심이 많다.

우리는 흔히 "예수 믿고 구원받아 천당 가라"고 전한다. 그러나 이에 대해 현대인은 별로 관심이 없다. 현대인은 죽은 후의 일보다는 현재 사는 일에 더 신경을 쓴다. 그것은 현대인이 죽음 중심의 인생관이 아니라 생명 중심의 인생관을 가지고 있기 때문이다. 그러므로 현대인을 전도하기 위해서는 복음이 현실의 필요를 채워주고 있음을 강조하는 것이 필요하다.

(3) 죄책보다는 불안과 의심을 더 의식하는 편이다.

이전 세대 사람들은 죄책에 대해서도 매우 민감했다. 그것은 도덕적 가치관이 절대적이었기 때문이다. 그러나 현대인은 모든 면에서 상대적 가치관과 윤리의식을 주장한다. 상대적 가치관은 내가 좋으면 무조건 옳은 것이다. 그 결과 자신의 행동이 올바른 것이냐 아니냐 하는 문제보다도 내가 안전한가 아닌가에 더 깊은 관심을 가진다. 그러므로 현대인에게는 죄책감을 자극하는 것보다 불안한 마음을 해소시키는 접근으로 복음을 소개하는 것이 필요하다.

(4) 교회에 대해서 특별한 이유도 없이 부정적이다.

그들은 교회가 세상과는 달라야 한다고 생각한다. 그리스도는 거부하면서도 그리스도인의 높은 영적 수준을 요구하는 이율배반적인 태도를 가진다. 특히 교회가 세속화에 대해서 소극적이고 수동적인 태도를 취하는 것에 대해서 반감을 가진다. 그러므로 불신자를 얻기 위해서는 교회에 나올 것을 강요하기보다는 그들의 삶의 필요에 교회가 관심을 가지고 있음을 부각시키는 것이 훨씬 더 효과적이다.

(5) 복합적 소외감에 시달린다.

현대 세속인은 현대화와 세속화로 인해 과거에 비교할 수 없는 풍요와 즐거움을 누리게 되었지만 그만큼 깊은 공허함과 소외감에 시달리고 있다. 자연과의 소외, 이웃과의 소외, 사회와의 소외, 그리고 직업에서의 소외로 고통을 겪는다. 이러한 현대인을 교회로 인도하기 위해서는 소외감을 해소시키고 긍정적인 소속감을 심어주는 다양한 소그룹 프로그램이 준비되어야 한다.

(6) 좀처럼 신뢰하지 않는다.

세상에 태어나면서부터 인간은 믿음보다는 불신을 배우게 된다. 세상은 긍정적인 믿음을 약화시키는 부정적 세력으로 둘러싸여 있다. 현대인에게 있어 죄란 신뢰의 결핍으로 이해된다. 하나님도 좋으신 하나님으로보다는 빼앗아가는 하나님으로 생각한다. 자기 자신까지도 신뢰하지 못하는 것이 현대인의 질병이다. 이러한 현대인에게 교회는 믿을 수 있는 존재로 다가가야 한다.

(7) 낮은 자존감을 가지고 있다.

자신에 대한 불신은 자신의 가치도 불신하게 만든다. 엘리트 그룹에 속한 자일지라도 의외로 자신감이 없는 인생을 산다. 자신의 자화상에 대해 건전한 태도를 가지지 못한다. 자신의 정체성에 대해서 확신이 없다. 지나친 이기주의는 더욱 자신을 기만하게 하고 자부심 대신에 환경에 끌려가는 삶을 살게 한다. 복음은 현대인의 자존감을 하나님의 형상으로 회복시키는 실제적인 능력이 될 수 있어야 한다.

(8) 역사와 미래에 대해 불안감을 가진다.

역사는 어떤 안정된 힘에 의해 진행된다는 생각보다는 누구도 통제할 수 없는 일련의 사건의 연속으로 본다. 이러한 역사관은 미래에 대한 비전과 확신 대신 비현실적인 기대와 놀라운 충격이나 위협의 가능성으로 보게 만든다. 오늘의 교회는 이러한 역사적 불안 심리를 희망의 메시지로 격려할 수 있어야 할 것이다.

(9) 역사뿐만 아니라 자기 자신을 통제할 수 없는 존재로 생각한다.

스스로 자신의 인격을 통제하지 못하고 대신에 각종 약물이나 나쁜 습관에 중독되거나 어떤 사물이나 사건 혹은 사람에게 삶의 중심점을 두는 이른바 '상호의존증' 증세에 시달린다. 교회는 이들을 위한 회복목회의 현장이 되어야 한다.

(10) 자신만의 힘으로는 인생의 탈출구를 찾지 못한다.

아무리 자신만만한 사람일지라도 스스로는 신이나 궁극적인 실재, 구원을 찾지 못한다. 이 세상에서 가장 중요한 생명의 문을 스스로 찾을 수 없다. 이러한 절대 절망적 상황은 오히려 교회에 희망을 준다. 왜냐하면 교회는 그 생명의 문을 가지고 있어야 그들에게 인도자가 될 수 있기 때문이다.

3. 전도특공대 양성 및 상설 운영

기업에 우수한 스타 상품이나 히트하는 상품이 있어야만 고객들이 믿고 선호하는 것처럼, 교회의 스타 상품은 하나님 나라의 일에 관한 복음이다.

(1) 복음이란?

① 헬라어 '유앙겔리온'은 영어의 가스펠(gospel)과 같다. 복음, '기쁜 소식'이라는 말이다.

② 예고한다는 말이다.

왕의 전령자를 모사하는 헬라어 케뤼쏘는 곧 '전파한다'(to herald)는 말이다. 전령자는 왕의 뜻을 백성들에게 바로 전할 책임이 있다는 의미이다.

③ '가르친다'는 뜻이다.

헬라어의 '디다스코'는 교육(education), 즉 '가르친다'의 의미이다.

④ '증인'이란 뜻이다.

헬라어 '말투스'는 증거(witness), 증언과 같은 의미이다.

⑤ '제자'라는 말이다.

헬라어 '마데테스'는 제자(disciple)라는 의미이다. 무엇보다도 교회는 사람이 모여야 힘이 생기고 왕권이 확장된다. 사람을 모이게 하는 방법이 전도요, 그 수단이 홍보라고 생각한다.

빌리 그레이엄 목사는 "전도하는 교회는 부흥하고 전도하지 않는 교회는 망한다"라고 했다. 워렌(Warren) 박사는 『비전의 진리(*The Truth of Vision*)』라는 저서에서 "전도는 교회가 가져야 할 자기의 본래적 과제"라고 말했다.

시장터에 가보면 상인들이 자기 상품을 소리높여 힘차게 팔고 있는 것을 볼 수 있다. 점잖게 그리고 거룩하게 있어서는 '복음'이란 상품은 팔리지 않는다는 것이 나의 마케팅 기본 원리이다. 전도는 영적 운동이다. 맨 정신으로는 전도가 안 된다. 전도하는 자는 "새 술에 취해야"(행 2:13)한다. 기도로 성령 받고 은혜 받아야 기쁨 충만으로 새 술에 취한 소리를 낼 수 있다. 은혜 받으면 은혜 받은 기분으로 움직인다.

복음 전도는 그리스도의 최대 사업이다. 개혁의 시대인 지금은 순서와 질서가 분명해야 한다. "먼저 그의 나라와 그의 의를 구하라"(마 6:33)는 말씀에서 '먼저'라는 단어에 유념해야 한다. 전도를 하는 데 있어서도 한 영혼을 구원하는 것보다 먼저 한 전도자를 훈련하는 것이 더 중요하다.

전도의 원동력은 평신도들에게 있다. 때문에 개인 전도훈련은 목회의 중요한 부분이다. 개인 전도훈련은 반드시 실제적인 훈련을 겸해야 한다. 능력 있는 전도없이 교회 성장이 성취될 수 없다는 것은 자명한 원리이다.

나의 경험에 의하면 전도는 교회의 내적 갱신과 함께 성령의 역사에 의해 가능하다. 교회는 전도에 관한 한 피할 수 없는 사명을 가지고 있다. 교회의 궁극적 목표는 신자들로 하여금 천국에 거하게 하는 것이 아니라 신자들을 세상으로 내보내어 온 인류를 복음화하는 데에 있다. 여기서 우리는 교회의 갱신이 전도 및 세계선교와 깊은 관련이 있음을 다시 한 번 확인하게 된다. 갱신이 전도를 가능하게 하고 전도가 갱신을 가속화시킨다. 예컨대 여의도 순복음 교회가 세계 최대의 교회가 될 수 있었던 것은 그 교회와 성도들이 성령의 인도를 따라 전도와 선교의 협력사역에 적극적으로 동참하였고, 무엇보다도 전도를 교회의 최우선의 과제로, 신자들의 생활양식으로 삼았기 때문이다. "만민에게 복음을 전파하라"(막 16:15).

우리 모두는 선교가 교회의 속성을 넘어서 하나님 자신의 성품에서 비롯된 것임을 인정해야 한다. 살아계신 하나님은 노하시는 하나님이다. 교회가 적극적인 전도에 관심을 가지지 않으면 정체상태에 있거나 서서히 쇠퇴하여 죽어갈 것이다. 선교가 없는 교회는 죽은 교회다. 비록 온전하게 선교의 역사가 실행되지 않더라도 목회철학과 교회의 목표라는 면에서 전도와 선교는 교회의 중심 주제가 되어야 한다. 다시 말하면 전도가 최우선이 되어야 한다. 전 교인이 생활양식으로써의 전도가 몸에 배어야 교회는 급성장한다.

와그너는 이렇게 말한다. "그리스도인이 되는 것에는 선택의 여지가 있다. 그러나 일단 예수를 구주로 영접하여 삶의 주인으로 모신 이후 세계선교에 동참하느냐, 하지 않느냐 하는 문제에는 선택의 여지가 없다."

교회성장의 통로로서 구역 활성화는 핵심적이다. 구역은 모든 종류의 삶의 상황을 만나는 접촉의 장이기 때문이다. 이러한 구역이 하나님의 사랑, 이웃의 사랑을 나누는 자리가 되어야 한다. 구역은 살아있는 생명체가 예수를 보고 배우고 섬기는 만남의 광장이다.

오늘날 사람들이 기독교 신앙에 응답하는 것은 어떤 사상이나 신학적 체계에 대해 응답하는 것이 아니라 예수 믿는 사람들의 사랑과 관심에 대해 응답하는 것이다. 천국에 대해서 말하기 때문이 아니라 천국의 삶을 사랑으로 살고 있기 때문에 응답하는 것이다. 하나님의 무조건적인 사랑의 표현이 바로 기독교 복음의 본질이다. 그리고 그 사랑은 체험할 수 있는 것이어야지 말하는 것으로 끝나서는 안된다. 사도 요한이 가르친 대로 사랑은 말과 혀로 되는 것이 아니라 행함과 진실함으로 나타나야 한다(요일 3:18).

(2) 전도특공대의 전도 전략 방법

예수님은 12제자를 택하시고 3년 반 동안 훈련을 하신 다음 그들을 나가서 증인이 되게 하셨다. 예수님께 훈련받은 12제자는 배우고 훈련받은 대로 나가서 말씀을 전파했다. 그러므로 전도하기에 앞서 훈련이 있어야 한다는 것을 다시 한번 목회자는 상기해야 할 것이다.

1) 전도의 실례

바울은 전도 실습 훈련에 대하여 디모데에게 세 가지 실례를 제시한다. 딤후 2:3-6의 군인과 경기자와 농부의 예이다.

"네가 그리스도 예수의 좋은 군사로 나와 함께 고난을 받을지니 군사로 다니는 자는 자기의 생활에 얽매이는 자가 하나도 없나니 이는 군사로 모집한 자를 기쁘게 하려 함이라 경기하는 자가 법대로 경기하지 아니하면 면류관을 얻지 못할 것이며 수고하는 농부가 곡식을 먼저 받는 것이 마땅하니라."

① 군인

군인의 중요한 임무는 전투이다. 그는 지휘관이 지시하는 곳은 어디라도 가야 하며 명령한 임무를 수행해야 한다. 이렇게 볼 때 그리스도인은 군인과 같이 항상 깨어서 적과 싸워야 한다. 싸움에는 반드시 승리해야 하며 나가서 사탄에게 포로된

자를 구원하여 하나님의 참된 권세 아래로 인도해야 한다. 이와 같은 사역은 훈련받는 전도자만이 감당할 수 있다. 그러나 중생한 그리스도인의 95%가 그들이 전도 훈련을 받지 못했기 때문에 한 영혼도 그리스도께로 인도하지 못하고 있다고 지적한다.

② 경기자

경기자의 훈련은 실제로 체험하지 않은 사람은 잘 모른다. 경기를 위해서 이론을 근거로 얼마나 반복되는 훈련을 하는가? 고대 그리이스에서는 경기자들을 경기 전 10개월 동안 세상과 격리된 생활을 했다. 물론 거기에는 훈련에 규칙이 있으며 그 규칙을 어겼을 경우에는 자격이 박탈당했다는 것이다. 경기자에 대한 예는 우리 그리스도인에게 중요한 통찰력을 준다. 신자는 성령께서 주시는 능력을 믿고, 그리스도의 능력을 믿고, 그리스도인의 뚜렷한 규칙을 가지고 살아야 한다. 주님의 명령을 받은 우리는 게으름을 피울 여지가 없다. 바울이 로마서 12장 2절에 분명히 명령한 것같이 주의 뜻을 따라 순종하는 훈련이 신자들에게 중요하다.

③ 농부

농부의 삶은 힘들고 때로는 지치도록 수고한다. 그것은 농부가 열매를 기다리며 약속을 믿기 때문이다. 따라서 농부가 씨를 뿌리며 열매를 기다리는 인내와 용기를 교회는 개인 전도자를 훈련하는 교훈으로 수용해야 한다. 예수께서는 분명히 "너희는 가서 모든 족속으로 제자를 삼으라"고 하셨다. 전도할 뿐 아니라 전도자를 훈련하라는 것이다. 전도자는 훈련받아야 하고 목회자는 이점을 잊지 않아야 할 것이다. 훈련받은 모든 사람은 복음 전도에 헌신해야 한다.

2) 전도 방법

① 전도목표 설정

교회 전체의 목표를 설정하고서 개인별, 구역별 목표를 정하도록 한다.

② 전도 대상자 명단 제출

별지로 된 전도 대상자 명단에 모든 가능한 이름을 기재토록 하고 목표에 달하는 명단을 제출토록 한다.

③ 전도 상황판 설치

모든 전도 상황을 한 눈에 볼 수 있도록 상황판을 설치한다. 수시로 변동 사항을 기재하면 선의의 전도 경쟁심을 불러일으킨다.

④ 전도 특공대

전도 훈련을 받은 지도자들로 특별히 더욱 열의있고 헌신할 수 있는 사람들로 모집팀을 만들어 아파트 전도, 축호 전도, 노방 전도 등을 매일 실시한다.

⑤ 기관별 전도

여전도회, 남선교회, 청년회, 학생회 등 모든 기관들이 각 기관별로 일정을 정한 후 가두 전도를 실시한다.

⑥ 구역별 전도

각 구역별로 일정을 정해서 자기 지역내 모든 가정을 심방하여 축호 전도를 하도록 한다.

⑦ 전교인 노방 전도

주일 예배 후 전교인이 각 구역별로 팀을 구성해 전 시내를 전도대상지로 선정하여 전도한다.

⑧ 산업체 및 학교 전도

출, 퇴근 시간을 이용하여 전도팀을 구성해, 집중적으로 전도하게 한다.

⑨ 개인 전도

수시로 전도 대상자를 찾아 전도 방문토록 한다.

⑩ 집중 축호 전도

교회 주변에서부터 시작해서 집중적으로 가가호호 방문하여 한 집도 빠지지 않고 전도한다. 결신이 되면 대문에 스티커를 부쳐 결신표를 삼고 결심표가 없는 가정은 여러 사람이 차례로 공략한다.

⑪ 영역 전도
 · 신도의 가정 – 병문안, 집안일 돕기
 · 인근 사회 – 부인 강습회, 교양 강좌
 · 학교 – 팀 미팅, 영화 시사회 등
 · 직장 – 영화 시사회, 성경 연구회
 · 지역 병원 – 꽃 방문, 찬양팀
 · 지역 복지 시설 – 우호 방문, 영화, 찬양

⑫ 팀 전도
- 영화 전도 - 예수 등
- 슬라이드 전도 - 정신 위생, 건강 관리 등
- 의료 전도 - 무료 진료
- 농업 기술 보급을 통한 전도

⑬ 대상별 전도
- 청소년 강좌 - 건전한 이성 교제, 연애론
- 부인 - 부부 생활 세미나
- 노인 - 노년기의 건강 관리, 노인정 방문

⑭ 초청 방문 전도

초청장을 가지고 가서 교회에 올 수 있도록 정중하게 초대한다. 약속을 받은 가정이라도 총동원 전도 주일 전날 특별 방문으로 확실히 당부한다.

⑮ 전도 자료

전도지, 초청장, 당회장 인사 편지, 프랑카드, 피켓, 전도지, 결신 카드, 스티커, 필기도구, 홍보용 명찰 등 전도할 수 있는 모든 방법을 동원하고 개발해야 할 것이다.

최선의 전도훈련은 한 사람의 전도자를 목사 자신이 직접 데리고 나가서 훈련시키는 것이다. 전도자 훈련은 마치 특공대 훈련과 같다. 성장하려는 교회는 바로 이러한 훈련이 필요하다. 전도 특공대 양성소를 설치 운영해야 한다.

내 생명을 주님을 위해 바친다는 '전도 특공대'들을 많이 훈련시킨 교회는 성장한다. 목회자는 설교를 통해서 교인들에게 '최고의 우상은 나 자신임'을 가르쳐야 한다. '나'라는 옥합을 깨야만 은혜 받고, 복음의 기쁜 신발을 신고, 하나님 나라의 지경을 넓히려고 뛰어다닐 수 있다.

따라서 계획을 세워서 전 교인을 '전도 특공대' 양성소에 입소시키고 훈련시켜 전도 실적이 좋으면 연말에 표창하도록 한다.

전도자는 작정한 태신자를 위해서 매일 기도하고 최소한 한 사람의 집에 열여섯 번 정도 직접 찾아가서 만나보도록 지도한다(눅 18:1-5, 불의한 재판관 비유 참조).

3) 전도 전략

우리는 이슬비에 옷 젖는다는 사실을 안다(이슬비 전도법). 전도 특공대 양성소 교과목의 핵심은 전도가 영적 전쟁이니만큼 전쟁에 이기는 방법을 가르치는 것에 있다

① 목표를 세우라.

오직 승리만을 위한 목표를 정하라. 전도의 목표는 만민이다. 씨를 뿌려서 열매를 거두어야 한다. "하늘과 땅의 모든 권세를 내게 주셨으니 그러므로 너희는 가서 모든 족속으로 제자를 삼아 아버지와 아들과 성령의 이름으로 세례를 주고 내가 너희에게 분부한 모든 것을 가르쳐 지키게 하라"(마 28:18-19).

구원의 교리인 은혜(딛 2:11-12), 구속(히 9:14), 믿음(히 11장), 사랑(고전 13장), 거룩(살전 5:23), 성령의 기도(유 1:20), 소망(롬 8:18-25)을 전해야 한다.

② 공격하라.

공격의 대상은 사탄, 마귀, 악령, 흑암, 영적 침체이다.

"자녀들은 혈육에 함께 속하였으매 그도 또한 한 모양으로 혈육에 함께 속하심은 사망으로 말미암아 사망의 세력을 잡은

자 곧 마귀를 없이 하시며 또 죽기를 무서워하므로 일생에 매여 종노릇하는 모든 자들을 놓아 주려 하심이니라”(히 2:14-15).

주님은 결정적인 시간과 장소에서 만루 홈런을 치셨다. 때는 A.D. 30년 유월절, 장소는 갈보리, 골고다 언덕의 십자가 위에서 피흘리시고 마귀를 제압하시고 온 인류를 죄에서 자유케 하시고 부활 승리하셨다.

“그러므로 아들이 너희를 자유케 하면 너희가 참으로 자유하리라”(요 8:36).

③ 집중하라.

복음(말씀)과 성령충만한 기도의 권세로 가장 빠르게 다발적으로 사단을 향해 진격한다.

“두세 사람이 내 이름으로 모인 곳에는 나도 그들 중에 있느니라”(마 18:19-20).

“안식일마다 바울이 회당에서 강론하고 유대인과 헬라인을 권면하니라”(행 18:4).

“실라와 디모데가 마게도냐에서 내려오매 바울이 하나님의 말씀에 붙잡혀 유대인들에게 예수는 그리스도라 밝히 증거하니”(행 18:5).

“밤에 주께서 환상 가운데 바울에게 말씀하시되 두려워하지 말며 잠잠하지 말고 말하라 내가 너와 함께 있으면 아무 사람도 너를 대적하여 해롭게 할 자가 없을 것이니 이는 이 성중에 내 백성이 많음이라 하시더라”(행 18:9-10).

“오순절 날이 이미 이르매 저희가 다같이 한 곳에 모였더니”(행 2:1).

“추수할 것은 많되 일꾼이 적으니 그러므로 추수하는 주인에게 청하여 추수할 일꾼들을 보내어 주소서 하라”(눅 10:2).

④ 기동성있게 대처하라.

"너희는 그것을 이렇게 먹을지니 허리에 띠를 띠고 발에 신을 신고 손에 지팡이를 잡고 급히 먹으라 이것이 여호와의 유월절이니라"(출 12:11).

"너희는 온 천하에 다니며 만민에게 복음을 전파하라"(막 16:15).

"복음을 인하여 내가 죄인과 같이 매이는 데까지 고난을 받았으나 하나님의 말씀은 매이지 아니하리라"(딤후 2:9).

"하나님의 말씀은 살았고 운동력이 있어 좌우에 날선 어떤 검보다도 예리하여… 마음의 생각과 뜻을 감찰하나니"(히 4:12).

"온 천하에 다니며 만민에게 복음을 전파하라"(막 16:15).

"너는 내게 부르짖으라. 내가 네게 응답하겠고 네가 알지 못하는 크고 비밀한 일을 네게 보이리라"(렘 33:3).

⑤ 경계를 게을리 하지 말라.

"그러므로 하나님의 전신갑주를 취하라 이는 악한 날에 너희가 능히 대적하고 모든 일을 행한 후에 서기 위함이라"(엡 6:13).

"만일 그리하려면 세상 밖으로 나가야 할 것이라"(고전 5:10).

"오직 악에 빠지지 않게 보전하시기를 위함이니이다"(요 17:15).

⑥ 기습전법을 사용하라.

기드온은 계시에 의하여 300명의 용사로 적을 기습하여 승리하였다(삿 7:9-25).

기드온의 기습에는 때(밤)와 방법(등, 횃불 소리, 나팔)과 장소(캠프 외 3면)의 조건이 구비되어 있었다.

"우리가 아직 연약할 때에 기약대로 그리스도께서 경건치 않은 자를 위하여 죽으셨도다… 그리스도께서 우리를 위하여 죽으심으로 하나님께서 우리에게 대한 자기의 사랑을 확증하셨느니라"(롬 5:6-8).

"지으신 것이 하나라도 그 앞에 나타나지 않음이 없고 오직 만물이 우리를 상관하시는 자의 눈 앞에 벌거벗은 것같이 드러나느니라"(히 4:13).

이제는 후발개도국인 우리 나라 기업이 살피면 공산권, 동구 나라들, 그리고 티베트, 몽고 등 깊은 곳을 기습해야만 한다. 같은 맥락으로 교회는 땅끝까지 선교사를 파송하여 복음을 전해야 한다.

⑦ 협조하라.

예수 그리스도를 통한 하나님과의 교제는 신앙의 밑거름이다(마 18:20).

"내가 세상 끝날까지 너희와 항상 함께 있으리라"(마 28:20).

"너희 죄를 서로 고하며… 위하여 서로 기도하라"(약 5:16).

협조의 걸림돌은 교만이다. "교만은 패망의 선봉이요 거만한 마음은 넘어짐의 앞잡이니라"(잠 16:18).

"네 이웃을 네 몸과 같이 사랑하라"(마 22:39).

"우리를 반대하지 않는 자는 우리를 위하는 자니라"(막 9:40).

⑧ 보급을 원활히 하라.

"군대는 배가 불러야 행군한다."고 나폴레옹이 말했다.

"쉬지 말고 기도하라"(살전 5:17).

"내가 주의 말씀을 얻어 먹었사오니 주의 말씀은 내게 기쁨과 내 마음의 즐거움이오나"(렘 15:16).

"우리가 보고 들은 바를 너희에게도 전함은 너희로 우리와 사귐이 있게 하려 함이니 우리의 사귐은 아버지와 그 아들 예수 그리스도와 함께 함이라"(요일 1:3).

"내가 너희와 항상 함께 있으리라"(마 28:20).

⑨ 병력의 절약을 기하라.

중요하지 않는 곳에 많은 전력을 쏟을 수 없다.

"이 땅을 위하여 성을 쌓으며 성 무너진 데를 막아 서서 나로 멸하지 못하게 할 사람을 내가 그 가운데서 찾다가 얻지 못한고로"(겔 2:30).

"내가 내 아버지의 약속하신 것을 너희에게 보내리니 너희는 위로부터 능력을 입히울 때까지 이 성에 유하라 하시니라"(눅 24:49).

"이르시되 추수할 것은 많되 일꾼이 적으니 그러므로 추수하는 주인에게 고하여 추수할 일꾼들을 보내어 주소서 하라"(눅 10:2).

⑩ 추격하라.

"기드온과 그 좇은 자 삼백 명이 요단에 이르러 건너고 비록 피곤하나 따르며… 기드온이 추격하여 미디안 두 왕, 세바와 살문나를 사로잡고 그 온 군대를 파하니라"(삿 8:4-12).

사탄이 멸할 때까지 추격하라. 포기하자 말라. 기적은 마지막 순간에도 일어나는 법이다.

⑪ 순종하라.

"순종이 제사보다 낫다"(삼상 15:22).

사울은 불순종으로 하나님에게서 버림을 받았다. "여호와께서 왕을 버려 왕이 되지 못하게 하셨나이다"(삼상 1:26).

"베드로와 요한이 대답하여 가로되 하나님 앞에서 너희 말 듣는 것이 하나님 말씀 듣는 것보다 옳은가 판단하라 우리는 보고 들은 것을 말하지 아니할 수 없다하니”(행 4:19-20).

“빌기를 다하매 모인 곳이 진동하더니 무리가 다 성령이 충만하여 담대히 하나님의 말씀을 전파하니라(행 4:31).

“나의 계명을 가지고 지키는 자라야 나를 사랑하는 자니”(요 14:21).

“내 마음을 다하고 목숨을 다하고 뜻을 다하고 힘을 다하여 주 너의 하나님을 사랑하라”(막 12:30).

5. 비신자를 끌어들이는 교회

성장하는 교회는 비신자를 끌어들이는 교회이다. 마치 자석처럼 흡인력이 있는 교회이다. 비신자에게 매력을 주는 교회란 과연 어떠한 교회인가? 그 특징 10가지를 정리해 본다.

(1) 관계의 신학, 평신도의 사역, 실제적 전략의 삼박자가 맞아 떨어져야 한다.

관계의 신학이란 단순한 교리의 전달이 아니라 생활 가운데 인격적인 관계를 맺는 것으로서 신앙을 강조하는 신학이다. 또한 목회자 혼자 뛰는 단수 리더십이 아니라 평신도들이 동참하는 복수 리더십이 인정되어야 새신자 정착이 활성화될 수 있다. 그리고 교회의 모든 선교 전략이 삶의 총체적 필요를 채워주는 실제적 방법론이 되어야 한다.

(2) 비신자의 관점으로 목회한다.

조직이나 활동에 변화가 일어나기 위해서는 생각과 관점에 혁신이 일어나야 한다. 생각이 변해야 만사가 변한다. 목사의 설교와 성도들의 헌신이 철저하게 비신자를 끌어들이고 구원하는 것으로 그 초점이 모아져야 한다. '내가 비신자라면 이 교회를 어떻게 볼 것인가?'라는 탐색이 시도되어야 비신자 혹은 새신자 위주의 목회가 가능할 것이다.

(3) 지역사회를 철저하게 조사한다.

무조건 전도할 것이 아니라 전도 대상의 복음에 대한 수용성을 파악해야 한다. 일 년에 한두 차례 전문적인 지역 조사 연구팀을 동원하여 목회 지역에 사는 사람들의 구성 성분을 자세하게 파악하고, 그들의 필요와 관심이 무엇인지를 알아야 그에 걸맞는 목회 프로그램을 준비할 수 있다. 기존 신자들을 교육시켜서 이웃에 대한 정보를 수집하게 하는 것도 지역사회를 조사하는 실제적인 방법이 될 것이다.

(4) 대상 그룹의 실제적 필요를 파악한다.

지역 조사로 목회 중점 대상이 결정되면 그들의 필요와 문제가 무엇인지 구체적으로 연구되어야 한다. 지역 사회 전체의 필요는 무엇인지, 또 각 개인의 필요는 무엇인지 파악하여 교회가 그 필요를 채울 수 있는 한계와 방법을 정하는 것이다. 지역의 필요를 알기 위해서는 구청이나, 읍, 면, 동사무소 등과 같은 관공서와 접촉하는 것이 효과적일 것이다. 개인적 필요는 전화 및 탐방 혹은 서면조사 등으로 파악할 수 있다. 앞으로는 가정 문제, 경제 문제뿐만 아니란 각종 중독성이 있는 생활습관 문제 등으로 인한 개인의 필요가 요구될 전망이므로 교회가 이들을 위한 회복 목회 차원으로 미리 대비하는 것이 바람직하다.

(5) 변화에 민감하게 대응한다.

교회는 복음의 절대적 진리를 손상시키지 않는 범위에서 시대에 뒤떨어지지 않는 표현으로 복음을 전달할 수 있어야 한다. 최근 한국사회는 놀라울 정도의 속도로 변화되고 있다. 이제는 생존의 차원을 넘어서서 어떻게 하면 즐겁고 행복하게 즐기며 살 것인가에 온 관심을 집중하고 있다. 그 결과 전통적이고 구태의연한 종교생활에 염증을 느끼고 있다. 이러한 탈종교적 생활양식의 흥왕에 교회는 일종의 위기의식을 가지고 대처해야 한다.

(6) 전도 전략과 훈련이 실제적이다.

무조건 쪽복음이나 사영리를 가지고 전달하는 것은 비효과적이다. 기도회를 마치고 둘씩 내보내서 노방전도가 축호전도를 하는 것도 감정적인 고양은 될지언정 큰 효과를 보지 못한다. 자신이 알고 있는 사람들에게 그물망을 조직하여 관심을 가지게 하는 이른바 관계전도법을 개발할 수 있어야 한다. 최근의 이슬비 전도법 등은 이러한 관계전도 전략의 실제적인 모습 중의 하나일 것이다.

(7) 하나님의 능력과 임재를 체험하게 한다.

현대감각에 맞는 수단과 방법도 좋지만 더 중요한 것은 성령의 능력이다. 이른바 능력목회가 그 어느 때보다도 필요한 시대이다. 아무리 경제와 과학이 발달해도 인간의 힘으로 해결하지 못하는 인생의 문제가 있게 마련이다. 그러한 문제를 하나님의 초자연적 기적과 능력으로 해결할 때 사람들은 복음에 귀를 기울이게 될 것이다. 이를 위해 교회는 더욱 기도로 무장할 필요가 있다.

(8) 새신자 전용 프로그램이 확실하다.

새신자, 더 나아가서 비신자만을 위한 전문적 모임이 있어야 한다. 새신자 전용예배나 비신자들의 각종 의문점을 열린 마음으로 들어주고 상담해 주는 '신앙탐색교실' 등을 마련하는 것도 한 방법일 것이다. 새신자를 위해서는 공식화된 예배나 집회보다도 비공식적인 접촉이 가능한 소그룹 활동이 훨씬 더 효과적일 것이다.

(9) 비난과 반대세력을 각오하고 극복한다.

비신자에게 매력을 주는 교회가 되다 보면 보수적인 입장에 있는 교회로부터 비난과 오해를 받을 염려가 있다. 특히 한국처럼 흑백논리와 명분이 강하고 자기와 다르면 무조건 경시하는 단일문화적 관점이 강한 경우는 더욱 심할 수 있다. 그러나 복음 전파와 영혼 구원을 위해서 세상 안에 뛰어들어갈 용기가 있다면, 그리고 하나님께 허락하시는 것이라면 일시적인 비난과 반대도 합력하여 선을 인도해야 한다.

(10) 끝없이 열린 마음이 되어 더 좋은 것을 추구한다.

성장의 필수요소는 개방성이다. 이만하면 되겠지가 아니라 나보다 성장한 곳을 찾아가 열린 마음으로 더욱 배워 나가는 자세야말로 비신자를 끌어들이는 교회의 가장 큰 장점이라고 할 수 있다. 복음을 위하여 모든 것을 행했다는 바울의 자세가 바로 우리의 태도가 될 때 하나님 나라의 성장은 멈추지 않을 것이다.

5. 새신자 접촉과 확보 전략

교회에서 보면 기존신자보다 새신자가 훨씬 더 사랑을 필요로 하는 존재이다. 많은 교회가 성장하지 못하는 것은 기존신자 중심의 목회에 치중한 나머지 새신자의 입장을 진실로 이해하지 못하기 때문이다.

(1) 새신자를 정착시킬 수 있는 사고방식을 갖춘다.

기존신자는 세상의 영혼을 위해 존재한다. 성장하는 교회는 방어형이 아니라 흡수형이다. 새신자를 받아들이는 능력과 자세를 갖추어야 한다. 또한 시간, 노력, 돈과 투자가 절대적으로 필요하다. 그리고 새신자에게 교회 전체가 친절, 인내로써 접촉해야 한다.

(2) 새신자와 접촉한다.

복음서를 보면 예수님의 최대의 목적은 복음으로 사람을 접촉하는 일이다. 주님은 어떤 조직이나 건물로 사람을 초청하신 것이 아니라 사람들이 자신을 따르도록 초청하셨다. 오늘의 교회도 마찬가지가 되어야 한다. 사람들로 하여금 교회에 가게 하는 것을 목적으로 삼지 말고 교회가 사람들 가운데 존재하도록 하는 것이 주님의 뜻이다.

새신자를 확보하는 가장 효과적인 전략은 그들이 하나님을 만나기 전에 먼저 사람을 만나게 하는 일이다. 인간관계의 그물망을 통해 전도하는 것이 효과적인 이유는 네 가지이다.

첫째, 서로 아는 사이이기 때문에 자연스러운 접근이 가능하다.

둘째, 급하지 않게 서서히 접근하여 복음을 증거할 수 있다.

셋째, 교회를 선택하는 데에 부담을 주지 않는다.

넷째, 그물망 전도법은 모든 가족과 친척을 전도할 수 있다.

기도특공대를 조직하여 세 사람이 특공대가 되어서 각 사람이 세 사람씩 전도대상자를 선정하여 집중적으로 기도해야 한다.

(3) 새신자를 많이 확보하는 길은 전도이다.

성경에서 보면 전도의 유형을 다음 세 가지가 있다.

1) 개인전도

안드레식 전도라고도 한다. 예수님을 만난 안드레가 자기 형제 시몬을 보고 "우리가 메시야를 만났다"고 간증한 후에 그를 예수께 인도한 것을 가르쳐 안드레식 전도라고 한다(요 1:41-42).

2) 대중설교를 통한 전도

사도행전에서는 대중전도의 예가 많이 나타나 있다. 그 중에서 오순절에 베드로가 행한 설교는 가장 대표적인 예중 하나이다. 베드로의 성령충만한 설교가 얼마나 강력했던지 듣던 사람들이 설교가 끝나기 전에 "우리가 어떻게 할꼬"라며 가슴을 치고 회개했다(행 36-41).

3) 기독교 공동체의 유인력을 통한 전도

사도행전 2:41-47을 보면 초대교회의 모습에 대해 생생하게 기록하고 있다. 교회에 소속된 사람들의 삶에 놀라운 변화가 있게 되자 많은 사람들이 그것을 알게 되었다. 그래서 그들도 새로운 교제에 동참하기를 주저하지 않게 되었다. 그 결과 주께서 구원받은 사람을 날마다 더하게 하셨다(행 2:47).

오늘 대다수의 새신자들은 이 세 번째 전도방법, 즉 교회성도들간에 맺어진 관계를 통한 전도로 인해 찾아온다.

(4) 사람을 끌어들이는 교회가 성장한다.

성장하는 교회는 사람을 끌어들이는 교회이다. 사람을 끌어들이기 위해서 공격적인 광고와 효과적인 프로그램, 그리고 적극적인 초청이 있어야 한다.

1) 광고의 단계

특히 광고와 홍보가 모든 마케팅과 세일의 최대 전략이 되고 있는 오늘날 교회 성장을 위해서도 더욱 공격적인 광고가 필요하다. 라일 샬러 박사는 교회의 효과적인 광고를 위해서 최소한 교회 전체 예산의 5% 이상을 투자하는 것이 바람직하다고 보았다.

광고의 종류에는 교회간판, 전화번호부, 우편발송, 그리고 매스컴 광고 등이 있다.

2) 프로그램을 준비하는 단계

프로그램을 준비할 때 유의해야 할 것은 프로그램 리더를 잘 세우는 일이다. 프로그램 리더는 프로그램의 계획, 참여, 초청, 환영, 관리 등의 전 과정에서 실수가 없도록 만반의 준비를 철저히 할 수 있어야 한다. 리더 혼자서 하지 않고 팀 사역이 될 수 있도록 프로그램 디자인 팀을 확보하는 것도 앞으로 교회가 관심을 가져야 할 영역이다.

3) 초청의 단계

대부분의 초청은 개인에 의해 이루어진다. 새신자의 75-90%가 개인 초청에 의한 것이다. 사람들을 초청할 때에는 한꺼번에 무차별적으로 하지 말고 대상별로 나누어 초청하는 것이 효과적이다. 예를 들어 직계가족 초청의 날, 실업인 초청의 날, 직장 여성 초청의 날 등의 전문화된 초청방식이 그 분야의 새신자들에게 초점을 맞출 수 있어 효과적이다.

(5) 새신자를 정착시켜야 한다.

교회가 성장하려면 앞문으로 열심히 전도해야 하지만 뒷문으로 못 나가도록 철저하게 새신자를 정착시켜야 한다.

즉, "교회성장 = 전도 + 새신자 양육"이라는 등식이 성립된다.

(6) 새신자에게 매력을 주는 교회가 되어야 한다.

방문자가 다시 오고 싶은 교회란 어떤 교회인가?

오스랄드 리스는 『초대교회(*Inviting Church*)』라는 책에서 새신자가 매력을 느끼는 교회의 다섯 가지 특징을 정리한 바 있다.

1) 긍정적인 정체성과 건강한 자아상이 있는 교회이다.

새신자가 가고 싶은 교회는 모든 교인들이 자신의 교회에 대해서 긍지를 느끼는 교회이다.

2) 성도 간에 일치와 조화가 있는 교회이다.

요즘 사람들이 가장 강조하는 것이 분위기이다. 분위기가 어색하고 차갑고 어두운 곳에는 사람들이 모이지 않는다. 밝고 따뜻하고 자연스러운 곳에 사람들이 모이기 때문이다. 우선 표면적으로 분열과 갈등이 일어나지 않는 교회가 새신자에게 매력을 줄 수 있다.

3) 목회자의 열정이 있는 교회이다.

성공하는 사람들은 두 가지 특징이 있는데, 첫째는 목표가 분명하고, 둘째는 열정이 있다. 열정은 모든 성공의 원동력이다. 열정의 영어는 "하나님 안에 있다."라는 라틴어에서 유래되었다고 한다. 세상에서도 열정적으로 사는 사람들을 가리켜 신 들렸다고 한다. 우리 그리스도인은 성령의 신이 들린 자들이다. 교회가 성장하려면 성령의 신이 들려야 한다. 성령 충만한 목회자가 있는 경우는 반드시 성장한다. 교회 성장에 미쳐서 열정적으로 일하는 목회자를 새신자는 좋아한다. 기도와 성령의 역사와 전도를 강조하는 오순절 계통의 교회에서 성장의 역사가 크게 나타나는 이유는 이러한 열정에 대한 매력 때문이다.

4) 지역을 위한 봉사사역이 확실한 교회이다.

새신자는 사랑을 실천하는 구체적인 프로그램과 활동이 있어서 칭송을 듣는 교회를 좋아한다. 초대교회가 바로 그러한 교회였다.

하나님의 말씀과 기도가 흥왕하였을 뿐 아니라 모든 사람에게 칭송을 듣는 일을 실천했다. 이른바 구제와 봉사활동을 모범적으로 실행했다.

5) 소그룹 프로그램이 활성화된 교회이다.

새신자는 친교와 관계를 증진시키고 영적인 성장에 실질적인 효과를 미치는 다양한 소그룹이 있는 교회를 선호한다. 소그룹은 조직 이상의 프로그램이다. 점점 다양하고 전문적인 삶을 사는 것이 현대인의 특징이다.

(7) 새신자를 귀빈으로 모시는 교회가 되어야 한다.

오늘날 사랑으로 대접하는 것은 교회의 가장 중요한 사역 중 하나이다. 개인과 그룹의 환대 없이는 새신자가 교회에 정을 붙일 수 없다. 새신자의 정책의 핵심은 한 마디로 이렇다. 교회가 먼저 새신자의 필요를 채워 주면 새신자가 교회의 필요를 채워 준다.

새신자가 처음 만나는 사람은 안내위원 혹은 환영위원이다. 안내위원은 처음으로 찾아오는 방문자에게 첫인상을 결정적으로 심어줄 수 있는 사람이다.

안내위원은 사명과 은사가 확실하고 외모나 풍기는 인상이 가장 호감이 가는 부드럽고 친절한 사람으로 요원화할 필요가 있다. 안내위원이나 새신자요원은 자연스럽게 새신자가 어떻게 소개되면 좋을지를 사전에 물어보는 것이 필요하다.

(8) 쉽게 찾아갈 수 있는 교회가 되어야 한다.

교회건물이나 예배장소의 시설 또한 갈수록 새신자 정착에 중요성을 지닌다. 현대인들은 자신들이 사는 주거환경보다도 더 못한 교회에 가는 것을 좋아하지 않는다. 자신들의 생활 수준과 비슷한 교회를 찾기 마련이다.

교회 성장의 본질적 요소를 4P로 요약하면 목사(pastor), 성도(people), 성령(Holy Spirit) 그리고 주차장(parking lot)이다.

6. 성도 관리의 10가지 법칙

유명한 경영학자 드럭커는 "기업의 목적은 고객의 창조에 있다."고 말하였다. 고객의 창조와 관리는 개인 업소의 사활을 좌우한다.

여기서 말하는 개인 업소는 개인이 경영하는 모든 기업체를 망라할 뿐만 아니라, 병원, 교회 같은 특수한 인적 모임체까지도 포함될 수 있다.

오늘날 교회경영에도 기업 경영관리 이론을 적용할 수 있다고 필자는 생각한다. 독자들은 고객을 기존 신자와 새신자로, 업소를 교회로, 세일즈맨을 목회사역자로 바꾸어서 아래의 문장을 이해하면 된다.

고객으로부터 호의와 존경을 받으면서 실제적이며, 효과적인 고객관리를 위한 10가지 법칙은 다음과 같다.

(1) 단골 고객들의 이름을 외우도록 노력하라.

이것은 고객들을 기쁘게 해주고 호감을 얻는 매우 중요한 방법이다. 이름은 그 사람의 인격과 똑같은 것이다. 고객들의 이름을 메모해 두고, 시간이 있으면 외우라.

"그 사람이 그에게 이르되 네 이름이 무엇이냐 그가 가로되 야곱이니이다. 그 사람이 가로되 네 이름을 다시는 야곱이라 부를 것이 아니요 이스라엘이라 부를 것이니 이는 네가 하나님과 사람으로 더불어 겨루어 이기었음이니라"(창 32:27-28).

유능한 세일즈맨은 고객의 얼굴을 생각하면서, 그의 이름을 외우고 반복해서 생각하며, 동시에 고객에게 마음을 집중시키는 사람이다.

(2) 고객들을 좋아하도록 노력하라.

못생긴 사람을 보면 예술적으로 생겼다고 보라. 그리하여 "나는 나를 싫어하는 사람을 만난 적이 없다"고 말할 수 있도록 노력하라.

"나는 너희에게 이르노니 너희 원수를 사랑하며 너희를 핍박하는 자를 위하여 기도하라"(마 5:44).

"웃음으로 네 입에, 즐거운 소리로 네 입술에 채우시리니"(욥 8:21).

(3) 고객에게 저항을 주지 않는 사람이 되라.

장사를 해서 성공하려면 '나는 오늘부터 나의 목에 있는 이 기브스를 떼어 내련다' 하고 실천에 옮겨라. 고객이 만나기 쉽고, 얘기하고 싶어하고, 만나면 기분좋은 사람이 되라.

"청함을 받았을 때에 차라리 가서 말석에 앉으라 그러면 너를 청한 자가 와서 너더러 벗이여 올라 앉으라 하리니 그 때에야 함께 앉은 모든 사람 앞에 영광이 있으리라"(눅 14:10).

(4) 여유있는 사람이 되라.

약간의 감정을 건드려도 너그럽게 대하라. 그리하여 고객들이 당신과 함께 있기를 좋아하도록 만들어라.

"그 때에 베드로가 나아와 가로되 주여 형제가 내게 죄를 범하면 몇 번이나 용서하여 주리이까 일곱 번까지 하오리이까 예수께서 가라사대 네게 이르노니 일곱 번 뿐 아니라 일흔 번씩 일곱 번이라도 할지니라"(마 18:21-22).

(5) 고객을 사랑하라. 고객에게 겸손하라.

고객은 왕이다. 한국 사회에서는 적어도 서비스업 중 식품요식업자는 고객 한 사람을 139명을 대하는 마음으로 상대하라. 고객 한 사람에게 만에 하나 질타를 당한다면, 그 사람이 인간관계를 맺고 있는 약 139명의 사람으로부터 공격을 받게 된다고 생각하라.

"네 이웃을 네 몸과 같이 사랑하라"(마 19:19).

"…겸손한 자를 구원으로 아름답게 하심이로다"(시 149:4).

(6) 고객의 말을 열심히 들어주는 사람이 되라.

고객을 인격적으로 대접하라. 고객들이 당신에게서 배울 것이 많은 재미있는 사람이 되라. 마음의 문을 열고, 다정한 친구처럼 상대의 말을 경청해 주라.

"사람이 마음으로 믿어 의에 이르고 입으로 시인하여 구원에 이르느니라"(롬 10:10).

(7) 거만하거나 까다로운 사람이 되어서는 안된다.

늘 인정미 넘치는 인상을 풍기라. 억지로는 권위가 서지 않는 법이다.

"자기를 경외하는 자와 그 인자하심을 바라는 자들을 기뻐하시는도다"(시 147:11).

(8) 고객의 불평을 감사로 소화하라.

고객의 불평불만을 빨리 잊어 버리고, 최대의 언어의 서비스를 제공하라. 좋은 말은 천냥 빚을 갚는다고 했다.

"항상 기뻐하라"(살전 5:16).

"범사에 감사하라 이는 그리스도 예수 안에서 너희를 향하신 하나님의 뜻이니라"(살전 5:18).

(9) 고객과 정신적인 친교를 맺으라.

고객의 생활주변의 변화에 대한 정보를 파악해서, 될 수 있는 한 고객의 희노애락에 적절한 보상을 하도록 노력하라.

"또 누구든지 제자의 이름으로 이 소자 중 하나에게 냉수 한 그릇이라도 주는 자는 내가 진실로 너희에게 이르노니 그 사람이 결단코 상을 잃지 아니하리라 하시니라"(마 10:42).

(10) 당신이 고객들을 좋아하기만 하면 된다.

당신이 만일 주 예수의 사랑을 증거할 수 있다면 고객들은 당신에게 애정을 줄 것이다. 당신의 마음과 생활 속에 하나님을 지니라.

"여호와는 나의 목자시니 내가 부족함이 없으리로다"(시 23:1).

"여호와의 모든 길은 그 언약과 증거를 지키는 자에게 인자와 진리로다"(시 25:10).

고객은 나의 업소의 선전원이다. 나의 업소는 고객의 눈을 통해서 평가 받는다는 것을 잊지 말라.

7. 바람직한 부흥회의 개최

부흥회는 어떤 정해진 형태나 원칙이 있는 것은 아니다. 그러나 한국 교회에서 행해지고 있는 대부분의 부흥회는 너무 천편일률적인 형태임을 부인할 수 없다. 또한 부흥회가 부흥강사 개인에게 너무 의존하고 있는 것도 사실이다.

(1) 부흥회를 하는 정확한 목적이 설정되어야 한다.

교인들이 무엇 때문에 부흥회를 해야 하는지를 절실히 깨닫고 동참할 수 있는 구체적인 목적이 필요한 것이다.

부흥회를 하는 목적에 있어 목회자들은 영적 체험(53.8%)과 질적 성숙(31.7%)을 가장 중요하게 생각했고, 평신도들은 개인의 심령변화(61.7%)를 가장 중요한 이유로 지적하고 있다. 그러므로 이러한 목적들을 충족시켜줄 수 있는 건전하고 확실한 목적이 설정되어 부흥회 기간 동안에는 온 교인이 그 목적만을 위해 함께 기도하고 집회에 참석할 수 있어야 한다. 또한 부흥회는 부흥회를 하는 교회의 일년 목회계획과 연결되어야 한다. 한번 행사를 치르고 끝나 버리는 형태가 아닌 개교회 담임자의 목회에 절대적으로 도움이 되는 부흥회이어야 한다.

초빙하고 싶은 부흥강사 중 일반 목회자가 33.7%나 된다는 것은 부흥회가 목회와 연결되기를 바라는 현상에서 나온 것이다. 따라서 부흥사는 자신의 영력만을 내세워 자기 독단으로 할 것이 아니라 담임자의 목회 방향을 잘 이해하고 부흥회를 인도해야 한다.

부흥회 개최 목적은 각 교회의 신자들이 회개하여 구원받고 성령을 체험하여 올바른 성도가 되는 것이다. 또한 부흥운동을 통해서 철저한 신앙훈련을 받아 하나님의 빛된 자녀로서 세상을 개혁하는 그리스도인이 되어 복음과 진리를 위해서 헌신의 반열에까지 나아가도록 만드는 영적 자원이 됨으로써 결과적으로는 교회성장에 보탬이 되는 데 있다고 본다.

(2) 부흥의 형태의 새로운 시도가 필요하다.

한국 교회의 부흥회 형태는 대부분이 똑같은 방법으로 진행되고 있다. 그래서 부흥회에 대한 신선한 기다림과 새로운 것에 대한 기대는 별로 없는 것이 사실이다. 이런 상황 속에서 부흥회도 이제는 새로운 형태를 개발해야 할 것이다. 특히 부흥회를 하는 목적이 교인들의 영적 체험과 질적 성숙이라고 85%나 되는 사람들이 응답했는데, 이러한 것을 충족시켜 줄 만한 새로운 프로그램이 부흥회 전체 시간에 삽입되어야 할 것이다.

이러한 관점에서 필자는 팀(Team)부흥회의 새로운 형식을 제안하고자 한다. 즉 2, 3명의 부흥사가 각자의 전공과 특징을 살려 부흥집회 시간을 분담하여 각 시간대별로 특색있는 프로그램을 통해 성도들에게 보다 알찬 영적 훈련을 체험하게 하는 것이다. 예를 들어, 부흥강사의 전문 영역을 나눌 수 있다. 교육을 통해 교인을 훈련시키기에 능한 강사, 선포를 통해 영적 각성을 촉구하기에 능한 강사, 그리고 실천적 활동을 진행할 수 있는 강사들이 함께 인도하는 것이다. 부흥회를 통해 영적인 체험과 질적인 성숙을 원하는 교인들에게 질적으로 향상된 부흥회의 모습을 보여줄 수도 있을 것이다.

(3) 부흥사들의 자질이 좋아야 한다.

부흥회의 성패는 대체로 부흥사들의 자질에 의존했었다. 실패와 탈선은 대부분 부흥사들의 자질에 따른 것이다. 그러면 부흥사의 자질을 향상시킬 수 있는 방법은 무엇인가?

첫째로, 부흥사 자신에 속한 문제이다. 부흥사의 자질이 목회자의 자질과 별개의 것이 될 수 없다. 즉 부흥사도 훌륭한 목회자로서 시무하는 교회에서 존경을 받는 사람이라야 할 것이다. 개교회 목회는 엉망이면서 부흥사로서는 성공하고 있다는 것은 무엇인가 잘못되어 있는 것이다. 양질의 우수한 목회자이면서 훌륭한 부흥사가 되는 것이 바람직하다. 부흥사에 대한 거부감으로 거친 언어, 자기 자랑, 헌금 강조 등이 높은 비율을 차지하고 있는 것을 기억해야 한다.

둘째로, 평신도들을 통한 부흥 강사의 자질 향상이다. 올바른 신앙교육을 받은 성도들로 하여금 자질이 부족하고, 문제의 소지를 가지고 있는 부흥사들을 거부하도록 해야 한다. 그리고 이러한 반복적 거부는 자질이 부족한 부흥사들로 하여금 자질을 갖추도록 자극을 줄 수 있고 혹 자연적인 도태를 초래하게 될 것이다. 그러므로 개 교회는 신학적으로 판단 가능한 평신도들을 육성해야 한다. 이것을 통해 자연적으로 질적으로 훌륭한 부흥사들을 만들어낼 수도 있을 것이다.

셋째로, 부흥사를 인정해 줄 수 있는 공신력있는 기구가 존재해야 한다. 현재 우후죽순처럼 생겨난 부흥사들의 모임들은 교회로 하여금 판단을 흐리게 한다. 뿐만 아니라 신학적으로나 신앙적으로 잘못된 이들을 정죄하거나, 누구를 인정한다 하더라도 공신력을 가질 수 없게 되었다. 그러나 전 교회적으로 인정할 만한 부흥사들의 조직을 통해 부흥사의 신학적, 도덕적 판단들을 신중하게 내려줄 수 있다면, 지금과 같은 자질에 대한 시비는 피할 수 있을 것이다.

(4) 부흥회는 순수한 신앙 부흥회로 회복되어야 한다.

목회자로서 부흥회 일주일 간은 황금의 기간이다. 집중적으로 영적인 성장과 교육과 훈련을 할 수 있는 기간이다. 이 기간에는 부흥회라는 말 그대로 심령의 부흥이 일어나야 한다. 많은 교인이 십자가 안에서 속죄함 얻기를 바라고, 부활한 주님과 함께 거듭나서 새 생명을 얻으며 주님이 재림할 때까지 주님과 함께 고난에 동참하면서 죽도록 충성하는 신앙의 자립이 확인되는 기간이어야 한다. 따라서 심령부흥에 장애가 되는 요소가 가능한 한 배제되고, 온 교인이 신앙의 열정으로 하나되는 집회가 되어야겠다. 또한 평신도들이 가장 원하는 부흥회 형태가 말씀 중심의 부흥회(63.5%)로 밝혀졌는데, 이것은 교인들의 부흥회를 통해 말씀으로 순수한 신앙을 회복하고 싶어하는 열망의 표현이라고 할 수 있다.

(5) 부흥회는 선서를 중심으로 한 신앙 부흥회여야 한다.

우리 나라의 영적 활동의 큰 두 지류는 부흥사나 기도원에서 주도해 온 성령운동과 특수 성경연구단체, 즉 네비게이토, C.C.C, UBF 등이 주관해 온 성서연구의 붐이라 볼 수 있다. 80년대 이후에는 개 교회에서 베델성서 연구, 크로스웨이, 트리니티 등 여러 가지 다양한 성서연구 프로그램을 통해 교인들의 질적, 양적 성장을 가져왔다.

따라서 90년대 부흥회는 성령운동과 성서연구가 동시에 조화되는 집회가 되어야 할 것이다. 말씀이 없는 성령운동은 혹시 잘못될 수 있고, 성령운동이 없는 말씀으로는 역사를 일으킬 수 없다. 그러므로 부흥회는 이 두 가지가 잘 조화되어 말씀으로 무장한 교인들이 성령의 충만함을 힘입는 그런 집회가 되어야 할 것이다.

(6) 부흥회는 훈련을 위한 집회여야 한다.

대부분의 부흥회가 모이는 시간의 집회 참석 숫자에만 관심을 갖는다. 참석 인원수가 많으면 그 집회는 성공적이었다고 평가를 내린다. 그러나 이제는 그러한 숫자에 대한 강박관념에서 벗어나야 하겠다. 진정한 부흥회의 성과는 집회시간에 참석한 인원수에 달려 있는 것이 아니라 집회가 끝난 후에 교인들이 얼마나 달라졌느냐에 있는 것이다. 그런 의미에서 이제는 부흥회가 전문적인 교인훈련을 위한 장이 되어야 한다. 예를 들어 전도훈련, 청지기훈련, 기도훈련, 말씀훈련 등을 시키는 훈련장이 되어 목회자가 자기 교회에 부족한 부분을 이 부흥회를 통해 보충하는 형태가 되어야 한다. 그래서 부흥회가 끝나고서도 계속적으로 담임자의 목회와 연결될 수 있을 것이다. 즉 부흥회 기간 동안의 모든 집회 시간이 하나의 주제를 가지고 진행되어 나가되, 그 주제에 관련된 구체적인 프로그램을 만들어서 훈련시키는 집회가 되어야 한다.

예를 들어, 전도훈련의 주제를 가지고 부흥회를 하게 될 경우, 저녁에는 말씀으로 은혜받고 낮에는 직접 거리에 나가서 전도를 하는 경우 등을 들 수 있다. 따라서 이제는 좀 전문적인 분야를 개척하는 부흥사들이 많이 나와야 할 것이다.

(7) 부흥회는 사후 관리를 잘해야 한다.

담임자는 부흥회를 통해 교인들 속에 나타난 현상을 바르게 파악하여 건전하고 좋은 것은 계속해서 성장할 수 있도록 도와주고 혹시 상처를 받거나 오히려 시험에 든 사람이 있다면 목양차원에서 잘 어루만져 주어야 할 것이다.

부흥회는 부흥회를 하고 있는 시간도 중요하지만 정말 더 중요한 것은 부흥회가 끝난 시간부터이다.

제 9 장
훈련된 신자를 키우라

1. 교회 성장을 위한 교육방안

무엇보다 담임목회자는 개 교회의 교육현장, 특히 교회교육에 대한 자기 진단을 통해서 그 병리현상을 진단하고 그 처방전을 마련해서 교회학교의 병을 치유해야 한다.

교회 성장을 위해 담임목사의 교육철학 및 교육이념의 설정이 필요하다. 담임목사는 "내가 곧 교육자요, 교육의 책임자이다."라는 생각을 가져야 한다. 주일학교 교육을 주일학교 교사에게만 맡겨진 것으로 보면 안된다.

교회는 신앙을 경험하는 공동체이며, 예수 그리스도의 구원의 감격을 끊임없이 재현함으로써 신앙을 끊임없이 재현하는 역사적 공동체가 되어야 한다. 신명기 6:4-9에 나오는 '쉐마'는 이스라엘 민족의 교육이었다. 40년의 광야 순례까지 끝나고 이제 가나안 땅에 들어가기에 앞서 모세는 죽음을 앞두고 마지막으로 이스라엘 민족을 향해 설교했다. 그 내용은 율법에서 가장 중요한 "너희들이 가나안에 들어가더라도 주 너희 하나님을 오직 마음과 뜻을 다해 사랑하라"는 신앙에 대한 촉구이다. 그리고 "그 신앙은 너로 끝나는 것이 아니다. 너희 후손에 그 신앙을 가르치라."는 것이었다.

교회학교 교육은 "어떻게 신앙경험 그 자체를 함께 공유하고, 함께 전달하고, 함께 느끼고, 함께 경험하면서 후세에게 자꾸 전달되느냐."하는 데 있다. 다시 말해서, 목회자는 교사들에게 그리스도 사건을 '재현'하는 예배를 교육방침으로 가르쳐 아이들에게 전달케 해야 된다. 그리고 학습은 성경본문 중심의 성경공부를 해야 한다.

교회학교 성장은 목회자의 책임이다. 교회교육을 위한 목회자의 역할을 잘 감당해야 한다.

첫째로 목회자는 유능한 교사로서의 본을 보여야 한다.

사도바울이 "너희는 나를 본받는 자 되라"(고전 4:16)라고 한 것 같은 자세를 보여야 한다.

둘째로, 목회자는 지도자를 훈련해야 한다.

목회자는 주일학교에서 가르칠 교사 모집에 격려와 협조를 해야 한다. 모든 회중에게 교사가 되고 싶은 도전심을 주고, 신년에 교사 헌신예배를 계획해야 한다.

적극적으로 신앙훈련이나 교육 프로그램 개발에 모임을 주선하여 격려 및 협동심을 유발시켜야 한다. 그리고 교회학교 상담실을 운영하여, 문제와 고충과 기쁨에 대해서 귀를 기울일 수 있어야 한다. 또한 우수 교사를 칭찬하고 표창하는 것도 중요하다.

셋째로, 목회자는 좋은 자료를 제공해 주는 봉사자의 역할을 해야 한다.

교계 신문이나 잡지, 좋은 책을 권하고, 주일학교 도서관을 운영한다. 또한 노회 단위, 총회 단위의 교육용 보조자료의 사용 등 시청각 교육을 강화하면서 전문인을 초청하여 강의를 듣도록 배려한다.

넷째로, 기독교 교육을 위한 적절한 시설을 구비해야 한다.

유치부엔 장난감, 초등부엔 탐구교재, 중·고등부엔 영어 성경공부 시설 및 교사 확보, 장년엔 의료 및 성경공부용 교재준비 및 대여를 한다.

교육관 시설을 구비하고, 교육도구의 완비를 위한 교인 협조 유도를 유도한다. 그리고 교육용 시설 설비 이용 및 보관을 철저히 하도록 한다.

(1) 문서선교 차원의 교육

현대는 문화전쟁의 시대이다. 기독교인들은 현대의 대중문화 속에서 갈피를 잡지 못하고 있다.

오늘날 청소년들은 대중문화에 거의 무방비상태로 노출되어 있고, 한편으로는 자극적인 문화가 청소년들을 병들게 하고 있다. 또 한편으로는 대중문화가 반기독교적으로 운동화되고 있다.

1) 교회는 문화의 감시자가 되어야 한다.

이 기능은 어떤 문화가 좋고 나쁜지를 가려주는 것을 말한다. 팝이나 록음악 앨범에 사용된 사탄의 상징에는 어떤 것이 있는지, 그리고 뉴에이지 운동이 왜 나쁜지를 설명해 주어야 한다. 조지 윈스턴의 'December'를 듣는 것이 왜 좋지 않은지, '사랑과 영혼'이 담고 있는 반기독교적인 메시지가 무엇인지 알려 주는 것이 필요하다. 이를 위해서는 학생부 주보나 발간지에 문화 소식 코너를 마련해 최근의 음악과 영화, 비디오 경향 등을 소개하는 것도 좋은 방법이다.

2) 교회는 문화의 안내자가 되어야 한다.

문화의 감시자 기능이 문화를 구별해 주는 것이라면 문화의 안내자 기능은 직접 청소년을 데리고 현장으로 가는 것을 말한다. 문화는 불과 같아서 쓰기에 따라서 좋아질 수도 나빠질 수도 있다. 따라서 교회는 문화의 선한 용법을 찾아내야 한다. 청소년음악회, 미술전, 시사회에 청소년들을 데려가고, 볼 만한 영화나 비디오를 함께 시청하는 것도 좋은 방법이다. 기독교적인 문화활동에 대한 정보를 얻을 수 있는 채널을 마련한다면 더욱 좋다.

3) 교회는 각종 멀티미디어 시스템을 교육에 활용할 필요가 있다.

학생들을 이해하기 위해서는 학생들의 수준으로 내려가야 한다. 미국의 컴퓨터 회사 애플사의 사장은 "멀티미디어라는 거대한 싸움 속에서 구경꾼은 살아남을 수 없다. 문화전쟁에서 주도권을 쥐는 자들만 살아남을 수 있다."고 했다.

이 말은 교회에도 역시 적용된다. 교회는 더 적극적으로 현대적 매체들을 예배와 교육에 사용할 필요가 있다. 교회의 문화가 듣는 문화에서 보는 문화로 새로운 변신을 시도할 때이다. 비디오, 오디오 시스템, OHP, 영사기, 영화상영을 위한 장치, 그리고 컴퓨터실 등을 구비하여 잘 활용한다면 교육에 좋은 효과를 얻을 수 있다.

(2) 가정, 학교와의 연결

교회교육만으로 학생들을 신앙화한다는 것은 쉬운 작업이 아니다. 학생들은 대부분의 시간을 학교나 가정에서 보내며 교회활동은 많아야 주당 몇 시간 정도이다. 따라서 기독교 교육은 교회와 학교와 가정을 연결시키는 부단한 노력을 계속해야 한다.

1) 교회와 가정을 연결해야 한다.

엄밀하게 말해서 신앙교육은 교회보다 가정이 더 중요하다고 말할 수 있다. 기도하는 부모 밑에서 기도하는 자녀가 나오며, 하나님 주권적인 신앙을 갖고 있는 부모 밑에서 하나님의 주권을 인정하는 신앙인이 나온다. 그래서 호레스 부쉬넬 같은 기독교 교육학자는 가정을 기독교 교육의 장으로 삼아야 한다고 주장했다.

세례나 입교식, 성년식 등은 교회와 가정을 연결하는 좋은 방안이다. 이 의식들을 요식행위로 간단하게 치르지 말고 축제화하는 것은 삶의 기독교적인 의미를 가르치는 데에 상당한 영향력이 있다. 부모님과 교인들이 세례식을 생일 잔치처럼 준비하고 제2의 탄생사건으로 만든다면 소중한 기억이 될 것이다.

2) 교회와 학교를 연결해야 한다.

교회와 학교를 연결한다는 것은 학원선교 개념을 말한다. 먼저 교회에서 지급하는 장학금을 중고등학교에 기탁한다. 그러면 교장 선생님과 자연스럽게 접촉할 수 있는 기회를 갖게 된다. 얼마의 시간이 지난 뒤에 교장 선생님에게 본 교회에 다니는 학생들을 위해 한 달에 한 번 정도 점심시간이나 수업에 방해가 되지 않는 시간을 이용해서 예배를 드리게 해달라고 부탁한다. 처음에 소수가 모인다고 해도 친구초청 등을 통해 참여도가 늘어나게 될 것이다.

(3) 공동체 교육의 강화

교회의 각 부서는 연령별로 개별적인 활동을 한다. 그러나 전체적으로는 머리 되신 그리스도의 몸이 되어야 한다. 따라서 나뉘어진 각 부서는 전체가 되는 경험, 하나가 되는 경험을 해야 한다.

1) 전체교육

남녀노소에 상관없이 예수 그리스도를 같은 주님으로 고백하는 교육의 장이 필요하다. 이런 공동체적 교육은 다양한 방법을 통해서 가능하다. 공동체 교육은 연령의 차이를 넘어서는 것이므로 '간세대 교육'이라고 할 수 있다. 교회 밖에서 할 수 있는 간세대 프로그램에는 전교인 야외예배라든가, 전교인 체육대회, 혹은 등산대회, 수련회 등이 있다.

여름성경학교를 폐지하고 전교인 수련회를 갖는 교회들이 하나 둘 늘어나고 있다. 2박 3일 혹은 3박 4일 동안 전교인이 함께 수련회를 갖는 것은 그리스도의 몸을 이루기 위한 좋은 방법이다.

3) 부서별 전략 수립
① 영아부
우선 영아들 자체에 대한 교육을 해야 한다. 보통 1-5살 정도의 어린 아이들이 영아부에 속하게 된다. 이들에게 교회의 예배를 방해하지 않도록 교육하며, 순종심을 기르도록 교육해야 한다. 또한 어머니들은 영아들보다 더 중요하다. 어머니들에게 신앙적인 양육법을 가르치면 아이들은 저절로 신앙 안에서 성장하게 된다. 따라서 영아부의 주된 초점을 어머니 교육에 두는 것이 좋은 교육전략이라고 할 수 있다. 그리고 어머니 심방도 전도에 효과적이다.

② 유치부
대부분의 아이들이 일반 사설 유치원에 다니기 때문에 유치원의 교육방법을 받아들이는 것이 좋다.

③ 유년부
이 시기에는 양적으로 학생들을 늘리는 것에 주력해야 한다.

또한 교회에서 지원을 충분하게 함으로써 교사들이 마음놓고 아이들을 위해 프로그램을 계획할 수 있도록 해야 한다.

④ 초등부

이 시기에는 푼돈을 모아 선교와 구제를 하게 하는 등 그리스도인의 삶을 가르쳐야 한다. 그리고 성경읽기, 기도훈련 등의 신앙 교육도 체계적으로 해야 한다. 믿지 않는 부모를 위해서 교육상식 등을 편지 형식으로 발송한다면 선교에 궁극적인 효과를 가져올 수 있다.

⑤ 중등부

이 시기는 인성교육의 적기라고 할 수 있다. 중등부는 발랄하고 생기가 넘치는 시기이다. 아직은 공부보다는 친구라든가 이성 문제에 많이 집착하고 그 때문에 갈등이 일어나는 경우도 많이 있다. 따라서 이 시기에는 인간관계 중심으로 교육하고 헌신과 봉사, 말씀과 기도, 사랑과 이해, 전인적 신앙교육을 초점으로 하는 것이 좋다.

⑥ 고등부

이 시기는 공부가 삶의 중심으로 자리잡게 된다. 중등부는 활발하지만 고등부는 수축되는 것이 일반적 경향이다. 이때 교회 프로그램은 해방감을 줄 수 있는 활동적인 것이 좋다. 고등부 활동에서 가장 중요한 요소는 담임교사의 역할이다. 헌신적인 성도들을 담임교사로 뽑는 것이 중요하다. 그리고 공부, 희망, 노력, 헌신 등에 설교의 초점을 두어야 좋다.

⑦ 청년부

이 시기의 청년들은 진보적이어서 담임목회자나 교회의 보수적인 원로들과 마찰을 일으키는 경우가 종종 있어 어떤 교회는 아예 청년부를 폐지하기도 한다. 청년부나 대학부의 모습은 담임목회자의 깊이나 안목에 따라 결정된다.

한 설문 조사 결과 청년들은 다음과 같은 고충이 있는 것으로 드러났다. 첫째는 교사, 성가대 등 과중한 교회 내의 사역이고, 둘째는 교회 내의 인색한 지원이다. 셋째는 젊은이들을 따라오지 못하는 교회 내의 의식이다. 그리고 넷째는 대학부 담당 전도사들의 흔들리는 위치 때문에 전도사들의 말이 중요성을 갖지 못하는 것이다.

(4) 장년 주일학교의 활성화

미국 교회의 경우 대예배 전에 장년 주일학교를 하는 것이 관례로 되어 있다. 장년 주일학교의 출석 숫자와 대예배 출석 숫자가 크게 차이 나지 않을 정도로 미국 교회의 장년 주일학교의 개념이 없는 실정이다. 장년 주일학교가 미개척 분야이기 때문에 교회 성장을 위해서 도전해 볼만한 분야라고 생각된다.

장년 주일학교는 성인들의 성경공부 뿐 아니라 학부모 교육을 주목적으로 한다.

1) 장년교육의 방향

가정에서의 신앙교육이 이루어질 수 있도록 교육해야 한다. 기독교 교육학자들은 신앙의 80-90% 정도가 가정에서 형성된다고 말한다. 따라서 부모에게 자녀를 신앙 안에서 양육하는 방법을 가르쳐 주면 가장 좋은 교육적 효과를 얻을 수 있다. 가정 예배 드리는 법, 예절 교육과 친구들을 대하는 법, 이성

간의 문제에 지혜롭게 대처하는 법, 교회생활, 입시문제 등에 대한 성경적인 교육원리를 제시하는 것이 좋다. 그리고 대중문화에 대처하는 방법을 가르쳐 주어야 한다.

2) 부모들이 대중문화의 감시자와 안내자가 되도록 해야 한다.
교회가 자녀교육을 위한 대중문화 강좌를 개설한다면 장년 주일학교는 상당한 호응을 얻게 될 것이다.

(5) 교육지도자의 발굴 및 육성
교회학교 교육지도자가 가져야 할 기본 자질을 갖춘 사람을 발굴해서 유능한 동역자 또는 평신도 지도자로 활용해야 한다.

1) 교육지도자의 기본 자질
① 가르치는 은사가 있어야 한다.
② 인간을 사랑해야 한다(요 21:15-17).
예수님은 베드로에게 세 번이나 "네가 나를 사랑하느냐"라는 질문을 하시면서 "네가 나를 사랑한다면 내 양을 먹이라. 내 양을 치라."라는 목자로서의 사명을 부여하셨다.
'사랑한다'는 것은 생명의 귀중함과 인격의 존엄성이 중심이어야 함을 아는 것이다.
③ 기독교 신앙에 관계된 전문적인 지식을 알아야 한다.
④ 신앙 인격적으로 모범을 보여야 한다.
⑤ 기도하는 사람이어야 한다.

2) 교육지도자
① 교사
교회학교의 성장은 교사에게 달려 있다고 해도 과언이 아니

다. 따라서 교사의 모집, 훈련, 재교육 등에 상당한 관심을 기울여야 한다. 교사는 자격이 있는 사람이 되어야 한다. 예비교사 교육과정을 만들고 그것을 이수한 사람들에게 교사자격증을 주어 사역하게 하는 것이 좋다.

예비교사 교육과정에서는 교리와 성경공부 등의 기초과목 외에도 결석한 아이의 어머니에게 전화하는 법, 출석부 기재 요령, 심방하는 요령, 아이들을 다루는 법 등 실제적 문제들에 대한 훈련이 필요하다.

② 교육부장

많은 교회들이 명목상 교육부장을 세운다. 하지만 명목상 교육부장의 도움으로 그 부서가 성장하기는 어렵다. 담임목회자는 교육에 대한 관심과 의지가 있는 사람을 교육부장으로 임명해야 한다. 아울러 교육전도사와 교육부장에 대한 특별교육을 실시할 필요도 있다.

교육부장은 교회학교의 행정조직에 관한 일을 맡는 직책이고, 교육전도사는 영적인 지도를 맡는 직책이다. 부장은 행정으로 섬기고, 전도사는 교육내용으로 섬기는 직책이다.

③ 교육전도사

교육전도사는 대개 신학교를 다니면서 파트타임으로 사역한다. 파트타임으로 사역을 해서 그런지 교육전도사를 아르바이트생 정도로 생각하는 재직들과 목사들이 더러 있다. 만약 교육전도사를 일당 8-9만원의 아르바이트생으로 생각하여 노동에 비해 꽤 높은 보수를 주고 있다고 생각한다면 이것은 비극이 아닐 수 없다. 양식 있는 목회자라면 아르바이트생에게 영혼교육을 맡기지 않는다.

교육전도사가 학생들의 영적 지도자임을 제직들에게 주지시키고 교육전도사 자신에게도 그러한 자긍심을 심어줄 필요가 있다. 이런 성경적인 가르침은 사례금 인상이나 학비 지원보다 더욱 커다란 정신적인 뒷받침이 된다.

(6) 교육 투자의 강화

교회학교 성장은 교육 투자와 비례한다는 말이 있다. 성령, 기도, 교사, 시설, 투자는 교회학교의 5대 역동성이라고 생각된다. 투자는 미래의 생산으로 열매되어 돌아온다. 교회예산의 25%를 교회학교에 사용한다면 그 교회는 성장의 메아리가 곳곳에서 알알이 넘쳐 흐르리라고 믿는다. 오늘날 대학생이 봉사하는 경우, 교사로서 본을 보이기 위하여 그리고 장년 예배에서 성가대·반주·안내원 등으로 활동하면서, 또 청년회 회비 등등 헌금때문에 또한 교회의 지원이 적어 담당하는 학생들에게 학습용구, 과자 등을 사비로 사주고 보니 신앙생활에 시험이 든 경우가 허다하는 사례가 지적되기도 한다.

그리고 세상의 TV가 학생들에게 너무도 보암직해서 여간의 준비가 없는 한 교회학교 학습이 흥미롭게 느껴지지 않게 된 세태이다. 때문에 끊임없는 교육의 투자 증대가 요구되고 있다. 교육음악을 통한 악기 실습, 영어회화, 학습력 증진, 성경연구, 교재, 문학의 밤, 성극연습, 여름성경학교, 순교지 탐사, 교육관 시설 확보, 컴퓨터, 복사 등은 투자되어야 할 요소들이다.

2. 평신도 훈련

평신도를 가리키는 헬라어 라이코스(laikos)는 신약 성경에는 나오지 않는다. 그러나 그것은 성경에서 자주 나오는 라오스 (laos)의 의미와 같다. 이것은 단순하게 백성, 어떤 백성의 무리를 의미하는 말이다. 세속적 의미로는 헬라시대의 전 시민을 두고 사용하였고, 성경적인 의미로는 처음에는 이방인과 대조되는 이스라엘을 포함한 새 이스라엘, 즉 말세교회를 가리키는데 사용되었다(행 15:4). 이 용어가 신약에서는 어떠한 특정인들을 위해 사용되지 않고, 항상 포괄적으로 어떤 백성 전부를 다 포함하는 의미를 지니고 있다. 그러므로 우리가 평신도라고 하면 그 본래의 의미가 주님을 모신 선택받은 자, 혹은 성도, 혹은 제자, 혹은 믿는 자의 공동체인 전 교회를 가리킨다는 사실을 알고 있는 것이 중요하다.

복음 전도 사역을 위해 교회는 이들을 잠자게 해서는 안된다. 이들을 훈련하고 가르쳐서 복음 전선에 투입시켜야 한다. 아직도 전도는 특별한 은사와 훈련을 받은 사람이 해야 한다는 진부한 변명을 내세워 자신을 숨기려는 사람이 있는가? 우리 모두가 참여해야 한다. 우리 각자는 이러한 소명이 있다. "나를 따르라", "너는 나의 증인이 되리라!"고 하셨다. 모든 그리스도인은 말할 가치가 있는 이야기와 독특한 방법으로 다른 사람에게 접근할 수 있는 기회를 가지고 있다.

그리스도인이면 누구나 단순히 주님을 따르는 사람으로서 추종자가 아니라 주님의 지상 명령에 따라 주님께서 시키시는 그리스도의 사역에 참여하는 그리스도의 일꾼(고전 3:21)이다. 또한 하나님의 인류 구원의 사역에 함께 참여하여 일해야 하는 하나님의 동역자(고전 3:9)인 것이다.

"각 사람의 필요에 따라 나누어 주고, 날마다 마음을 같이하여 성전에 모이기를 힘쓰고, 집에서 떡을 떼며 기쁨과 순전한 마음으로 음식을 먹고, 찬미하며 또 온 백성에게 칭송을 받으니 주께서 구원받는 사람을 날마다 더하게 하시리라"(행 2:44-77).

평신도는 교회의 객체가 될 수 없다. 그들은 정기적으로 예배에 나와 경건한 의식에 잠깐 감명을 받고 돌아가는 관람객이나 교회운영에 보탬을 주는 단골 손님이 아니다. 더욱이 주인의 명령에 마지 못해 움직이는 하인의 신분도 아니다. 평신도는 교회의 주체다.

많은 사람들이 역사적으로 오랫동안 성도들의 제사장 직분에 대하여 말해왔지만 평신도에 대한 현대 신학의 이론이 부족한 것이 사실이다. 그리고 더욱이 오늘의 하나님의 자녀들이 그들 자신의 신분이 이 세상에서 주님의 사역을 계속하도록 각자가 하나님께로부터 부름받았고 능력을 받았고 은사를 받은 일꾼이라는 것을 분명하게 이해하지 못하고 있는 것도 사실이라는 것이다.

평신도는 교역자와 평등하게 그리스도의 몸에 속한 지체들이다. "그리스도께서 사람들을 부르실 때에는 그로 하여금 와서 죽으라고 명령하는 것이다"라고 디트리히 본회퍼는 말했다. 이 말 속에는 주님을 따라야 할 분명한 부름에 대한 응답이 있다. 그러나 모든 그리스도인들이 본회퍼의 말대로 순교에도 부름을 받지는 않았다. 그렇다 해도 모든 그리스도인은 명백히 헌신된 제자에로 부름을 받은 것이 사실이다.

그럼에도 불구하고 많은 교회에서 평신도가 잠을 자고 있다. 엄청난 저력을 가진 거인이 힘을 쓰지 못하고 있는 것이다. 로잔느 대회에서 메디슨이라는 평신도는 만장에 모인 교역자들을 향해 이렇게 인상깊은 하소연을 하였다. 우리 주변에도 이런 비슷한 하소연들이 여기 저기서 드리고 있다는 것을 잊어서는 안될 것이다.

"평신도가 바라는 것이 무엇인가? 그것은 정말 중요한 일에 우리를 참여시켜 달라는 것이다. 그리고 교회 지도자들이 우리에게 성경을 어떻게 공부하며, 기도를 어떻게 하며, 사랑으로 하는 것이 어떤 것이며, 전도하는 방법, 그리스도를 닮아가는 방법이 어떤 것인가를 보여줄 필요가 있다. 우리는 여러 교역자들의 지도와 도전을 필요로 하고 있는 사람들이다. 그러므로 우리는 여기에서 평신도가 자기 본연의 위치에서 그 역할을 다하는 사도적인 교회가 되기 위해서는 소수의 사람이 아닌 전 교회가 하나님께 나아가며 제사드리며 복음을 증거하며 이웃에 봉사하는 에클레시야의 공동체가 되어야 할 것을 분명히 알아야 할 것이다."

복음 전도에 있어서 모든 사람은 그리스도에 대한 증인이 되어야 한다. 복음 전도라는 교회의 과업에 모두 헌신적으로 참여하도록 해야 할 것이다. 총동원 전도는 전교인이 참여하는 전도이다. 그러므로 평신도는 필연적으로 훈련받아야 한다.

(1) 전도학교

전도에 대하여 집중적으로 배우고 실습하며 훈련을 받게 한다. 전문적인 외부강사나 자체적인 훈련으로서 교재를 준비하여 실시할 수 있다.

(2) 기도 학교

기도하는 법과 기도해야 할 이유, 기도 제목을 구체적으로 소개한다. 그리고 기도하는 시간을 정해서 실시하게 함으로써 기도의 능력을 얻게 한다.

(3) 간증의 밤

전도 경험을 가진 사람들을 초청해서 구체적으로 전도의 사례 등을 듣고 배울 수 있도록 한다.

(4) 성공한 교회 탐방

전도에 성공한 교회들을 탐방해서 현장에서 직접 보고 듣게 함으로써 자신감과 용기를 얻게 한다.

(5) 전도집회

소명감을 불러 일으킬 수 있는 전도집회 강사를 초청, 집중적으로 은혜를 받고 전도의 소명을 일으키게 한다.

(6) 전도 실습

① 개인 전도 - 두 명씩 짝을 지어 나가서 전도하게 한다.
② 단체 전도 - 그룹별로, 년령별로, 구역별로 나가서 전도하게 한다.
전교인 전도 주일 예배 후 전 교인이 거리로 나가 전도하게 한다.
③ 이웃 전도 - 구역에 사는 이웃들에게 전도하게 한다.
④ 간증 전도 - 실습후 교회 앞에서 간증하게 함으로써 서

로의 경험을 나누고 기술을 배우며 기쁨을 나누게 한다.

무엇보다 가장 중요한 것은 지도자가 얼마나 뜨거운 열정으로 일하느냐에 있다. 목회자가 하나님께 모든 것을 다바쳐 헌신한다는 각오를 가지고 평신도를 훈련시킨다면 구경꾼으로 믿었던 평신도들의 마음이 서서히 열리고 복음의 불길로 타오르게 될 것이다. 총동원 전도가 성공하는 비결은 평신도에게 전도의 사명을 어떻게 심어 주느냐에 달려 있다. 이 사명감만 불타오르게 한다면 복음 전도 사역은 크게 성공하게 될 것이다. 미국 플로리다주 포트 라우더 데일시의 코럼 릿지 장로 교회의 목사인 제임스디 케네디 박사는 교회를 크게 부흥시켰다. 그 비결은 평신도를 전도자로 훈련시켰기 때문이다.

거의 300명에 달하는 사람들이 주간 평신도 전도 훈련 프로그램에 참여했다. 평신도 전도 훈련으로 몇 가지 눈에 두드러지게 나타난 결과는 다음과 같다. 4년 동안 이 교회는 미국 장로 교회에서 가장 신속하게 성장한 교회가 되었다. 9년 이내에 이 교회는 거의 무의 상태에서 2만명이 넘는 교인으로, 한 명의 목사가 5명으로, 그리고 한 주일에 4번씩 예배드리는 교회로 성장했다. 교회 행정에 있어서도 선교 지원을 가장 많이 하는 교회가 되었고, 해마다 여러 가정이 기독교 봉사 사업을 위해 철저한 헌신을 약속하고 있다.

교회 성장의 결정적 비결은 바로 한 영혼을 위한 그리스도의 전쟁에서 맹렬히 투쟁해야 하는 것이다. 삶은 목사만이 아니라, 훈련받은 평신도도 해당된다는 것을 잊지 말아야 한다.

3. 제직 훈련의 실제

(1) 제직훈련의 중요성

교회의 머리가 되신 예수 그리스도는 피로 사신 자기의 몸 된 교회가 차게 하시려고 몸의 지체가 되는 직원들을 세우사 서로의 유기적인 관계를 가지고 봉사하게 하셨다. 우리는 다 건축장이 되시는 하나님의 손에서 다듬어져야 하고, 또 그의 필요에 따라서 짜 맞추는 대로 조용히 순복하므로 서로 연결되어 지어져 가야 한다. 그러기에 다듬으시는 하나님의 객관적 사역을 훈련이라고 하고, 조용히 순복하므로 피차에 연결하며 겸손과 사랑과 덕으로 지어져 가는 태도를 교양이라고 할 수 있다. 교양과 훈련을 통해 온전한 질그릇이 되는 것이다. 우리는 항상 온전케 하시는 그리스도를 바라보며 그리스도의 장성한 분량이 충만하게까지 자라가도록 힘써야 한다. 그리고 명령받은 것을 다 행할 수 있기 위해서 훈련이 필요하다.

옛말에 "습관은 제2의 천성이요, 습관은 곧 훈련이라"는 말이 있다. 실제에 있어서 훈련이 고된 것 같으나 지내고 보면 얼마나 좋은 것인지 알 수 있다. 하루 이틀에 성자가 될 수 없다. 좋은 군사가 되는 일은 많은 훈련과 교양이 필요하기 때문에 대기만성이라는 문자가 생겨난 듯하다. 우리는 목사, 장로, 집사, 권사 할 것 없이 여러 가지 직임이 각각 다르다고 할지라도 다함께 필승을 약속하고 주의 군사로 부름받은 종들이다.

훈련받지 못한 군사는 그의 수가 아무리 많다 할지라도 패전하기 마련이다. 우리는 결코 패전해서는 안된다. 왜냐하면 우리는 주님의 군사요, 피로 사신 교회를 위한 기둥과 터이기 때문이다.

지도자 양성과 훈련에 있어서 휫트만은 "위대한 인물을 배출하면 나머지는 자연히 따라온다"고 말하였다. 좋은 지도자를 얻거나 못얻는 데 따라서 교회교육의 성패도 판가름되는 것이다. 좋은 교사는 훌륭한 교회학교를 만든다. 맥키븐 교수는 "교회학교 성공의 90%는 교사에게 달렸다"고 말하였으며, 로렌스는 "교회학교에 있어서 교사는 최고요, 길고 제일 중요한 지도자"라고 말하였다.

예수님은 하늘의 영광된 자리에서 인간 세상에 오셨다. 그것은 복음화를 위함이었다. 그러기에 예수님의 처음 외치신 말씀이 "회개하라 천국이 가까웠느니라"(마 4:17)였던 것이다.

예수님은 시몬과 안드레가 바다에서 고기잡는 것을 보시고 "나를 따라 오너라 내가 너희로 사람을 낚는 어부가 되게 하리라"(마 4:19)고 하셨다. 예수님은 12제자를 선택하셨다. 주님은 이들을 삼년간 철저히 훈련시켰고, 이 세상을 떠나시면서 "너희는 가서 모든 족속으로 제자를 삼아 아버지와 아들과 성령의 이름으로 세례를 주고 내가 너희에게 분부한 모든 것을 가르쳐 지키게 하라"(마 28:19-20)고 명령하셨다. 다시 말해 예수님은 복음 전도를 위하여 이 세상에 오셨고, 복음 전도를 위하여 제자를 부르셨으며, 그 일을 위하여 심혈을 기울여 제자들을 3년 동안 훈련시켰으며, 마지막 이 세상을 떠나시면서 이 복음 전파를 명령하셨다. 이렇게 볼 때 예수님께서 이 땅에 오신 목적도 제자들을 불러 훈련시키는 것이었다. 이 세상을 떠나시면서 제자들에게 그들의 사명과 과업을 일러 주신 것도 모든 족속으로 제자를 삼으시기 위한 것이다.

"너희는 말씀을 전파하라 때를 얻든지 못얻든지 항상 힘쓰라"(딤후 4:2)고 말씀하셨다.

그러기 때문에 신자면 누구나 다 복음 전도에 힘써야 한다. 또한 누구나 복음을 전해야 한다고 하는 데서 신자 전원이 복음전도요원이 되어야 하는 것이다. 그래서 전도의 필요성을 강조하고 신자 전원이 전도자가 되도록 강요하며 전도를 하게 하였으나, 막상 전도를 하게 할 때에 전도자들이 아무런 훈련도 없고 전도하는 방법도 모르고 있어서 구체적으로 믿는 도를 설명하는 것이 매우 빈약하다. 그리하여 신자들을 교육해야 되겠다는 필요성을 느끼게 되었다.

교회의 중추적인 구성요원은 제직들이기 때문에 올바른 성장을 위해서는 훈련받은 제직이 필요하다. 교회는 부단히 향상하고 정진해야 하기 때문에 제직들의 충실한 직무 이행을 위해 훈련이 필요하다.

교회의 생활에 완전히 들어가게 하려면 그들로 하여금 현대세계의 교회가 되도록 훈련을 해야 한다. 신학생들도 성경과 교리, 역사에 관한 교육과정 뿐 아니라 여러 가지 일에 대한 실제적 훈련도 받아야 한다. 차를 운전하는 사람이 이론적으로 기술을 알았다고 해서 차를 당장 몰고 복잡한 거리에 나설 수는 없다. 면허를 얻었다 해도 최소 6개월 이상 실습이 필요하다. 긴 수련기간이 필요하다.

그리스도인은 십자가의 군병이다. 주는 사령관이요 대장이시며 우리는 장교이다. 군인에게는 훈련이 필요하다. 아무리 좋은 무기를 가졌다 해도 쓸모가 없다. 군인은 훈련을 받아야 한다. 훈련된 교인은 훈련되지 않은 교인보다 10배 이상 쓸모있고 가치가 있는 것을 본다. 그래서 분명하고 확실한 목표를 세우고 밀고 나가야 한다.

조직이 없는 곳에 힘이 없고 훈련이 없는 곳에 힘의 개발이 없다. 그러므로 조직화된 평신도 지도자의 훈련이 필요하다. 조직만 해놓고 그대로 방치해 두면 조직은 얼마 안가서 무너지고 만다. 조직된 지도자들에게 일할 수 있는 무기를 들려주는 것이 바로 훈련이라는 것이다.

(2) 제직훈련의 의의

운전을 배우는 사람이 이론적으로 기술을 안다고 해서 당장 차를 몰고 복잡한 거리에 나설 수는 없다. 그에게는 면허를 얻은 뒤에도 실습기간이 필요한 것이다. 제직훈련의 의의는 바로 이런 비유 속에서 찾을 수 있다.

그리스도인은 모두 십자가의 군병이다. 그리스도는 사령관이시고 제직들은 장교에 해당되며 평신도들은 병사이다. 군인에게는 반드시 훈련이 필요하다. 훈련되지 않은 군사의 무기는 쓸모가 없다. 그 중에서도 장교의 훈련은 더욱더 중요하다. 병사의 생명은 지휘관의 손에 달려있기 때문이다.

이런 의미에서 제직들의 훈련은 매우 큰 의의를 갖는다. 제직들이 어떻게 움직이느냐에 따라서 교인들의 영적 상태가 변화될 수 있으며 교회의 질서와 틀 역시 제직들의 자세와 활동 여하에 달려 있다.

그리고 군대의 특성은 싸움에서 이기는 데 있다. 아무리 좋은 군대라도 싸움에서 패한다면 군대로서의 자격을 갖추었다고 볼 수가 없는 것이다. 그리스도의 군병 역시 악의 세력과의 투쟁에서 반드시 승리해야 한다. 하나님께서 세계를 선하게 가꾸어 가라고 명령하셨기 때문이다(창 1:28).

하나님은 천지를 창조하신 후 그 세계를 인간에게 맡겨 주셨다. 그러므로 인간은 하나님이 주신 세계 관리의 책임을 절대로 포기해선 안된다. 인간은 하나님의 명령에 따라 세계를 아름답고 좋은 곳으로 만들 책임이 있다.

그러나 아담과 하와는 이 책임을 다하지 못했다. 그들은 인류의 조상으로서 하나님의 명령에 순종치 않았기 때문에 세계는 악의 세력들이 득세하는 곳으로 바뀌고 말았다.

하나님은 이제 기독교인에게 세계를 선하게 가꾸라는 사명을 주셨다. 만일 기독교인마저 하나님이 주신 세계 관리의 중차대(重且大)한 책임을 감당치 않는다면 하나님의 섭리의 손길이 어떻게 펼쳐질지 모른다. 이에 대해 바울은 유대인들의 사명이 그대로 기독교인에게 옮겨졌다고 말한다. 그러므로 기독교인의 사명은 매우 중요하다. 특히 기독교인은 그리스도인의 군병으로서 세계를 절대로 악의 세력에서 들려줘서는 안된다. 기독교인은 하나님이 사랑하시는 세상(요 3:16)을 악으로 물들이려는 모든 세력들에 대항해서 하나님의 이름으로 승리해야 하는 것이다.

이런 면에서 제직훈련의 의의는 더욱 크다. 제직들이 훈련에 의해 그리스도 군대의 장교로서 각기 사명을 잘 감당할 수 있느냐의 문제는 곧 세계에 대한 교회의 사명을 잘 감당할 수 있는가의 관건이기 때문이다.

예수님 역시 제자훈련에 깊은 관심을 보이셨다. 그는 열두 제자를 택하시고 3년간 그들을 철저히 훈련시키셨다. 그는 훈련의 방법으로 둘씩 짝지어 전도를 보내거나 말씀을 통해 가르치셨으며, 풍랑이 이는 호수 한가운데서 믿음을 시험하셨다.

그리스도처럼 제자들의 훈련을 위해 애쓴 스승도 없을 것이다. 그는 심지어 마지막 떠날 때까지도 제자들에게 "내가 너희에게 분부한 모든 것을 가르쳐 지키게 하라"(마 28:20)고 당부

하셨다. 그리스도는 제자들에게 하나님의 구원의 소식을 전하게 하셨던 것이다

교회의 사명은 세상의 빛과 소금이 되고, 하나님의 선물인 구원의 복된 소식을 세상에 널리 전하는 데 있다. 교회는 사령관 되시는 그리스도의 명령에 따라 세상에 있는 마지막 한 사람까지도 구원하기 위해 애쓰고 노력해야 한다.

교회 제직의 훈련은 교회의 이런 사명감을 위해서 꼭 필요하다. 목사, 장로, 권사, 집사 등의 직분은 비록 서로 다르다 할지라도 그리스도의 군사로 부르심을 받은 것은 같기 때문에 이들 제직들이 어떻게 하나님 말씀으로 무장하는 데에 따라 하나님이 주신 복음 전파사업의 성공여부가 좌우된다.

교회의 머리되시는 그리스도는 피의 값으로 세우신 자기의 몸인 교회를 위해서 특별히 선택하신 사람들을 제직에 임명하셨다. 그러므로 제직들은 하나님이 선택하셨다는 소명감으로 맡은 바 직무 수행에 최선을 다해야 한다. 그리스도의 몸된 교회를 아무렇게나 버려두어서는 안된다.

교회 제직훈련은 이렇게 다양한 면에서 그 의의를 찾을 수 있다. 제직훈련의 성패여부는 곧 교회발전 여부와 연결될 뿐 아니라 하나님이 교회를 향해 명령하시는 모든 것을 교회가 잘 감당할 수 있느냐의 여부와도 직결되므로 교회 제직들은 훈련을 통해 다듬어지고 조직화되어야 할 필요성을 갖는다.

(3) 제직훈련의 목적

제직훈련의 목적은 바울이 에베소 교회에 준 교훈에서 찾아볼 수 있다. 바울은 제직을 세운 목적이 성도들을 온전케 하고 봉사하도록 하며 나아가 그리스도의 몸을 세우게 하는 것(엡 4:12)이라고 말했다.

이와 같이 교회 제직들을 훈련시키는 목적은 그들 서로가 협력하여 성도들을 신앙으로 온전케 하며 봉사하도록 만들고, 그 결과로 그리스도의 교회를 올바르게 세우기 위한 것이다.

1) 직무수행

제직을 훈련하는 것은 봉사의 일을 하게 하는 데 있다. 제직들의 경험과 지식, 열성과 활동을 교회 일에 활용하여 제직들로 하여금 교회의 사명완수에 집중시키는 것이 제직훈련의 목적이다. 다듬어지지 않은 열성이나 분산된 힘은 교회의 발전에 저해가 될 수도 있다. 그러므로 제직들을 봉사자로 훈련시켜 교회의 성장과 복음 전파에 동원해야 한다. 하나님의 뜻인 교회 일을 목사 혼자서 모두 하고 교인들은 구경꾼으로 머물러서는 안된다. 교인들, 특히 직원들은 누구나 교회에 봉사할 자격과 의무가 있다.

2) 교회 성장

제직훈련은 교회의 부흥과 발전을 위한 교육이어야 한다. 그리하여 제직마다 그리스도의 좋은 군병으로서의 기능을 발휘할 수 있는 유능한 일꾼이 되도록 훈련받아야 한다.

3) 좋은 일꾼 양성

훈련의 목적은 단적으로 좋은 일꾼을 만들자는 데 있는 것이다. 나아가 선택하신 분을 기쁘게 하려는 데 있다(딤후 2:3).

4) 교역자 협력

목회자가 아무리 유능하다고 해도 직원들의 도움없이는 좋은 목회를 할 수 없다. 따라서 제직들의 임무는 매우 중요하다. 이런 제직들의 임무수행을 위해서 제직훈련이 시행되어야 하는 것이다.

(4) 제직훈련의 실천

1) 훈련의 시기

모든 일의 성공과 실패는 기회를 잘 포착하느냐 못하느냐에 따라 좌우된다. 교회 제직훈련의 시기 역시 이런 면에서 중요하다.

훈련의 시기는 제직들의 임직을 맡기 직전이 가장 적절하다. 제직들이 임직을 맡기 전에 자신들이 해야 할 일, 가져야 할 자세, 그 일의 성격 등을 알아야 할 필요가 있기 때문이다. 또한 임직 직전의 훈련은 제직들로 하여금 자신의 능력, 성격적인 결합 등을 파악케 하여 이를 개선시킬 수 있는 기회를 준다는 점에 있어서도 시기적으로 적당하다.

그리고 이미 임직을 맡은 제직들에 대해서도 재훈련이 꼭 필요하다. 왜냐하면 다양화되고 다변화되어 가는 현대 속에서 교회 역시 사회적 변화에 발맞추어 나갈 필요가 있기 때문이다. 그러므로 제직훈련의 목적은 제직들의 자질 향상과 해이해져가는 영적 각성을 도모하는 데 있다.

2) 훈련의 방법

제직훈련의 방법은 각 교회의 특성에 맞게 선택하게 하는 것이 좋다. 교회가 만일 도시에 있다면 한적한 곳의 기도원을 빌려서 2-3일간 합숙하면서 훈련하는 것도 좋고, 시골에 있는 교회라면 규모가 큰 교회를 방문하는 것도 좋은 방법의 하나가 될 것이다. 또한 교회에서 3-4일 저녁시간을 이용하여 훈련하는 방법도 좋은 결과를 가져올 수 있다.

어떤 방법을 택하든지 가장 중요한 것은 한두 번의 훈련으로 끝낼 것이 아니라 장기간의 계획을 세워 계속하여 훈련하는 일이다.

① 제직수련회

본교회에서 2-3일간 저녁시간을 이용하여 제직의 사명과 봉사, 훈련에 대한 강의를 한다.

② 제직세미나

저명한 교수나 전문적인 강사를 초빙하여 세미나 형식으로 훈련을 진행한다. 이때는 그룹 토의시간을 두어 자발적으로 훈련에 참여토록 유도하는 방법을 택하는 것이 좋다.

③ 제직수양회

여건이 허락된다면 기도원이나 수양관 혹은 숙박시설이 구비된 장소를 빌려서 2박 3일 정도로 함께 생활하며 기도하는 공동체 훈련을 하는 것도 좋은 방법이다. 이것은 공동생활을 통하여 제직들 사이에 친교도 이루어지고 한 가족같은 분위기를 조성할 수도 있다. 또한 집중적으로 공부할 수 있다는 점이 커다란 장점이다.

④ 정기제직회

정기제직회는 한 달에 한 번 일반적으로 주일 낮예배 후에 모이고 있으나, 이를 주간 중의 하루로 정하고 약 10-20분간 회무처리를 끝낸 다음 40-60분 정도의 훈련시간을 갖는다면 매우 큰 훈련의 성과를 얻을 수 있을 것이다.

⑤ 주간 제직성경학교

일주일가운데 각 교회별로 제직들이 시간을 가장 많이 낼 수 있는 날을 택해 매주 2시간씩 집중적으로 공부하는 주간 성경학교를 개최한다면 장기적인 안목에서 큰 효과를 얻을 수 있다.

⑥ 부흥사경회

일반적 부흥회 형식을 지양하고 교인들의 건전한 신앙과 인격의 형성을 위하여 성경공부 및 전도훈련에 집중한다면 좋은 성과를 얻을 수 있다.

3) 훈련의 진행
① 등록
훈련일정과 명찰 배부

② 개강예배

훈련에 임하는 제직들의 자세를 바르게 갖도록 한다는 의미에서 개강예배는 매우 중요한 의미를 지닌다. 따라서 프로그램이나 강사 등의 선정에 특별한 신경을 쓰도록 한다.

③ 출석

명찰로 출석을 확인한다. 매일 올 때마다 서기부에서 명찰을 나누어 주도록 하고 끝날 때 반납하는 형식을 취한다.

④ 조편성

제직들간에는 친한 사람도 있고 그렇지 못한 사람도 있다. 훈련기간에는 될수록 친하지 않은 사람들끼리 조를 편성하여 서로 교제할 수 있는 기회를 만들어 주어야 한다. 이를 위해서는 가나다 순으로 하거나 혹은 제비를 뽑아서 임의로 한 조원이 되도록 하는 방법도 있다.

⑤ 지도자

각 조마다 조원들이 뽑은 지도자를 한 명씩 두게 한다. 임의로 선정해 줄 수도 있지만 조원들끼리 투표하여 뽑게 하는 방법이 훈련의 효과를 위하여 더 바람직하다. 모든 조원들이 하루씩 돌아가면서 리더를 하게 하는 방법도 있다.

⑥ 그룹 토의와 발표

조별로 모여 토의를 주제로 한 가지씩 정하게 하고, 그 주제를 놓고 조별로 토의하게 한 후 발표시킨다.

⑦ 티 타임

제직들의 휴식과 훈련의 성과를 위해 매일 10분 정도씩 이런 시간을 갖는 것이 좋다.

⑧ 백일장

백일장을 프로그램 속에 넣는 이유는 제직들에게 교회에 대해 다시 한 번 깊이 생각할 기회를 주기 위해서이다. 반드시 긴 문장이 아니라도 제직들로 하여금 자신의 직분과 교회 사명 등을 정리해 볼 수 있는 제목을 주어 글을 쓸 수 있는 기회를 마련해 주는 것은 매우 바람직하다.

⑨ 시험

제직들이 배운 것을 정리해 보고 잊지 않도록 하기 위해 실시한다. 그러나 테스트를 너무 강조하다보면 심리적인 압박감 때문에 훈련의 성과에 역행될 수도 있다. 테스트는 잘잘못을 가리려는 것이 아니라 그동안 배운 내용을 다시 한번 상고해 본다는 점에 역점을 두어 시행해야 한다.

⑩ 최종 결단예배

이 예배는 제직들이 그동안 훈련받은 것을 총정리하고 하나님과 사람들 앞에서 자신의 직분을 충실히 수행할 것을 다짐하도록 하기 위해 마련된 프로그램이다. 그러므로 이 예배는 일단 예배의 순서와 달리 처음부터 끝까지 제직들이 결단할 수 있는 순서로 진행하는 것이 좋다. 결단예배 순서의 한 예를 소개하면 다음과 같다.

<제직결단 촛불예배>

* 예배 참석자들에게 초를 미리 나누어 주고 뒤에서 질서정연하게 대기시킨다. 이 때 교회의 불은 모두 끄고 제직들은 어둠 속에서 조용히 기도하는 자세로 마음을 준비하게 한다.
* **오르간 전주**:주악에 맞추어 한 사람씩 초에 불을 붙이고 입장한다.
* **예배의 부름**
   사회자:우리는 우리에게 주어진 직분을 하나님과 사람 앞에서 그 일에 헌신할 것을 결단하기 위해 이 자리에 모였습니다.
   회 중(제직들):주여, 우리에게 열린 마음과 생각을 주옵소서.
   사회자:우리는 하나님의 일을 하기 위해 그분의 부르심을 받았습니다.
   회 중:주여, 당신의 도우심을 구합니다.
   사회자:하나님은 그의 목소리를 청종하는 자에게 말씀하십니다.
   회 중:주여, 말씀하옵소서. 저희가 듣겠나이다!
* **찬 송**:봉사와 헌신의 찬송
* **고백과 갱신의 기도**(한 목소리로)
  "우리의 삶을 주관하시고 역사를 섭리하시는 하나님! 우리들에게 베풀어 주신 주님의 은혜에 감사드립니다. 우리를 구원하시려

고 수많은 고난과 고통도 마다하지 않으신 주님께 감사드립니다. 주님이 우리를 향하신 사랑은 십자가의 고난도 어쩌지 못했습니다. 우리의 죄와 허물로 인하여 당하신 주님의 사랑의 고난이 우리들의 가슴 속에서 새로운 생명으로 움트고 있습니다.

그러나 주님!

우리는 주님께서 주신 사랑을 알기는 하면서도 그 사랑을 실천하는 데 인색했습니다. 주님께서 우리에게 주신 '내가 너희를 사랑한 것처럼 너희도 서로 사랑하라'는 위대한 사랑의 계명을 이행하려고 노력치 않은 우리의 허물을 용서하여 주옵소서. 우리는 주님께 복종하고 따르기를 원하면서도 주님의 뜻과 목적에 완전한 복종과 헌신을 드리지 못하고 오히려 아집을 더 내세웠음을 고백합니다.

주님, 우리의 성실성의 부족과 우리를 향하신 당신의 뜻을 알려고 하는 일에 게을렀음을 용서하여 주옵소서.

주님, 우리는 진정 주님의 뜻을 알고 싶고, 주님의 사랑을 실천하고 싶고, 주님께만 우리의 몸과 마음을 전적으로 드리고 싶습니다. 주님이 우리를 사랑하신 것처럼 우리도 주님을 사랑하고 이웃을 사랑하고 싶습니다.

그러나 주님 우리는 너무나도 부족하고 연약한 존재임을 또한 고백치 않을 수 없습니다. 우리는 마음으로 원하면서도 그렇게 할 수 없는 나약한 인간임을 고백합니다.

주님, 우리를 도와 주옵소서. 우리의 눈을 뜨게 하여 주옵소서. 우리의 연약함을 주님의 능력의 손으로 어루만져 주옵소서. 그래서 주님이 누구인지 보게 하시고 주님께서 우리에게 요구하시는 바가 무엇인지 알게 하옵소서. 날마다 주님의 뜻에 헌신하기 위하여 자신을 훈련시킬 용기와 힘을 주옵소서. 그래서 나를 부인함으로써 주님을 발견하고, 주님과의 만남을 통해 형제 사랑의 법을 배우게 도와 주옵소서.

주님, 우리가 들고 있는 이 초가 자신을 태움으로 빛을 발하는 것처럼, 우리도 주님을 본받아 나를 꺾음으로 이 세상에 주님의 사랑을 전하게 도와 주옵소서.

예수 그리스도의 이름으로 기도드립니다. 아멘"

  *** 성경봉독**
  *** 헌신의 간증** - 각각 2-3분, 제직들 중 3인
  *** 특별찬송** - 제직들 중에서 이 찬송은 제직 전체가 할 수도
                있고, 몇 사람이 할 수도 있다.
  *** 교독문**:결단의 선언
    사회자:우리는 예수 그리스도를 통하여 계시된 하나님의 뜻과 사랑을 교회와 세상에 증거하기 위하여 부르심을 받았습니다.

회　중:우리는 섬김을 위한 하나님의 부르심에 응답합니다.
사회자:우리는 우리가 아는 한도에서만 우리의 할 일을 할
　　　　수밖에 없지만 성령의 도우심으로 하나님 안에서 우
　　　　리의 믿음과 지식은 점점 성장합니다.
회　중:우리는 지식과 진리 안에서 점점 자리기를 원합니다.
사회자:하나님을 안다는 것은 그를 사랑하고 그에게 순종하
　　　　며, 나의 고집과 생각을 버리는 것입니다.
회　중:주여, 우리는 주님의 부르심에 사랑과 순종하는 마음
　　　　으로 "예"하고 대답합니다.
사회자:특별한 사명은 우리의 재능과 충성을 기대합니다.
회　중:나는 하나님께서 맡겨주신 사명을 위하여 나 자신을
　　　　바치렵니다. 이제부터 나는 하나님만을 위하여 나의
　　　　길을 가렵니다(제직들에게 미리 나누어 준 카드에 하
　　　　나님의 부르심에 응답하고 자신을 바치겠다는 결단의
　　　　서약을 하게 한다. 그리고 각자 가지고 있는 촛불에
　　　　서약서를 태우면서 하나님의 부르심에 충실한 일꾼이
　　　　될 것을 거듭 다짐케 한다. 서약서를 불에 태우는 것
　　　　이 곧 하나님께서 그 결단을 받으시는 것이라고 믿게
　　　　한다).
사회자:우리는 이제 하니님께 몸과 마음을 바쳐 충성할 것을
　　　　서약함으로써 우리보다 먼저 이 길을 달려간 믿음의
　　　　선배들의 대열에 동참합니다. 우리는 우리를 둘러싼
　　　　구름같은 증인들을 봅니다. 주님! 우리 앞에 계신 주
　　　　님을 바라보며 일생을 바쳐 이 길을 달려가게 하옵소
　　　　서.
회　중:잘못된 길로 들어서지 않도록 우리를 도와 주옵소서.
사회자:우리는 이제 성소를 떠날 준비가 되었습니다. 어디로
　　　　가며 무엇을 하오리까?
회　중:우리는 하나님의 종으로서 우리의 몸과 마음을 바쳐
　　　　하나님을 섬기겠나이다.
사회자:주님의 평화와 기쁨이 우리 모두에게 함께 하소서.
회　중:아멘
＊후주:기쁨과 승리의 음악

4) 훈련 담당자

　교회교육의 성패는 교육시설이나 좋은 프로그램이 아니고
지도자의 손에 달려 있다. 지도자가 어떤 지도자관을 가지고
어떠한 이념 하에서 가르치느냐 하는 것이 교육의 성패에 막

대한 영향을 끼치는 것이다. 그러므로 제직훈련에 있어서 강사 선정 문제는 특별히 세심한 신경을 써야 한다. 강사는 성경에 대해서 해박하고 영력이 충만하여 건전한 교회관 및 교역자와 교인을 사랑할 줄 아는 사람으로 선정해야 한다. 특히 명심해야 할 것은 한 사람의 잘못된 지도자로 인해 수십, 수백의 사람들이 잘못될 수도 있다는 사실이다.

그러므로 가장 좋은 강사는 본교회의 목회자이다. 흔히들 부흥사에게 많은 기대를 걸지만, 사실상 본교회 목사만큼 교인들의 영적인 성장에 더 신경을 쓰는 목회자는 없기 때문이다. 또한 본교회 목사는 교인들의 상황을 누구보다도 잘 파악하고 있기 때문에 그들에게 알맞는 훈련과 교육을 시킬 수 있다는 장점도 지닌다. 그러나 특별한 경우에는 외부강사를 초빙하여 더 큰 효과를 볼 수도 있다.

이때는 아무나 초빙할 것이 아니라 세심한 주의를 기울여서 그 방면에 전문적인 지식을 가진 사람으로 선택해야 한다.

또한 같은 지방의 목사들끼리 시간을 바꾸어 제직들의 심령에 불을 붙이고 말씀으로 깨우쳐 주는 일 역시 매우 바람직한 것이다.

5) 훈련의 내용

① 제직수련회 시간표

제직수련회 시간은 각 교회의 형편과 사정에 따라 얼마든지 다르게 조절될 수 있다.

② 훈련 교과내용

교회마다 제직훈련 계획을 세우면서도 훈련의 목적을 달성할 교과 내용을 정하기에는 어려운 점이 많다. 교과내용에 따라 훈련의 성패가 좌우되기 때문이다.

기독교에서 사용되는 교과과정이란 대체로 교회의 신앙과 생활을 연결짓는 것을 의미한다. 즉 교사가 교육목표를 이루기 위하여 계획한 것을 학생이 실천하는 과정에서 갖게 되는 모든 경험을 교과과정이라고 부르는 것이다. 그러므로 교과과정은 시청각 교재뿐만 아니라 신앙과 생활을 도울 수 있는 실제 신앙의 체험과 그리스도인의 생활훈련을 위한 모든 계획을 의미한다.

그리고 기독교의 교과과정에서 특이한 것은 성서를 교재로 사용한다는 점이다. 즉 기독교의 모든 교육은 하나님의 말씀인 성서를 기초로 그 위에서 이루어지고 있으며 또 그렇게 이루어져야 올바른 교육인 것이다. 그러므로 기독교 교육은 모두 성서의 핵심인 예수 그리스도와 하나님에 대한 지식에 집중되어 있다. '예수 그리스도를 구주라고 고백하며, 하나님을 어떻게 믿어야 하는가'라는 것이 곧 기독교 교육의 중심문제인 것이다.

제직훈련 역시 이런 바탕 위에서 이루어져야 한다.

6) 제직훈련 교과 내용
① 신앙훈련의 교육

이것은 제직들에게 선교할 수 있는 기본적인 신앙훈련을 시키는 것이다. 즉 제직들에게 '왜 그리스도를 전해야만 하는가'의 참된 의미를 구체적으로 교육시킴으로써 시간과 물질의 낭비를 막고 보다 효과적이고 능률적인 헌신을 할 수 있도록 지도하는 것이다. 또한 예배, 기도, 헌금 등에 대한 실천적인 교육도 실시한다.

② 기독교 교리에 대한 교육(마 28:20)

기독교의 진리에 대한 교육을 통해 뿌리깊은 신앙관을 확립시킨다.

③ 봉사에 대한 교육

봉사는 교인들의 의무이다. 특히 현대와 같은 산업사회에서 인간 상실의 위기에 직면해 있는 사람들에게 그리스도의 사랑의 정신은 더욱더 요구되고 있다. 그러므로 교회는 신자들에게 그들이 속해 있는 세속의 구조 속에서 그리스도의 사랑의 봉사자로 일할 수 있도록 교육해야 한다.

④ 선교훈련에 대한 교육(마 28:19-20)

선교는 예수 그리스도의 명령이다. 그러므로 교회는 신자들로 하여금 장소에 구애됨이 없이 언제 어디서나 전도할 수 있는 자세를 지니도록 교육시켜야 한다. 특히 현대처럼 전문화된 시대에서는 구태의연한 방법에서 탈피하여 지역을 분할한다든가 하는 능력개발적인 전도훈련에 신경을 써야 한다.

⑤ 기도훈련

제직들의 훈련교과에는 철야기도, 금식기도, 산기도, 공동기도, 개인기도 등의 기도에 대한 내용도 있어야 한다. 특히 이 강의 때는 실제적인 경험을 해보는 것도 바람직하다.

⑥ 찬송가훈련

현 교회 제직 가운데 찬송가 상식에 어두운 사람들을 감안하여 찬송가의 가사내용에 대한 유래와 곡의 해설 등을 교육하는 것도 필요하다. 또 찬송은 신앙에 활력을 불어넣어 주고 생활에 기쁨을 주는 것이므로 찬송가 경연대회 등을 통한 찬송의 생활화 교육 역시 매우 바람직한 일이다.

⑦ 친교훈련

참된 교회가 되기 위해서는 회중들이 친교로 뭉쳐져야 한다. 단순히 목사와 교인들이 있다는 것만으로 교회일 수는 없는 것이다. 믿는 자들끼리의 친교는 성령의 교제 속에서 이루어지는 것이므로 세상의 것과는 성격상 다르다. 그러므로 성령 안에서 언제나 형제를 돌아보고 서로 위해 주는 가운데 아름다운 친교의 교제를 맺을 수 있도록 훈련시키는 것은 제직들뿐 아니라 교회 전체의 분위기와 활력 조성에 커다란 몫을 차지한다.

제 10 장
21세기를 이끄는 교회가 되라

1. 바람직한 교회가 되자.

한국교회가 미래에도 성장하기 위해서는 어떤 교회가 되야 할 것인가

(1) 하나님께 영광 돌리는 교회

교회의 본질적이고 일차적인 목적은 하나님께 영광을 돌리는 것이다. 그 어떤 목적도 이 목적에 우선할 수 없다. 바람직하게 성장하는 교회는 신자와 불신자들로부터 하나님이 영광 받으시도록 해야 한다. 건강하게 성장하는 교회는 하나님의 명예를 지역사회와 세계에 증명하여 하나님께 영광을 돌린다.

성경은 "이같이 너희 빛을 사람에게 비춰게 하여 저희로 너희 착한 행실을 보고 하늘에 계신 너희 아버지께 영광을 돌리게 하라"(마 5:16), "온 백성에게 칭송을 받으니 주께서 구원받은 사람을 날마다 더하게 하시니라"(행 2:47)고 말씀하고 있다.

(2) 목회철학이 분명한 교회

성장하는 교회는 목회철학이 분명하다. 목회철학이 필요한 이유는 첫째 목회자 자신이 성숙하기 때문이다. 목회철학이 세워지면 자신이 세운 목회철학의 실현을 위해서 노력하기 때문에 자기 성숙이 된다. 그리고 소신있는 목회를 하기 때문에 교회 성장을 가져온다. 목회철학이 있으면 일관성있는 목회를 하

게 되므로 교인들의 신뢰를 얻게 되어 그들의 협력을 통해 교
회가 성장하게 되는 것이다.

(3) 제자를 만드는 교회

한국교회는 그동안 헌신하는 제자보다 신자를 만드는 데만
강조하여 왔다. 그 결과 명목상의 교인, 값싼 은혜 교인, 지탄
받는 교인을 많이 만들었다. 모든 교회에 이런 육신적인 교인
들이 존재함으로써 교회가 병들게 되었다. 이제 교회가 이런
교인들을 건강하고 성숙한, 제자도를 실천하는 제자로 만들어
야 한다.

(4) 영적 은사를 활용하는 교회

신약 성경의 교회는 영적 은사를 활용하는 교회였다. 그리스
도의 몸인 교회는 각 지체가 기능을 잘함으로써 성장하듯이
건강하게 성장하는 교회는 영적 은사를 효과적으로 활용하는
교회이다(고전 12-14장). 그리스도의 몸의 각 지체인 성도는
하나님께서 주신 영적 은사를 잘 활용하여 그리스도의 몸인
교회에 봉사하고 덕을 나타내야 한다. 교회 조직이 필요한 사
람을 사용하는 것이 아니라 성령께서 주신 영적 은사들을 받
은 사람들이 사역할 때 건강하게 성장한다.

(5) 새신자 사역을 잘하는 교회

새신자들이 교회에 들어와서 동화되어 소속감을 갖기 위해
서는 매력있는 교회가 되어야 한다. 아무리 앞문으로 많이 들
어와도 뒷문으로 많이 나가면 교회가 성장하지 못한다. 앞문으
로 들어온 사람들이 동화되어 소속감을 갖게 하기 위해서는
그들에게 매력을 주어야 한다. 예루살렘 교회와 안디옥 교회는

매력있는 교회로 성장하였다(행 2:41-47, 11:20-30, 13:1-3).

(6) 나누는 교회

건강하게 성장하는 교회는 가진 것을 이웃과 세계에 나누는 교회이다. 교회는 사랑의 공동체로서, 소외되고 고통당하는 이웃을 섬기고 나누어야 한다. 그리고 건물을 이웃과 나누어야 한다. 지역 사회와 세계의 필요에 적극적으로 응답하여야 한다. 이것이 그리스도를 섬기는 것이다(마 25:35-40).

(7) 갱신하는 교회

한국교회는 보수적이기 때문에 변화에 개방적이지 못하다. 그러나 바람직한 미래 교회 성장을 위해서는 변화에 잘 대처해야 한다. 무조건 저항하거나, 과거의 교회가 되거나, 비생산적인 일을 열심히 반복하거나, 변화에 항복하거나, 성경적 표준 없이 시대의 흐름에 기업적으로 대처하면 안된다. 전통과 변화 사이에 긴장감을 가지고 자신을 계속하여 갱신하는 교회가 될 때 건강하게 성장하는 교회가 될 것이다.

2. 서울중앙성결교회의 경우

필자는 눈물로 기도하면서 하나님께 부름받아 지금 시무하는 서울중앙성결교회를 개척하였다. 지금도 항상 기도하는 것은 우리 교회가 21세기를 착실히 준비해서 다가오는 21세기를 이끄는 교회가 되는 것이다.

이를 위해서 필자는 "죽으면 죽으리라"는 각오로, 나의 모든 열망과 정열을 불태우고자 하며 꾸준히 배우고 연구하고 전하는 목회자의 선한 싸움을 힘써 달려가고 있다.

서울중앙성결교회는 전도하는 교회(고전 1:23-24), 가르치고 배우는 교회(행 2:42), 치료하는 교회(마 4:23), 풍요를 창조하는 교회(요 10:10)의 모습이 되려고 힘쓰고 있다. 서울중앙성결교회는 역사도 짧고 한국교회에 특별히 드러내 놓을 것도 별로 없지만 그 동안에도 살아계셔서 역사하신 하나님의 크신 은혜와 축복을 받아 누려왔다.

(1) 교회 소개

1) 창립일

서울중앙성결교회의 창립배경을 간단히 소개하면 다음과 같다. 어려웠던 신학교 시절, 필자는 독립문 영천에 교회를 개척하여 전도사로서 목회를 시작하였다. 1985년에 이전을 기도하며 장소를 새롭게 물색하던 중 방배동에 있는 시장 건물 2층을 계약하게 되었다. 그런데 계약이 잘못되어서 얼마 안되는 헌금이었지만 설상가상으로 계약금마저 잃어버리게 되었다. 가진 것 하나 없이 이곳저곳을 찾아다니다가 사당동 89번 버스 종점 맞은 편, 사당 3동 323-23호의 40여평 되는 건물을 가난한 어느 무명의 한 성도가 100만원을 헌금한 것으로 임대해서 개척을 하게 되었다.

막상 예배처소를 꾸미고 첫 예배를 드리려고 강단에 올라가서서 예배당을 바라보니 막막하기만 했다. 언제나 예배당을 가득 채울까 상상만 해도 꿈만 같았다.

그 당시는 40여평 남짓한 예배당이 얼마나 넓고 크게 보였는지 모른다. 사당동으로 교회 이전을 하면서 모든 것을 제자리에서 새롭게 출발하려고 교회 명칭도 서울중앙교회라고 명명했다. 순수하고 새로운 마음으로 몇 명 안되는 여성도들과 개척의 길에 들어선 것이다.

그 당시 교회 주변 환경은 서울중앙성결교회가 성장을 꿈꿀 만한 여지가 그렇게 충분치 않았다. 왜냐하면 주변은 너무나 초라했고, 각 가정들의 삶은 경제 사정과 형편이 대단히 어려운 가운데 하루하루의 삶을 살아가는 그야말로 한국 달동네의 현주소였기 때문이다.

그뿐만 아니었다. 기존에 있던 주변 교회들은 나름대로 자립하여 저마다 건축되어 있는 상태였으며, 장로교단의 총신대학이 우뚝 서 있었다. 교단적인 문제나 주변의 정황들은 당시 전도사였던 담임목사로서는 힘에 벅찬 것이었다. 그러나 나름대로 꿈과 비전과 소망이 있었기에 몇 안되는 소수의 인원이었지만 참으로 열악한 환경 속에서 온 교인이 최선을 다하면서 하나님의 능치 못함이 없는 말씀에 의지하여 닻을 올려 항해를 시작하였다. "여호와의 열심이 일을 이루리라"(왕하 19:31,

사 9:7, 사 37:32).

2) 현재의 교세
① 교인
목사 1명, 전도사 5명, 권사 10명, 집사 162명 정도이다. 장년부 등록교인은 1,400여명 되고 주일학교의 교육 부서 인원은 각 부서마다 50여명씩 이른다.
② 예배공간
지하 1층, 지상 5층, 연건평 450여평의 공간을 확보하였다. 대예배실, 주일학교 예배실, 학생회 예배실, 청년대학부 예배실 및 도서관, 교사 휴게실, 남녀 집사 휴게실, 교역자 휴게실, 예성어린이집 등으로 공간을 활용하고 있다.

3) 교회의 조직
서울중앙성결교회는 사무연회, 교역자회, 교회 성장 위원회 아래 직원회 20개 부처와 6개의 특별위원회(재정위원회, 건축위원회, 상조회, 수양관 및 공원지 추진위원회, 천사의 집 추진위원회, 장학위원회)를 두고 있다. 또한 4개의 성가대, 5개의 교육기관, 3개의 남전도회, 7개의 여전도회, 3개의 선교회(생명줄선교회, 니느웨 세계선교회, 문서선교회)와 헵시바 찬양선교단이 있다. 그리고 부설기관으로 청지기 교육훈련원, 제자훈련원, 영상홍보자료부, 영어성경반 및 지역사회 개발부와 5개 교구 60여개 구역 등으로 구성되어 있다.

(2) 교회 성장의 역사
서울중앙성결교회의 성장의 역사는 태동기, 성장기, 부흥기로 나눌 수 있다.

1) 태동기(개척에서 성전 확장 이전까지)

우여곡절 끝에 하나님의 은혜와 섭리 속에서 1984년 12월 첫 주에 창립예배를 드리게 되었다.

일단 교회문은 열었지만 부흥은 곧바로 일어나지 않았다. 6개월이 지나도록 어느 누구 하나 오질 않았다. 담임 목사는 심적으로 정신적으로 많은 고충이 쌓여만 갔다. 담임 목사가 설교하거나 틈이 나면 가끔 노파심에서 하는 이야기지만, 당시 어렵고 힘들었을 때는 가고 싶거나 가야할 곳이 너무나 많았다. 그러나 오라고 환영하는 곳은 한 군데도 없었다. 그래서 가방을 들고 양복을 입은 채로 삼각산에 올라가서 소나무 밑에서, 바위에서 기도하며 성경 보고 여러 생각을 하면서 많은 날들을 보내기도 했다고 한다.

그러나 시련과 연단의 기간이 어느 정도 지나자 교회는 서서히 성장하기 시작하였다. 1호 등록교인은 젊은 고등학생이었다(지금은 대전에서 목회를 하고 있다). 이어서 하나님께서는 40여 평 남짓되는 예배당을 가득 채워 주셨다. 어느 날은 70-80여 명의 영혼들이 몰려들어 등록을 하기도 했다. 이러한 주님의 역사에 온 성도가 얼마나 감사했는지 모른다.

1987년이 되면서 교회부지를 기도하며 선정하던 끝에 장소를 물색하고 직원회에 상정하여 결정하고 1983년에 매매계약을 체결하였다. 그러나 방배동에 개척하려 했을 때처럼 또 한 번의 쓴 잔을 마셔야 했다. 중도금을 못내고 그만 중지되고 말았던 것이다. 교회로서는 그 일로 인해 큰 타격을 받았다. 전 교인이 꿈에 부풀었는데 그 꿈이 허물어졌으니 얼마나 낙심이 컸겠는가?

1년 여 동안 교회가 침체기에 빠진 듯 성장이 다소 둔화되었으며, 교인들 또한 별 의욕이 없었다. 그래서 새로운 활력을 심어주어야겠다고 생각한 담임목사는 1989년 12월 3일 창립 5주년 기념 1,000명 초청 감사예배를 드리자고 기획, 제안하여 전도의 사명을 일깨웠다. 이로써 다시금 새로운 변화가 일어났다.

서울중앙성결교회는 계속 부흥되기 시작하였으며, 1990년 12월 3일에는 창립 6주년을 맞이하여 10명의 권사(남자 4명, 여 6명, 성결교단은 남자 권사의 임명이 있다) 취임이 있었다. 교회는 더욱 교회답고 은혜롭게 자리잡아 갔다. 또한 예배시간마다 여지없이 예배당은 사람들로 가득가득 메워졌다. 마치 콩나물 시루같이 움직일 틈도 없이 남녀성도가 가득히 들어 앉아서 예배를 드려야만 했다. 찜통같은 더위 속에서 짜증낼 만도 한데 모든 성도들이 서로 이해하며 은혜롭게 잘 적응해 나가니 이 또한 주님의 은혜가 아니고 무엇이었겠는가? 예배당은 자리가 한정되어 있어서 많은 성도들이 계단에서 쭈그려 앉아 예배드리는 예가 많았다. 담임 목사와 모든 중직들은 그분들께 너무나 미안하고 죄송스러웠다. 그래서 교회 확장을 생각하지 않을 수 없게 되었다.

2) 성장기(성전 확장에서 건축까지)

교회는 두말할 것 없이 더 이상 자리가 없을 정도였지만 그래도 전도는 쉬지 않고 계속되었다. 자리는 비좁고 환경은 불편하니 교인들 또한 교회 건축과 확장에 대한 소리가 높아지기 시작했다. 처음에는 개척지였던 예배장소를 폐쇄하고 확장될 장소에서 새롭게 하려고 변화를 시도하려 했지만 교육관을 유지하기 위해 예배당을 존속시키기로 결정하고, 공예배 등을 위해 성전 확장을 서둘렀다. 하나님께서는 개척한 교회 바로 50미터 옆에 있는 곳을 예배당으로 허락해 주셔서 1992년 9월 6일 대성전 이전 감사예배를 드리게 되었다. 또한 그동안 개척해서 드려오던 예배당은 교육관으로 명칭을 변경하였다. 교회의 제2의 도약이 시작된 셈이었다. 당시 교회의 출석 성도 중에 이렇다 할 부자는 찾을래야 찾아볼 수 없었고, 거의 대부분이 전세나 월세의 형편 정도였다. 가정마다 경제적인 어려움이 많았지만 교회의 일이라고 하면 없는 가운데서도 발벗고 나섰다. 얼마나 감사한 일인지 잊지 못할 기쁨이요, 또한 면류관인 귀한 성도들이다.

주님께서는 구원받은 무리들을 계속해서 보내주셨고, 급기야 1993년 6월 6일에 기하여 장년부 등록교인 1,000명이 돌파되는 기쁨도 맛보았다. 또한 1993년 10월 31일은 '예수 초청 큰 잔치'를 열어 6부 예배를 드리면서 지역 주민 복음화에 기여하고자 행사를 마련하였다. 교회의 역량을 총동원하여 심혈을 다 기울였고 성도들이 매주일 예배 후 북을 치며 피켓을 들고 어깨띠를 매고서 모두가 두 줄로 서서 200미터나 되는 긴 행렬을 지었다. 지역 곳곳을 순찰차의 도움을 받으며 돌아다니면서 전도에 열심을 낸 결과 3,113명이 초청되어 547명이 믿기로 결신하였지만, 투자한 것만큼의 만족은 거두지 못했다. 하지만 교회의 힘을 결집하는 좋은 계기가 되었고, 하면 된다는 의식이 고취되었다. 그리고 교회의 홍보와 이미지 개선에 많은 효과를 본 것으로 위안과 위로를 삼을 수밖에 없었다.

교회를 확장·이전하였지만 장소가 부족하여 또 다른 계획을 세우지 않으면 안되었다. 때마침 1988년에 성전 건축의 붐이 다시금 성도들 사이에 타오르기 시작하였으며, 입에서 입으로 건축에 대한 열기가 고조되었다. 그래서 성전 건축에 대한 특별기도회를 계획하고 시행하기에 이르렀다.

3) 부흥기(교회 건축에서 현재까지)

성전 건축에 대한 한 번의 쓰라린 경험이 있었기에 만반의 준비가 필요했다. 무엇보다도 기도가 우선이어야 했기에 특별 기도회를 선포하였다. 1994년 6월부터 11월 말 새벽까지 삼각산 산상기도회를 실시하는 것이 바로 그것이었다. 평균 30명에서 많게는 50명 이상 택시를 타고 자가용을 타고 혹은 교회의 차량을 이용하여 기도회에 참여하였다. 비나 폭풍우가 쏟아지면 비닐조각을 뒤집어 쓰고 눈물과 빗물이 섞여서 무엇인가 모를 정도로 간절한 부르짖음의 소리들은 그칠 줄 몰랐다.

1부는 찬양과 설교에 이어서 휴식과 간식을, 2부로는 10여 명씩 한 조가 되어 정해진 시간까지 담당 부교역자들의 인도로 어둠과 싸우며 새벽을 기다리는 기도의 역사로 한 페이지, 한 페이지를 기록해 나갔다. 참으로 감격스러운 기도회였다. 시간가는 줄도 모르고 울부짖었다. 그 기도의 순간들! 서로가 얼싸안고 끌어안으며 기도했던 사랑의 현장! 하나님께서는 얍복강의 야곱의 기도를 응답해 주셨듯 우리 교회에도 기쁨을 맛보게 하셨다.

114평의 새성전 건축부지를 계약하고 잔금을 지불하며 1995년 3월 6일 대망의 성전 건축의 첫 삽을 뜨게 되었다. 지하 1층, 지상 5층, 총연건평 450여 평의 붉은 벽돌로 성전건물을 설계하고 오전 11시에 성전건축 기공예배 및 기공식이 내외빈들의 축하와 격려 속에 드디어 시작되었다. 1996년 1월 29일에 새성전으로 이사를 시작하였고, 2월 4일에는 감격의 첫예배를 주님께 드렸다. 그리하여 1996년 2월 26일 성전입당 감사예배를 교계와 교단 목사들을 모시고 드렸다.

오늘이 있기까지 하나님의 은혜와 담임 목사를 중심으로 전 성도들의 헌신과 봉사로 교단의 대교회로 성장하고 세계 선교의 꿈을 가지고 지역복음화의 선두주자로 우뚝 서게 되었다.

개척 10주년에 성전 건축 착공(1995. 2. 25.)하고 11주년에 입당(1996. 2. 30.)했다. 어려운 생활 속에서 간절한 소원이었던 하나님의 성전을 가진 것 하나 없이 "주여! 믿습니다!"하며 빈손으로 눈물과 기도를 바친 성도들, 마리아의 옥합처럼 마음을 깨 뜨려 헌신하고 수고한 정성어린 믿음의 손길이 오늘의 성장과 부흥을 이루게 되었다. 이 모든 것이 하나님 아버지의 은혜요, 서울중앙성결교회의 자랑거리인 '큰 아들과 큰 딸들 같은 성숙하고 믿음직스러운 잊지 못할 그 사람들'의 헌신과 믿음과 사랑과 수고라고 하지 않을 수 없다.

서울중앙성결교회는 교회적 사역에서 교단적 사역으로 한국교계적 사역으로, 더 나아가서 세계적 사역으로 벽을 뛰어넘어 일을 해야 할 때라고 생각한다. 믿음과 정직과 성실, 사랑과 협력과 검소함으로 협력해서 교회가 일치단결하여 마치 촛불 하나가 온 주변을 밝히듯이 서울중앙성결교회가 촛불처럼 지역 사회를 밝히면서 외등의 역할을 감당해야 할 사명이 있음을 자각한다. 장년부 등록 1,400여명과 500여 명의 교육기관이 힘을 합쳐 더욱 매진해 담임 목사를 중심으로 전 성도가 아론과 훌이 진보를 나타내야 할 것이다.

(3) 교회 성장의 주요 원인

성장은 생명에 의존한다. 생명 없이 성장이 있을 수 없고 성장이 없는 생명이라면 그 자체는 이미 죽은 것이다. 병든 나무는 성장이 없다. 건강한 나무라야 성장한다. 다시 말해서 건강한 교회, 생명있는 교회는 성장하게 마련이다. 교회 성장을 원치 않는 목회자는 한 사람도 없을 것이다.

서울중앙성결교회는 역사도 짧다. 또한 독특하게 개발된 목회 프로그램도 없다. 한국교회에 성장한 대형교회도 많이 있지만 선진국 수준이 아닌 이제야 개발도상국의 틀을 약간 벗어난 상태에서 중형교회로, 대형교회로 발돋움하는 상태에서 교회 성장에 관해 나눌 만한 것이 얼마나 되겠는가? 하지만 여기까지 성장한 서울중앙성결교회의 성장 원인을 간접적 요인과 직접적 요인을 나누어 분석하면서 구체적인 내용을 간략히 소개하고자 한다.

1) 간접적인 성장 요인

① 대외적인 부흥 강사로서의 담임목사 활동 영향

담임목사는 전도사 시절에는 전국적으로, 또한 목사 안수를 받은 이후로부터는 세계적으로 복음 들고 다니며 부흥사로서의 활동을 하고 있다. 서울중앙성결교회의 성장에 있어서 담임목사의 부흥 강사로서의 역할과 활동 영향을 부인할 수는 없다. 예를 들면 부흥회를 참석한 성도 중에서 은혜를 받은 사람들이 부득불 이사를 해서 교회를 정하려 할 때 정착하게 되는 계기가 있는가 하면, 또한 이사는 오지 않았어도 친인척이나 연관되어 아는 사람들에게 교회와 담임목사를 소개받고 연결되어서 교회를 찾아오는 경우를 들 수 있다.

② 부교역자들과 성도들의 절대 순종과 협력

사도 바울은 자신의 역할을 통한 영향력도 지대하였지만 바울 곁의 훌륭한 동역자들이 많았다. 디모데, 누가, 브리스가와 아굴라, 뵈뵈, 루디아, 에바브로디도, 빌레몬, 오네시모 등과 같은 협력자들이 있었기에 더욱 힘있게 사역할 수 있었다. 서울중앙성결교회 또한 담임 목사 혼자 힘으로 어찌 이 일을 감당할 수 있었겠는가? 조용히 생각해 보면 좋은 동역자를 많이 만난 것이 큰 힘이 된 것이다. 부교역자들과 전 성도들이 담임 목사가 목회 계획을 내어 놓으면 전폭적으로 담임목사를 믿고 절대 순종으로 협력하여 사역을 하였기 때문에 오늘의 성장을 가져왔다. 서울중앙성결교회는 교회에서 어떤 행사를 계획하면 담임목사를 중심하여 협력을 잘 한다.

③ 특별행사와 세미나

서울중앙성결교회는 부흥회를 연 3-4회, 간증집회를 5-6회, 세미나를 2-3회 정도 기관별로 주최하여 해마다 시행하고 있다. 그러므로 다른 사람들로부터 일하는 교회, 부지런한 교회, 뭔가 일을 자꾸 만들어 유익을 주려고 하는 교회라는 말을 듣곤 한다. 교회의 각종 특별행사와 세미나를 계획하고 시행하므로 전도되는 경우가 있다. 다양한 행사를 통해 지역과 이웃의 참여를 유도하고 있다

④ 지역 사회를 위한 봉사

서울중앙성결교회는 동사무소의 추천을 받아 소년 소녀 가장에게 다소나마 도움을 주고 있다. 또한 지역 사회 발전을 위해 구제와 장학사업을 연 2회씩 해 왔고, 지역 주민을 초청하여 사랑의 효도 경로잔치 등을 통한 교회 홍보와 복음 전도의 사역을 해왔다.

2) 직접적인 성장 요인

교회 성장학 교수 피터 와그너는 교회의 성장에 대해 말하기를 "교회의 성장 90%는 목회자의 역할에 달려 있다"고 했다. 그는 한국 교회의 대형교회들에 있어서 주목할 만한 공통적인 경향이 목회자들의 역할에 있다는 것을 강조하였다. 피터

와그너의 주장처럼 서울중앙성결교회 역시 담임 목사의 영향이 절대적이었다고 해도 부인할 수 없다. 그러면 좀더 구체적으로 직접적인 성장 요인은 무엇인가 살펴보겠다.

① 담임목사의 몸을 아끼지 않는 일사각오의 헌신 목회에 성장의 비결이 있다.

서울중앙성결교회의 영구 표어는 "여호와의 열심이 이 일을 이루리라"이다. 담임목사는 태양이 떠오르면 더 이상 잠을 청할 수 없다. 무엇보다도 성실과 열심히 목회해야겠다는 일념으로 최선을 다한다. 어느 목회자가 양을 사랑하지 않겠는가? 하지만 서울중앙성결교회 담임목사의 '양'에 대한 사랑은 참으로 지극하고 대단하다. 이것을 모르는 성도는 없을 것이다.

담임목사가 목회사역에 온 정열을 다 쏟으며 한 영혼이라도 더 찾아 구원시키기 위해 부르짖어 외치다 보니 성대 수술을 3번씩이나 했다. 또한 폐가 동전크기만큼 구멍이 뚫려서 더 이상 목회를 할 수 없다는 진단과 함께 성대수술을 받으면서 성대를 조금이라도 유지하고 싶거든 목회를 버리고 직업을 전환하라고 하는 강남성모병원의 담당의사의 권유도 있었다. 하지만 한라산 백록담에 가서 "죽으면 죽으리라"고 기도하다 모두 고침받고 더 강력한 성대와 건강으로 영혼 사랑과 구원에 더욱 열심을 내고 있다.

부교역자들과의 회의 때마다 강조하는 사항 하나가 있다. 그것은 바로 미친 사람이 교회에 오면 내쫓지 말고 사랑으로 대하며 기도하여서 어떻게 해서라도 예수 사람 만들라고 하는 말씀이다. 또한 사탄은 24시간 삼킬 자를 찾으려 쉬지 않고 활동하고 있는데, 목회하며 최전선 방어에 부름받은 사명자들이 나태하며 쉬면 되겠느냐 하면서 영혼 사랑과 사명감 고취를 거듭 강조한다.

담임목사는 자신의 건강은 돌보지 않고 오직 목양 일념에만 빠져 있다. 서울중앙성결교회의 성장을 한 마디로 결론지으라 한다면 누가 뭐라 해도 담임목사의 헌신의 결과이다. 그동안 흘린 수고의 땀과 눈물의 기도와 피를 바친 대가인 것이다.

선한 목자는 양을 위해 생명을 다 바친다고 하지 않았는가? 사도 바울도 사명을 위해서라면 생명을 조금도 귀한 것으로 여기지 않는다고 했다(행 20:24).

서울중앙성결교회는 담임 목사의 밀알 정신과 삶의 열매이리라(요 12:24).

② 담임목사의 성령 중심의 은사 목회에 성장의 비결이 있다.

성장하는 교회의 특징을 공통적으로 살펴보면, 이른바 민주화된 교회는 거의 없다. 목사가 카리스마적이든 아니면 고집이 세어서 독재를 하든 온 교회가 하나가 된 교회이다. 서울중앙성결교회의 담임 목사는 카리스마적인 권위를 가지고 있으며 열심과 사랑을 통해 성도들을 사로잡는다. 그로 인해 온 교회 성도가 성령으로 하나가 되었다는 데 성장의 요인을 찾을 수 있다. 서울중앙성결교회는 성령의 불세례 체험을 강조하며, 성결된 생활을 강조하고 있다.

③ 기도 중심의 목회가 성장의 비결이다.

초대교회는 기도하는 일에 전심전력을 다한 것을 볼 수 있다. 즉, 기도하는 일에 열심을 다했다. 서울중앙성결교회는 한 마디로 기도에 열심인 교회이다. 한 달 동안 교회나 기관 및 부서의 활동을 살펴보면 쉽게 알 수 있다. 기관 및 부서의 매달 1회 이상 철야 기도회, 목요일 교구별 산상기도회, 기관별

산상기도회, 다니엘 특별새벽기도회 2회, 엘리야 40일 특별 새벽기도회 2회, 고난주간 금식기도회 등 다양하다. 특히 매주 금요 철야기도회는 유명하며 전국에서 은혜받으러 몰려 온다.

서울중앙성결교회의 부흥의 요인 중 또 하나를 꼽으라고 한다면 금요 철야기도회를 말할 것이다. 금요철야 기도회는 1부 헵시바찬양선교단 인도로 드리는 경배와 찬양, 2부 커피타임을 통한 친교(교제), 3부는 뜨거운 찬양과 말씀 충만, 그리고 통성기도와 안수기도회 등으로 진행된다. 금요 철야기도회는 말씀과 성령의 기적적인 역사의 현장이다. 각색 병자들의 고침과 강력한 성령의 은사가 나타나며 귀신에게서 자유와 해방받는 체험적인 기도회이다. 서울중앙성결교회의 금요 철야기도회는 교회성장의 밑거름이요 초석이며 주축이라고 말할 수 있다. 서울중앙성결교회의 금요 철야기도회 여파로 주변의 많은 교회들도 깨어 기도하는 열기가 일어났다.

또 한 가지 소개한다면 평일 저녁에 철야기도회는 성도가 적게는 10여 명이, 많게는 30여 명이 매일 매일 교회의 부흥과 담임목사의 영력 목회를 위해서 간절히 기도하고 있다는 점이다. 기도의 불씨는 서울중앙성결교회의 부흥의 씨앗이요 원동력이었다. 기도의 불이 꺼지지 않는 제단은 하나님의 부흥의 역사를 중단시킬 수 없다는 교훈을 깨닫게 되었다. 참으로 서울중앙성결교회는 기도로 하루를 열고 기도로 하루를 닫는 기도의 열심꾼들로 구성되어 있다.

④ 무엇보다도 소문난 교회가 되었기 때문일 것이다.

서울중앙성결교회는 초창기부터 "우는 교회, 통곡하는 교회, 부르짖는 교회, 기적이 일어나는 교회이다. 그 곳에서 문제가 해결된다. 그리고 담임목사의 영권이 강하다. 또한 말씀이 너무 은혜스럽다"는 등의 여러 가지 교회 소문이 입에서 입으로 전해지기 시작했다. 그래서 많은 지역 주민들로부터 병들었을 때, 실패했을 때, 문제가 있을 때 그 교회 예배에 일단 한 번 가 보면 믿음의 역사가 나타난다는 소문이 급속도로 퍼지면서 수많은 사람들이 몰려왔다. 현재도 서울중앙성결교회는 지역 주민들로부터 칭송듣는 교회가 되고자 지역 발전에 기여하고 있다. 주로 베푸는 교회로서 이웃과 가까이 있는 친근한 교회가 되고자 프로그램을 개발하며 계속 탐구중이며, 민족복음화와 세계 선교에 앞장서려고 부단히 노력중이다.

서울중앙성결교회 성도들은 가는 곳마다 교회 자랑, 담임목사 자랑, 축복받고 해결받는 성도들의 간증들을 자랑하며 열심히 잃은 영혼들에게 복음을 전한다.

3) 교회의 연간 주요 행사

서울중앙성결교회는 교회성장을 위하여 힘쓰는 교회이다. 연간 주요 행사를 월별로 요약하면 다음과 같다.

1월:시무식, 직원(제직)헌신예배, 신년 축복대성회, 40일 특별 새벽기도회

2월:사업장 축복 심방(선착순별로)

3월:대심방, 청지기훈련원 개강, 21일 특별새벽기도회

4월:신유특별대성회(고난주간과 부활절 맞아), 전 교인 금식 기도

5월:전 교인 체육대회(단합과 친교), 효도잔치(교인 중심-61세 이상), 지역주민 초청 경로잔치(사랑의 효도잔치)

6월:40일 특별새벽기도회

7월:성령무장대성회(오순절 성령화대성회), 전교인 갈릴리 하계 수련회(2년마다 실시), 21일 특별새벽기도회

8월:매년 8월 15일은 교사의 날(교육 기관에서 수고하는 교
　　사들을 위로하며 격려하는 날이다. 1박 2일 정도의 일정
　　으로 계획 추진한다. 행사 경비는 교인의 찬조, 보조금으
　　로 충당한다)
9월:구역장 강사 야유회
10월:사명자 축복대성회
11월:전교인 찬양경연대회, 전교인 성경암송대회, 경시대회,
　　　퀴즈대회, 교회 직분자 임명식
12월:장학위원회 장학생 선발, 불우이웃돕기 차 판매 및 이
　　　웃돕기 성금 모금
또한 그 외에 각종 간증집회가 5-6회, 특별세미나 2-3회 정
도 시행되고 있다.

마치는 글

성장하는 교회는 언제나 그 시무하는 목회자가 살아서 역동적인 지도력을 발휘하고 있다. 독일 철학자 헤겔이 인류의 역사는 정열의 소산이라고 말했듯이 목회자가 정열을 갖는다면 반드시 성공할 것이다.

지금은 잠에서 깨어나야 한다. 그리고 활동을 해야 한다. 권태의 사슬을 잘라 버려야 한다. 무기력한 쇠사슬을 벗어던져야 하는 것이다.

성경은 끊임없이 우리에게 말씀하고 있다.

"여러분이 잠에서 깨어날 때가 벌써 왔습니다"(롬 13:11). "네 말을 들어 줄만한 때에 네 말을 들어 주었고 너를 구원해야 할 날에 너를 도와 주었다"(고후 6:1).

지금 곧 행동하기로 결심하자. 무기력한 감옥에서 뛰쳐나와야 한다. 바로 지금 해야 하는 것이다. 전화를 걸거나 편지를 쓰거나 무엇이든 하는 것이다. 움직여 보자. 출발해 보자. 시작해 보자. 앞으로 나가 보자. 지금 곧 부정적인 마음을 속에서 지워버려야 한다. 그런 것은 몰아내 버려야 한다.

물론, 교회 성장은 하나님이 하신다. 그러나 주께서 기름부으신 제사장인 목회자는 그 주도자이어야 한다. 때문에 교회성장에 관한 목회자의 마음가짐이 중요하다. 목회자는 교회성장을 뜨겁게 서원하고 기도해야 한다. 세계를 복음화한다는 흔들림 없는 비전과 신념을 가져야 한다. 스스로의 겸손과 언행으로 교회의 건강상태를 진단해야 한다. 곳곳에 불신자가 많으니 성장 가능성은 확실하다. 새로 나온 교인들을 융화시키고 새신자를 양육하라.

성령의 체험과 더 큰 믿음을 간구하며, 복음의 구원하는 능력에 대한 확신이 있어야 한다. 자나 깨나 교회 성장을 생각하라. 두드리면 길은 열린다. 마침내 "네 시작은 미약하였으나 네 나중은 심히 창대하리라"(욥 8:7)라는 고백을 하게 될 것이다.

그리스도의 몸된 교회는 성장을 위해 더욱 내실화되어야 하고, 총체적 방향으로 혁신과 개혁을 끊임없이 수행해야 한다. 기도하고 성령 받고 설교와 리더십에 관해 연구개발하는 노력을 지속적으로 해야 한다.

교회가 외형적인 데에 너무 치중하면 내실화를 못할 가능성이 많다. 교회의 내실화는 교육에서 이루어진다. 따라서 21세기를 바라보는 교회는 교육에 더욱 관심을 쏟아야 한다.

지금껏 모든 것을 주관하시고 인도하신 하나님께 모든 영광을 돌리며 이 책을 끝맺을까 한다. 할렐루야!

*
교회성장 10가지 원리를 잡아라
*
초판 1쇄 — 1999년 5월 15일

*
지은이 — 오 성 택
펴낸이 — 이 규 종
펴낸곳 — 엘맨출판사
*
서울시 마포구 합정동 433 - 62
출판등록 — 제10 - 1562호 1998. 3. 19.
*
TEL. — (02) 323-4060
FAX. — (02) 323-6416
*
잘못된 책은 바꾸어 드립니다.
*
값 10,000원

엘맨의 책은 지친 영혼에 힘을 줍니다.

하나님 내 영혼이 아파요

♣

　살다보면 누구나 예외없이 어려운 상황을 만나기 마련이라지만 IMF라는 거대한 산은 그리스도인조차도 움츠러들게 만들고 있습니다.
　원치 않는 부도와 실직으로 인해 걱정, 스트레스, 좌절감만 쌓이고 삶의 의욕조차 말라버린 지금의 상황.
　그러나 주님은 우리의 지치고 상한 영혼을 오늘도 품어주십니다. 주님과 함께라면 넘지 못할 산이 없습니다.
　이 책을 통해 주님이 우리에게 제시하시는 해결책을 만나십시오.

(월터 L.언더우드 지음／공보길 옮김／값 4,500원)

엘맨의 책은 향기가 있습니다.

향기로운 삶

— 곽선희 목사 · 유병우 목사 · 지형은 박사 추천 —

　신앙인은 불신자 앞에서 신앙 이전에 언어 행실에서 감명을 줄 수 있어야 합니다. 안으로 좋은 인격을 소유하고 깨끗한 예의범절의 자세가 있고서야 전도가 이루어질 수 있기 때문입니다.

　이 책은 1200만 성도를 위한 에티켓 교과서입니다.

　상담심리학자이며 대학교수, 방송인이기도 한 공보길 목사는 가정생활, 일상생활, 교회생활, 사회생활 속에서 일어나는 여러 상황들을 자상하게 소개하고 있습니다.

　이 책을 통해 신앙에 예절과 교양을 더하게 된다면 우리는 향기로운 삶을 소유하게 될 것입니다.

(공보길 지음／값 5,500원)